William Blake

Blake

Visões

POESIA COMPLETA

William Blake
Visões
POESIA COMPLETA

Tradução, organização, introdução e notas
José Antonio Arantes

ILUMI//URAS

Título original
Songs of Innocence / Songs of Experience / The Marriage of Heaven and Hell / The Book of Thel / Visions of the Daughters of Albion / America, a Prophecy / Europe, a Prophecy / The Song of Los / The Book of Urizen / The Book of Ahania / The Book of Los

Copyright © 2020
José Antonio Arantes

Copyright © desta edição
Editora Iluminuras Ltda.

Capa e projeto gráfico
Eder Cardoso / Iluminuras
sobre *The Song of Los*, aquarela ilustrada por William Blake
[fragmento, modificado digitalmente]

Revisão
Monika Vibeskaia

CIP-BRASIL. CATALOGAÇÃO NA PUBLICAÇÃO
SINDICATO NACIONAL DOS EDITORES DE LIVROS, RJ
B569v

    Blake, William, 1757-1827
        Visões – poesia completa / William Blake ; tradução, organização, introdução e notas
            José Antonio Arantes. - 1. edição - São Paulo : Iluminuras, 2020.
        428 p. ; 23 cm.

        "Textos reunidos"
        Edição bilíngue
        ISBN 978-6-555-19058-8

        1. Poesia inglesa. I. Arantes, José Antonio. II. Título.

20-66732   CDD: 821
                         CDU: 82-1(410.1)

Meri Gleice Rodrigues de Souza - Bibliotecária - CRB-7/6439

ILUMI*N*URAS
desde 1987

Rua Salvador Corrêa, 119, Aclimação
04109-070 | São Paulo/SP | Brasil
Telefone: 55 11 3031-6161
iluminuras@iluminuras.com.br
www.iluminuras.com.br

Sumário

O bravo bardo de Álbion, 13
José Antonio Arantes

William Blake Visões

SONGS OF INNOCENCE
CANÇÕES DE INOCÊNCIA, 49

Introduction
Introdução, 51
The Shepherd
O Pastor, 53
The Ecchoing Green
A Praça Sonora, 55
The Lamb
O Cordeiro, 59
The Little Black Boy
O Negrinho, 61
The Blossom
A Floração, 65
The Chimney Sweeper
O Limpa-Chaminé, 67
The Little Boy lost
O Menininho Perdido, 69
The Little Boy Found
O Menininho Encontrado, 71
Laughing Song
Canção Risonha, 73
A Cradle Song
Acalanto, 75
The Divine Image
A Imagem Divina, 79

Holy Thursday
Quinta-Feira Santa, 81

Night
Noite, 83

Spring
Primavera, 87

Nurse's Song
Canção da Ama, 89

Infant Joy
Alegria de Criança, 91

A Dream
Um Sonho, 93

On Anothers Sorrow
Sobre a Dor de Outrem, 95

SONGS OF EXPERIENCE
CANÇÕES DE EXPERIÊNCIA, 99

Introduction
Introdução, 101

Earth's Answer
A Resposta da Terra, 103

The Clod & the Pebble
O Torrão & o Seixo, 105

Holy Thursday
Quinta-Feira Santa, 107

The Little Girl Lost
A Menininha Perdida, 109

The Little Girl Found
A Menininha Encontrada, 115

The Chimney Sweeper
O Limpa-Chaminé, 119

Nurses Song
Canção da Ama, 121

The Sick Rose
A Rosa Doente, 123

The Fly
A Mosca, 125

The Angel
O Anjo, 127

The Tyger
O Tigre, 129

My Pretty Rose Tree
Minha Bela Roseira, 131
Ah! Sun-Flower
Ah! Girassol, 133
The Lilly
O Lírio, 135
The Garden of Love
O Jardim do Amor, 137
The Little Vagabond
O Pequeno Maroto, 139
London
Londres, 141
The Human Abstract
O Abstrato Humano, 143
Infant Sorrow
Dor de Criança, 145
A Poison Tree
Uma Árvore Venenosa, 147
A Little Boy Lost
Um Menininho Perdido, 149
A Little Girl Lost
Uma Menininha Perdida, 151
To Tirzah
A Tirzá, 155
The School Boy
O Escolar, 157
The Voice of the Ancient Bard
A Voz do Antigo Bardo, 161
A Divine Image
Uma Imagem Divina, 163

THE MARRIAGE OF HEAVEN AND HELL

O MATRIMÔNIO DO CÉU E DO INFERNO, 165

The Argument
O Argumento, 167
The voice of the Devil
A Voz do Demônio, 169
A Memorable Fancy
Uma Fantasia Memorável, 171
Proverbs of Hell
Provérbios do Inferno, 173

A Memorable Fancy
Uma Visão Memorável, 179

A Memorable Fancy
Uma Visão Memorável, 183

A Memorable Fancy
Uma Visão Memorável, 185

A Memorable Fancy
Uma Fantasia Memorável, 191

A Song of Liberty
Uma Canção de Liberdade, 195

Chorus
Coro, 197

THE BOOK OF THEL
O LIVRO DE THEL, 199

THEL'S Motto
I
Mote de Thel, 201
I, 201
II
II, 205
III
III, 207
IV
IV, 209

VISIONS OF THE DAUGHTERS OF ALBION
VISÕES DAS FILHAS DE ÁLBION, 213

The Argument
Visions
O Argumento, 215
Visões, 215

AMERICA, A PROPHECY
AMÉRICA, UMA PROFECIA, 233

PRELUDIUM
PRELÚDIO, 235
A PROPHECY
UMA PROFECIA, 239

EUROPE, A PROPHECY

EUROPA, UMA PROFECIA, 255

PRELUDIUM
PRELÚDIO, 259
A PROPHECY
UMA PROFECIA, 261

THE SONG OF LOS

A CANÇÃO DE LOS, 279

AFRICA
ÁFRICA, 281
ASIA
ÁSIA, 285

THE BOOK OF URIZEN

O LIVRO DE URIZEN, 291

PRELUDIUM TO THE BOOK OF URIZEN
Chap: I
PRELÚDIO AO LIVRO DE URIZEN, 293
Cap. I, 293
Chap: II
Cap. II, 295
Chap: III
Cap. III, 299
Chap: IV: [a]
Cap. IV [a], 305
Chap: IV. [b]
Cap. IV [b], 307
Chap: V
Cap. V, 313
Chap: VI
Cap. VI, 319
Chap. VII
Cap. VII, 321
Chap. VIII
Cap. VIII, 325
Chap: IX
Cap. IX, 329

THE BOOK OF AHANIA

O LIVRO DE AHANIA, 335

AHANIA, 336
Chap: I st
AHANIA, 337
Cap. I, 337
Chap: II: d
Cap. II, 341
Chap: III
Cap. III, 343
Chap: IV
Cap. IV, 347
Chap: V
Cap. V, 349

THE BOOK OF LOS

O LIVRO DE LOS, 357

LOS
Chap. I
LOS, 359
Cap. I, 359
Chap: II
Cap. II, 363
Chap: III
Cap. III, 367
Chap: IV
Cap. IV, 369

NOTAS AOS TEXTOS, 373

CRONOLOGIA DE WILLIAM BLAKE, 413

BIBLIOGRAFIA CONSULTADA, 421

SOBRE O TRADUTOR, 427

O BRAVO BARDO DE ÁLBION

José Antonio Arantes

> A luz do Sol quando ele a revela
> Depende do Órgão que a observa
> *Para os Sexos: Os Portões do Paraíso*

> Preciso Criar um Sistema ou ser escravo do de Outrem.
> Não vou Argumentar & Comparar: meu dever é Criar.
> *Los, Jerusalém, cap. 1*

Uma enquete feita pela BBC em 2002 elegeu os cem britânicos mais notáveis de todos os tempos. A lista desse exercício de *marketing* junto à vasta audiência televisiva da emissora inclui entre os dez primeiros Winston Churchill, William Shakespeare, Isaac Newton, Diana, a Princesa de Gales, e John Lennon, seguidos logo abaixo por Margaret Thatcher, Rainha Elizabeth II, Paul McCartney, Stephen Hawking e David Bowie; entre os últimos está o temeroso Aleister Crowley, o ocultista adepto da magia negra com quem o poeta irlandês William Butler Yeats e o escritor galês Arthur Machen tiveram contato na Ordem Hermética da Aurora de Ouro no final do século 19 (Bowie e os dois Beatles aludiram a ele em letra e em capa de álbum, respectivamente). Uma agradável surpresa é encontrar o londrino William Blake. O fato de o pintor, gravurista e poeta ocupar o trigésimo oitavo lugar numa lista tão disparatada sugere uma certa popularidade, apesar de mostras das obras visuais serem raras e de as obras poéticas serem lidas por um público pequeno e por estudantes que cursam currículos criteriosos, restritos aos poemas mais acessíveis de *Canções de Inocência e de Experiência*. Que tipo de público teria se lembrado de Blake?

O bom senso sugere a exclusão de compradores de produtos destinados ao maior número de consumidores atraídos por frases e imagens, originais ou não: cartões postais, cartazes, calendários, camisetas, tatuagens removíveis ou requintados *comic books* e *graphic novels*. Não faltam indícios informativos de popularidade. Na Inglaterra, Blake é uma presença infalível nos *Promenade Concerts*, conhecidos como *Proms*, uma tradicional série de concertos de música clássica promovidos também pela BBC e realizados todo verão no Albert Hall, em Londres: numa atmosfera festiva, a concorrida última noite é encerrada com "Jerusalém", o hino para coral composto por

Hubert Parry em 1916 com base num poema de Blake e que Edward Elgar também orquestrou.

Esse hino vem cativando os britânicos desde o fim da Primeira Guerra Mundial. Já foi associado aos partidos Conservador e Trabalhista, e passou a ser cantado antes de cada disputa do Rugby Union e ao final de cada reunião do Women's Institute (braço da Federação Nacional de Institutos das Mulheres, fundada na Grã-Bretanha em 1915 com o intuito de melhorar a vida das mulheres em áreas rurais). No vaivém de ondas nacionalistas, volta e meia políticos propõem, sem êxito, que ele seja adotado como hino nacional oficial, em substituição ao menos empolgante *"God Save the Queen"*. Em 2014, "Jerusalém" emprestou solenidade ao funeral de Tony Benn, veterano parlamentar de esquerda do Partido Trabalhista; em 2011, abrilhantou a cerimônia de casamento do Príncipe William, Duque de Cambridge, com Catherine Middleton. O evento realmente espetacular em que figurou foi a abertura das Olimpíadas de 2012, concebida pelo cineasta Danny Boyle, em que a Álbion blakeana, com trilha sonora blakeana, concretizou-se numa encenação de narrativa épica, dos verdes campos cobertos de humildes ovelhas às forjas e máquinas a vapor da Revolução Industrial, do vertiginoso ir e vir de funcionários e pacientes do Serviço Nacional de Saúde (NHS) criado em 1948 às inovações tecnológicas contemporâneas, até uma apoteose em que Sua Majestade a Rainha Elizabeth II saltou de paraquedas dum helicóptero para dentro do estádio, escoltada pelo leal James Bond.

O hino "Jerusalém" tem, pois, usos múltiplos e é apreciado por um público heterogêneo, composto de membros da realeza e do governo, de trabalhadores e estudantes, de maiorias e minorias, de donas de casa e crianças, e assim por diante. É irresistível imaginar que Blake ficaria boquiaberto com uma recepção tão calorosa, ainda que apenas por um poema fora de contexto que só faz sentido graças ao poder da música. A propósito, consta que Blake costumava musicar os próprios poemas, embora não haja provas de que conhecesse técnicas de música.[1] Com uma

---

[1] Por volta da época do casamento com Catherine Boucher, em 1782, aos 24 anos, Blake foi apresentado pelo escultor John Flaxman a Harriet Matthew, patrona de artistas jovens, entre eles o pintor John Thomas Smith. Nos saraus de Matthew, ouviam Blake ler e cantar vários de seus poemas. Em *A Book for a Rainy Day* (1845), Thomas Smith relata: "Por essa época, Blake escreveu muitas outras canções, que também musicou, [...] e embora, como ele mesmo admitiu, desconhecesse totalmente a ciência da música, tinha um ouvido tão bom que as músicas eram às vezes extremamente belas, e anotadas por professores de música". Em carta ao poeta e patrono William Hayley em 1802, outro amigo, Edward Garrard Marsh, opinou que Blake ainda descobriria "um método para preservar as composições em papel, apesar de não versado em barras e semínimas" (Bentley, *Blake Records* [New Haven: Yale University Press, 2004], pp. 120-21). Não existem registros de anotações musicais. Em carta de 1º de setembro de 1800 ao amigo George Cumberland, Blake se dizia feliz no chalé de Felpham, no litoral do condado de Sussex (onde

habitual alusão bíblica, no caso ao *Gênesis*, ressaltou a suprema posição que, para ele, a música ocupava: "As Pessoas que ascendem ao Encontro com o Senhor, vindo em Nuvens com força & grande Glória, são representações dos Estados descritos na Bíblia sob os Nomes dos Pais antes & depois do Dilúvio. Vê-se Noé entre estes, coberto por um Arco-Íris, a sua direita Shem & a sua esquerda Jafé; essas três Pessoas representam Poesia, Pintura & Música, os três Poderes do Homem de conversar com o Paraíso que o dilúvio não levou de roldão".[2]

A partir da segunda metade do século 20, a tendência a musicar Blake continuou num tom mais sério de conversa com o Paraíso quando alguns compositores se voltaram para os poemas líricos e criaram peças mais conceituais. Na Inglaterra, no gênero clássico Ralph Vaugham Williams compôs *Ten Blake Songs* (1957) para tenor e oboé, e John Kenneth Tavener criou *The Lamb* (1982), um coral em quatro partes; no gênero popular, Mike Westbrook, por exemplo, produziu o álbum *Glad Day* (1999), com arranjos de doze canções que iam do coral ao jazz. Nos Estados Unidos, destacou-se o compositor e crítico de música Virgil Thomson, com *Five Songs of William Blake* (1951) para barítono, especificamente para o cantor Mack Harrell. Thomson, sendo amigo do acadêmico Samuel Foster Damon, um dos primeiros especialistas em Blake, estava em condições de fazer uma escolha bem informada de poemas que tivessem o potencial de transmitir o que chamou de filosofia humana do autor.

Em contraposição, ainda nos Estados Unidos, houve casos de conversas não bem informadas em que Blake foi invocado e apropriado de modo inconvincente. E aqui a audiência do poeta é outra. Para exemplificar, a norte-americana Patti Smith, poetisa, escritora e artista ex-*punk* — "suma sacerdotisa" de Blake, como a imprensa já a chamou —, mais usou do que musicou Blake, organizou uma reunião de poemas líricos e raras vezes perdeu uma oportunidade de anunciar ter sido influenciada por ele, desde o envolvimento com a Bíblia ("sempre fui atraída por aqueles que reinterpretam as escrituras e aquele mundo"), a energia visionária liberada por opostos, até a rejeição a instituições religiosas restritivas.[3] "E ele viu as luzes do semáforo acenando com as mãos de Blake" ("*Birdland*", 1975)

---

moraria até 1803): "Agora me considero Independente. Posso ser Poeta, Pintor & Músico, dependendo da Inspiração" (Bentley, p. 95).

[2] Anotação no *Notebook* (assim os especialistas se referem ao caderno de notas que Blake herdou do irmão caçula, Robert). Em 1810, ele escreveu um texto intitulado "*A Vision of the Last Judgement*" [Uma Visão do Juízo Final] para o *Descriptive Catalogue* [Catálogo Descritivo] de uma segunda exposição de pinturas que demonstra que persistia apesar do fracasso de uma primeira em 1809; a exposição não se realizou; os fragmentos do texto estão distribuídos das páginas 70 a 95 (Geoffrey Keynes, *Complete Writings* [Oxford: Oxford University Press, 1972], pp. 604-17).

[3] Entrevista a Graham Wood, *The Times Magazine*, p. 34, Londres, outubro de 2000.

e frases similares da própria lavra indicam uma débil presença do poeta, assim como parece inconsistente a rejeição a instituições religiosas, a julgar pela decisão da artista de cantar a célebre "*People Have the Power*" e o poema "Acalanto", de Blake, para o Papa Francisco no Vaticano, num Concerto de Natal anual.

Smith também não perdeu a oportunidade de anunciar a influência de Blake sobre os amigos mais chegados, entre eles Robert Mapplethorpe e o *beat* Allen Ginsberg. Nas fascinantes fotografias de Mapplethorpe — de lírios luminosos contra fundo preto ou de homens seminus em práticas sadomasoquistas — não se percebe vestígio de composição ou visão de mundo associados a Blake. No caso de Allen Ginsberg, cujo território é literário e marginalmente audiovisual, dado o flerte com a multimídia, as quase lendárias "visões de Blake" consistem em referências óbvias, como no poema "Sutra do Girassol", incluído em *Uivo e Outros Poemas* (1956): "— me precipitei encantado — era meu primeiro girassol, recordações de Blake — minhas visões — Harlem". Em "Nota de Rodapé a Uivo", a palavra "sagrado" (ou "santo") é repetida cerca de setenta vezes, como que para assegurar que a alusão não passe despercebida: "Tudo é sagrado!" Ver o mundo com percepção elevada consiste em ênfases no sujeito poético, referências biográficas e logocentrismo, tudo em corrente caudal próxima de Walt Whitman (celebrado no poema "Um Supermercado na Califórnia"). Whitman escreveu em versos formalmente inspirados na Bíblia, como Blake, mas era deísta, ao contrário de Blake; leu Blake tarde na vida e por ele não foi influenciado. "Conhece bem o Blake?", perguntou ao jornalista Horace Logo Traubel quando recebeu de Anne Gilchrist a primeira biografia respeitável do poeta.[4]

A paixão que Ginsberg nutriu por Blake também se expressou nas arrebatadas leituras de poemas que fez em visitas a inúmeros países e, mais comportadamente, no estudo dos preciosos manuscritos e estampas que teve o privilégio de manusear nos recessos do Museu Fitzwilliam de Cambridge, na Inglaterra. Expressou-se sobretudo numa atitude personalíssima e radical que o distingue de todos os escritores que se disseram influenciados pelo poeta inglês. O guru Blake lhe proporcionou uma experiência extática

---

[4] Traubel registrou em diários as conversas que manteve nos últimos quatro anos da vida do escritor, reunidas nos cinco volumes de *With Walt Whitman in Camden* (1906-1915). Cit. *The Letters of Anne Gilchrist and Walt Whitman* (New York: Doubleday, Page & Company, 1918), ed. e introd. de Thomas B. Harned, p. xxix. Anne Gilchrist se apaixonou por Whitman, com quem se correspondeu por quase uma década a partir de 1871. O marido, Alexander Gilchrist, começou a escrever a biografia em 1857, deixando-a inacabada ao morrer em 1861. Anne a finalizou e a publicou em 1863 em dois volumes, o segundo uma reunião de poemas editada por Dante Gabriel Rossetti. Com o incentivo de Anne, a primeira edição (expurgada) de *Folhas de Relva* na Grã-Bretanha foi preparada em 1868 por William Michael Rossetti em colaboração com Whitman.

que o marcou para sempre. Segundo relatou, por volta de 1948, aos 22 anos, um dia se achava deitado na cama do quarto no apartamento do Harlem com um livro de Blake por acaso aberto na página do poema "Ah! Girassol" (este episódio está na gênese do "Sutra do Girassol"). Sucedeu que se masturbou e, atingido o orgasmo, começou a ler o poema. De repente ouviu uma voz profunda no quarto, "a voz de Blake; [...] era como se Deus tivesse uma voz humana, com toda a ternura e antiguidade infinitas e a gravidade mortal de um Criador vivo que falava com o filho". Pela janela viu "as profundezas do universo", teve uma "visão ou consciência de estar vivo comigo mesmo, eu mesmo vivo com o Criador. Como o filho do Criador, que me amava, pensei, ou que, digamos, respondia ao meu desejo". Blake leu para ele o poema "A Rosa Doente" e "penetrou o próprio cerne secreto do universo *inteiro*".[5]

Outras "visões de Blake" ocorreram em lugares privados ou públicos, inclusive em poemas. Num processo de identificação absoluta — em estado mental "normal" ou sob o efeito de alucinógenos —, Ginsberg encarnou o espírito de Blake, porém não produziu uma obra com visão equivalente.[6] Produziu uma radiografia de sua subjetividade, de cujas profundezas projetou histórias de comportamentos excêntricos, misticismo ou loucura que emulam aquelas que aderiram como rótulos à imagem batida que se formou de Blake. Seu relato deixa a impressão de que elas devem ser tomadas como elementos formais da poesia.

A propensão a relatar histórias quase numinosas não se limita, claro, a Ginsberg nem a escritores em geral, e vem de longa data. São curiosas, por exemplo, as observações que antecedem um horóscopo oitocentista do "artista místico", que "é bem conhecido entre personalidades científicas por ter o mais peculiar e extraordinário traço de genialidade e uma vívida imaginação": "O sr. Blake não é menos peculiar e *outré* em suas ideias, uma vez que parece ter curiosas relações com o mundo invisível; e, de acordo com o relato feito por ele mesmo (no que é, ao que tudo indica, perfeitamente sincero), está constantemente rodeado dos espíritos dos mortos de todas as épocas, nações e países. Teve, afirma, conversas reais com Michelangelo, Rafael, Milton, Dryden e as pessoas ilustres de antiguidade. Está agora de

---

[5] Cf. entrevista a Thomas Clark, *Poets at Work: The Paris Review Interviews* (London: Penguin Books, 1989), org. de George Plimpton, introd. de Donald Hall, pp. 189-213.

[6] Edward Larrissy aborda a relação do pós-modernismo com Blake a partir das obras de Joyce Cary, dos neorromânticos Dylan Thomas e Kathleen Raine, e de Robert Duncan e Allen Ginsberg. Larrissy observa que estes poetas são vanguardistas, acreditam nas visões e "não podem ser assimilados à categoria de pós-modernismo que incorpora ironia em relação a forma e convenção, ou ansiedade em relação ao papel de seus muitos mentores". Cf. "Blake and postmodernism", *Palgrave Advances in William Blake Studies* (London: Palgrave MacMillan, 2006), pp. 254-71.

posse de um longo poema quase finalizado que, afirma, foi-lhe ditado pelo espírito de Milton".[7]

Testemunhos de amigos do pequeno círculo de Blake, conversas e impressões registradas em cartas, diários ou livros de memórias, estão salpicados de histórias e comentários similares. Num perfil biográfico de 1828, o pintor John Thomas Smith afirma: "Acredito que tenha sido invariavelmente o costume de cada época, toda vez que se constata que um homem se desviou do modo usual de pensar, considerá-lo de intelecto desequilibrado e, não raro, doido varrido". O escritor Alan Cunningham, numa breve biografia de 1830, conta que Blake acreditava que "tinha vivido em outras eras, e fizera amizade com Homero e Moisés; com Píndaro e Virgílio; com Dante e Milton. Esses grandes homens, assegurou, apareceram em suas visões, e até mesmo travaram conversas".[8] Em 10 de dezembro de 1825, o crítico literário e diarista Henry Crabb Robinson anotou no diário: "Vou registrar, à medida que me ocorrer, sem método, tudo de que me lembro da conversa com este homem notável. Devo chamá-lo de artista, gênio, místico ou louco? Provavelmente ele é tudo isso".[9]

A propagação dessas histórias se deve aos primeiros biógrafos e aos organizadores das primeiras edições de obras de Blake impressas tipograficamente a partir da segunda metade do século 19. Entre outros de renome, William Butler Yeats e John Edwin Ellis — mirando o Blake ocultista, místico, simbolista e até "vidente irlandês" (como desatinou o irlandês Yeats) — tiveram boas intenções, dedicando anos na elaboração de três alentados volumes com perfil biográfico, reunião de poemas, embora corrigidos para "aprimorá-los", e análises. Mas se guiaram por caprichos, carregando numa obscura interpretação mística e ocultista que tornou Blake impenetrável e, de modo geral, revelando aqui e ali falta de espírito crítico. (Consta que Yeats, que abreviava o nome como W.B.Y., supersticioso que era, entendeu como mensagem espiritual o fato de William Blake abreviar o seu como W.B.) Alexander Gilchrist incluiu um capítulo intitulado "Louco ou não Louco?" na primeira biografia extensa de Blake. Ressalvou, porém,

---

[7] Arthur Symons, *William Blake* (New York: E. P. Dutton & Company, 1907), pp. 338-40. O horóscopo foi publicado em Londres em 1825 no primeiro e único número da revista astrológica *Urania*. A data e a hora do nascimento de Blake — 28 de novembro de 1757, 19h45 — foram fornecidas por Blake ao amigo John Varley, astrólogo e aquarelista, e confirmadas pelo cartório de St James, no bairro de Westminster. Symons comenta que, no mapa circular, o mais surpreendente são a posição e o aspecto de Urano, o planeta oculto, que do ponto de vista astrológico "indicam no grau mais alto 'um instinto inato e supremo para as coisas do oculto' sem mostrar a menor tendência para a loucura". O poema "ditado" é *Milton, a Poem in Two Books* [Milton, um Poema em Dois Livros]. Era corriqueira a feitura de um mapa astral.

[8] Id. ib., pp. 357 e 408.

[9] Henry Crabb Robinson, *Diary, Reminiscences and Correspondence* (London: Macmillan and Co., 1869), sel. e ed. de Thomas Sadler, vol. 2, p. 301.

que as visões não eram materiais, e, sim, fenômenos vistos pela imaginação, realidades consolidadas no reino da mente. Mais recentemente, Peter Ackroyd, que em sua biografia dedica um capítulo a visões, ao comentar a forte sensibilidade visual do poeta já aos três anos de idade, explica que ela é capaz de "provocar ou criar imagens excepcionalmente claras que têm uma realidade alucinatória. [...] A frase comumente empregada por psicólogos para tais fenômenos é 'imagens eidéticas'", "percepções sensoriais reais". Ackroyd conclui que as primeiras visões de Blake não eram raras: "O notável, porém, é a medida em que uma capacidade normalmente infantil foi por ele mantida até o fim da vida".[10]

Ciente da reputação que tinha, Blake era capaz de revidar em ocasiões apropriadas. Em 1809, publicou um *Descriptive Catalogue* [Catálogo Descritivo] para a primeira "exposição de pinturas em afresco e invenções poéticas e históricas" que seria realizada, por cortesia do irmão mais velho, James, na loja Blake & Son de tecidos e miudezas no térreo da casa da família, nº 28, esquina da Broad Street (hoje Broadwick Street), no Soho. O próprio local escolhido causou espécie. No catálogo, depois de promover o "afresco portátil" (miniatura em aquarela, têmpera ou esmalte sobre base gessada), rejeitar a pintura a óleo "porque em pouco tempo fica amarela e a longo prazo marrom", parte para a crítica: "Os Insultos ignorantes de Indivíduos não irão me impedir de cumprir meu dever para com minha Arte". A Academia Real das Artes recusava regularmente suas aquarelas, com raras exceções, e de novo as recusara naquele ano; "portanto, convido aqueles Pares e Cavalheiros, que dela são Subscritores, a inspecionar os trabalhos excluídos: e àqueles a quem disseram que minhas Obras não passam de Excentricidade não científica e irregular, Garatujas de um Louco, peço com insistência que me façam a justiça de examinar antes de pronunciarem julgamento".[11] Não lhe fizeram justiça, claro. Na única resenha sobre a exposição, o crítico Robert Hunt, escrevendo anonimamente na edição de 17 de setembro de 1809 do periódico semanal *Examiner*, afirmou que os elogios que Blake recebera em 1808 pelas ilustrações de *The Grave*, de

---

[10] Peter Ackroyd, *Blake* (London: Quality Paper Direct, 1995), p. 35. Ackroyd se refere ao trabalho do psicólogo E.R. Jaensch, *Eidetic Imagery* (1930). Segundo Jaensch, essas imagens são características de mentes pouco desenvolvidas, não só de crianças mas também de adultos "adaptados ao sol". O valor científico do estudo é questionável pela insuficiência de verificação e por ser racista ("adaptados ao sol" é eufemismo para "de pele escura"), o que se explica pelo fato de Jaensch ter sido simpatizante da teoria racial nazista. Atualmente, psicólogos consideram as imagens eidéticas uma forma de pensamento "primitivo", normal na criança, psicótico no adulto. Blake teria tido a primeira visão de Deus aos três ou quatro anos de idade, além da visão duma árvore repleta de anjos num campo de Peckham Rye, perto de Londres. Disse a Crabb Robinson que visões eram intensificações de experiências normais; bastava cultivá-las, expandindo a imaginação ao estado visionário.

[11] Keynes, pp. 560-61.

Robert Blair, encorajaram o "coitado" a se considerar um grande mestre, "e pintou quadros deploráveis, alguns deles alegorias ininteligíveis, [...] no conjunto 'borrões indistintos' e muito mal desenhados. [...] derramamentos desenfreados de um cérebro destemperado".[12] Depois disso Blake procurou evitar o público.

O *Descriptive Catalogue*, no entanto, permite entender que a criação artística era sinal inequívoco de sanidade, sendo insanidade um atributo dos críticos daquela sociedade acadêmica, apegados a padrões rígidos. Mas a questão volta e meia o incomodava. Em 1817, leu o livro *Observations on Insanity* [Observações sobre Insanidade], do frenologista alemão Johan Gaspar Spurzheim, e deu com esta passagem: "[...] os sentimentos primitivos de religião podem induzir em erro e produzir insanidade; isso é o que eu argumentaria, e, nesse sentido, a religião em geral leva à insanidade". Escreveu na margem: "[William] Cowper me apareceu e disse: 'Oh, sempre fui insano. Jamais descansarei. Podes não me tornar verdadeiramente insano? Jamais descansarei enquanto for. Oh, que no colo de Deus me escondi. Permaneces são e no entanto tão louco quanto qualquer um de nós — acima de todos nós — louco como um refúgio da incredulidade — de Bacon, Newton e Locke'".[13] Insanidade, sugere ele, é o racionalismo iluminista representado pelos três pensadores, mas ao mesmo tempo sugere, com ironia, que insanidade (de Cowper, no caso) é acreditar num Deus punitivo.

Blake pouco fez para afastar a reputação, ainda mais quando também afirmou, a propósito de *Milton*, que escrevia em estado de transe, sem premeditação e até contra a vontade. Um acréscimo ao anedotário que provavelmente contribuiu para ser, nas décadas de 50 e 60 do século 20, associado a alucinógenos (ele cujo único excesso era de vez em quando beber uma ou duas canecas de cerveja) e posto no centro duma distração criada pelo livro *As Portas da Percepção*, título que Aldous Huxley pinçou duma frase de *O Matrimônio do Céu e do Inferno*. Huxley admirava e

---

[12] Bentley, p. 283. No *Notebook*, Blake escreveu, indignado: "O modo como meu Caráter tem sido difamado nesses trinta anos, como artista & como Homem, pode ser visto particularmente num Jornal Dominical chamado The Examiner, Publicado em Beaufort Buildings (todos nós sabemos que Editores de Jornais pouco se importam com arte & ciência, & que são sempre pagos por aquilo que apresentam sobre esses Assuntos desagradáveis)" (Keynes, p. 592).

[13] Keynes, p. 772. William Cowper (1731-1800), como Blake poeta de transição do Neoclassicismo para o Romantismo, sofria de psicose maníaco-depressiva e tentou suicídio aos 32 anos. Após a morte da companheira de muitos anos, Mary Unwin, em 1794, sofreu física e mentalmente até o fim. Em carta de 28 de maio de 1804 ao amigo e patrono William Hayley, ao comentar que os norte-americanos passariam a considerar George Washington um deus por seu papel na independência da América do Norte, Blake escreveu que, quanto a ele, "[...] tenho a felicidade de ver o semblante Divino em homens como Cowper e Milton mais distintamente do que em qualquer príncipe ou herói" (Keynes, p. 845).

conhecia bem a obra de Blake. Com o livro de 1953 pretendeu comunicar uma viagem sensorial com mescalina e demonstrar que a experiência, apoiada por pesquisa científica, poderia enriquecer o entendimento da percepção do mundo objetivo através da transcendência do mundo subjetivo. O experimento foi malsucedido, admitiu Huxley, porque a droga não lhe permitiu, por um momento sequer, penetrar no mundo interior infinito descrito por Blake, e nem esteve perto duma iluminação. Talvez a expectativa criada pela leitura do poeta tenha frustrado o experimento. De qualquer modo, a premissa era falsa; a viagem de Blake se dera por um outro processo, e, além disso, Blake não concebia um mundo subjetivo separado do objetivo ("O homem vê aquilo que ele é"), assim como rejeitava que o corpo fosse distinto da alma.

Em literatura, assim como em outras artes, influências mal assimiladas tendem a resultar em arremedo ou em sintomas que não sustentam uma obra independente, nova ou única, denunciando o influenciador e às vezes distorcendo o modo como este é percebido ou apreciado.[14] O mesmo pode ocorrer quando se "transfere" um processo criativo específico dum escritor a outro de natureza diversa (na busca de legitimação, Huxley distorceu Blake). Em contraposição, em música que toma como base a poesia, no sentido de transposições como as mencionadas antes, trata-se não da "influência" mas da "confluência" de duas linguagens que, quando bem-sucedida, produz uma nova obra de qualidade. Essa obra tem um aspecto "positivo" que a coloca numa categoria diferente das experiências literárias com aspecto "negativo": ela é paralela ao texto-base e, sendo uma outra linguagem, deixa intatos ritmos, sonoridades, metáforas, símbolos e significados possíveis da obra original, que permanece ilesa, à espera do indivíduo leitor. É um produto fruído predominantemente *com* os ouvidos, não *através* dos ouvidos, como diria Blake, como se a audição tivesse a capacidade de obliterar temporariamente a visão e a significação do texto-base.

Fica mais ou menos claro que a tentativa de identificar a popularidade de Blake acaba levando à perda de rumo, à procura no lugar errado. As manifestações de popularidade arroladas, num calidoscópio de fabuladores,

---

[14] Um exemplo do oposto é *Finnegans Wake*, de James Joyce, um romance cujo núcleo de história mínimo vai do mundano a uma cosmologia arquetípica a partir dos sonhos do dono de uma taberna (HCE) e dos membros da família numa única noite. Afora as ideias de Vico e de Freud, Joyce parece ter tomado como base a estrutura de *Vala, or the Four Zoas* [Vala, ou os Quatro Zoas], extenso poema épico que Blake jamais terminou: consiste nos sonhos de vários personagens em nove noites, cada um deles se alternando como narrador e mudando de nome à medida que se transforma. Em Joyce há apenas um sonhador, HCE, que controla os outros sonhos. Outro exemplo bem-sucedido é a trilogia *His Dark Materials*, de Philip Pullman, que reconheceu ter "roubado" de Blake os conceitos de inocência e experiência, que estão na base do mundo mítico criado nos três romances.

contadores de histórias, fruidores e criadores de produtos variados, indicam que há o risco de o escritor ser ofuscado, quase a se perder de vista. Decerto há o risco de ser afastado do leitor, o qual, num lugar incerto, busca entrar em contato com ele como que por procuração. Mas, como essas manifestações não deixarão de existir, é ao menos útil saber o que são e onde estão, para que possam ser evitadas — ou procuradas, conforme o desejado.

Nem preceito nem preconceito: apenas escritor, texto, leitor. Ou talvez mais que isso. "Na cena do texto não há ribalta: não existe por trás do texto ninguém ativo (o escritor) e diante dele ninguém passivo (o leitor); não há um sujeito e um objeto. O texto prescreve as atitudes gramaticais: é o olho indiferenciado de que fala um autor excessivo (Angelus Silesius): 'O olho por onde eu vejo Deus é o mesmo olho por onde ele me vê."'[15]

Por ocasião do bicentenário do nascimento de William Blake, em 1957, o crítico literário canadense Northrop Frye publicou um breve ensaio tentativo com o propósito de pontuar, na expressão dele, a absorção crítica do escritor pela sociedade. Numa reflexão otimista, observa que a posteridade lhe ofereceu o que os contemporâneos lhe negaram em vida. Os admiradores sentem que Blake lhes diz algo que ninguém mais pode dizer, porque "tem a caridade de incluí-los, não como parte dum princípio geral de benevolência, que o próprio Blake desdenharia, mas unicamente como indivíduos".[16]

Frye reconhece a necessidade duma nova definição de popularidade. Descarta um primeiro sentido, o do *best-seller*, porque, à parte oferecer o que os leitores esperam e se apoiar em *marketing* para o sucesso de vendas, em geral independe de qualidades estéticas. Um segundo sentido de popular é o que tem como centro da ficção o "conto popular" (*folk tale*), que em geral tem tradição oral, povoada de lendas, fábulas, fadas, demônios, gigantes e anões, e assim por diante. Frye chama esse sentido de "primitivo contemporâneo", que "se manifesta na grande arte, mesmo na arte bastante difícil e complexa. [...] Mais particularmente na Bíblia, que é um longo conto popular do começo ao fim, e o livro mais primitivo e popular

---

[15] Roland Barthes, *O Prazer do Texto* (São Paulo: Editora Perspectiva, 1977), trad. de J. Guinsburg, pp. 24-25. Não há registro de que Blake tenha lido os epigramas de Silesius, o católico alemão Johannes Scheffler (1624-1677), mas leu o místico Jakob Böhme (1575-1624), que influenciou Silesius. No texto *A Vision of the Last Judgement* para o catálogo da exposição de 1810 (p. 95 do *Notebook*), Blake escreveu algo próximo a Silesius: "'Quando o Sol nasce, não vês um disco redondo de fogo parecido com um Guinéu?' Oh não, não, vejo uma Inumerável companhia da hoste celestial gritando 'Santo, Santo, Santo é o Senhor Onipotente'. Não questiono os meus Olhos Corpóreos ou Vegetativos mais do que Questionaria uma Janela relacionada a uma Vista. Vejo através deles & não com eles" (Keynes, p. 617).

[16] Northrop Frye, "Blake After Two Centuries", *Fables of Identity* (New York: Harcourt Brace Jovanovich, 1963), p. 139. Publicado originalmente na *University of Toronto Quarterly*, XXVII, outubro de 1957.

do mundo". Certos elementos do conto popular, da ficção, permanecem constantes, são arquetípicos, e por isso recebem o termo genérico de mitos. Forma e conteúdo interagem. "O elemento conceitual em poesia é também uma parte de seu conteúdo, e o pensamento conceitual em poesia é mais ou menos assimilado a outro tipo de pensamento que organiza a estrutura poética. A unidade desse pensamento formalmente poético é a metáfora. [...] Metáfora, portanto, é um princípio formal da poesia, e o mito, da ficção". Tal distinção, porém, é fluida: a metáfora pode não excluir o pensamento conceitual e ser direta e primitiva, assim como o pensamento conceitual pode ser sofisticado. "Daí que há um corpo poético que pode ser chamado de popular no sentido de fornecer a chave metafórica, primitiva e direta à experiência poética tanto do educado como do não educado. [...] os versos líricos de Blake estão entre as melhores introduções possíveis à experiência poética, assim como as profecias estão entre as melhores introduções possíveis à gramática e à estrutura da mitologia literária."[17]

Como esses princípios de poesia e profecia podem se combinar, como o fazem no caso de Blake, vale tomar um exemplo tendo em mente a proposição de Frye. Entre 1804-08, Blake trabalhou na profecia maior *Milton, A Poem in Two Books* [Milton, um Poema em Dois Livros], que apesar de várias alterações após a primeira impressão em 1804 jamais foi terminado. John Milton (1608-74) era, na opinião de Blake, o maior poeta da Inglaterra (seguido por Shakespeare e Chaucer) porque "me amou na infância & me mostrou seu rosto"; porque era um excelente versificador; porque *Paraíso Perdido* era um poema épico que recontava a história bíblica experimentalmente com o uso pioneiro do verso branco em decassílabos. Bem observou o especialista Samuel Foster Damon que John Milton foi para a poesia de Blake o que Michelangelo foi para sua arte visual. Justifica-se, portanto, que *Milton* seja um registro poético da evolução criativa e espiritual de Milton, da "correção dos erros" no poema (como Milton lhe pediu) causados pela tensão entre o Milton teólogo e o Milton poeta, e sobretudo da profunda relação de Blake com o poeta.

Milton tem paralelo com *Paraíso Reconquistado* (1671), que em quatro livros trata da obediência do segundo Adão, o filho Caim, e é um épico breve semelhante a *O Livro de Jó*, do Antigo Testamento (*Paraíso Perdido*, de 1667, por sua vez trata da desobediência de Adão ao ceder à tentação e assim causar a "queda", e é um épico longo em doze livros; ao compor *Paraíso Reconquistado*, Milton se guiou pela distinção entre os dois tipos de narrativa feita por Aristóteles no capítulo 26 da *Arte Poética*). Blake

[17] Id. ib., pp. 141-3.

concentra em dois os quatro livros, dificultando a leitura com interrupções de lógica. John Milton é, como o título deixa claro, o protagonista do poema.

Milton começa com um prefácio (que consiste num texto em prosa e num poema, em alguns exemplares colocados no fim do segundo livro) e uma epígrafe ao primeiro livro que ilustram um pouco a definição de Frye e indicam, ao menos em parte, um aspecto importante da poética que veicula a visão de mundo de Blake.

> Os Escritos Roubados e Deturpados de Homero & Ovídio, de Platão & Cícero, que todos os Homens deveriam desprezar, estão estabelecidos por artifício contra o Sublime da Bíblia. Mas quando a Nova Era se Anunciar tudo será arranjado convenientemente: & aquelas Grandes Obras dos mais antigos & conscientemente & professadamente Homens Inspirados irão assegurar a sua posição apropriada, & as Filhas da Memória irão se tornar as Filhas da Inspiração. Shakespeare & Milton foram ambos sujeitados pela enfermidade & infecção gerais dos tolos escravos Gregos & Latinos da Espada.
>
> Despertai, ó Jovens da Nova Era! fazei frente contra os Mercenários ignorantes! Porque temos Mercenários no Acampamento, na Corte & na Universidade que iriam, se pudessem, para sempre esmorecer a Guerra Mental & prolongar a Corporal. Pintores! para vós apelo! Escultores! Arquitetos! Não permiti que os Tolos da moda esmoreçam vossas forças pelos preços que pretendem dar por obras desprezíveis ou as custosas bazófias propagandeadas que fazem de tais obras; acreditai em Cristo & em seus Apóstolos que existe uma Classe de Homens cujo grande prazer está em Destruir. Não queremos Modelos Gregos ou Romanos se apenas formos justos & verdadeiros com nossa Imaginação, aqueles Mundos de Eternidade em que viveremos para sempre, em Jesus nosso Senhor.

Num texto de Blake, de modo geral a identificação de referências e alusões específicas a um contexto é necessária antes de sua visão poder se revelar ao leitor. Em tom de veemente manifesto, com forte linguagem simbólica, o prefácio critica um contexto histórico-literário e introduz a função do poeta-profeta. O alvo é o período "augustano" inglês, a produção cultural da Restauração, que por sua vez se refere ao apogeu clássico do reino do imperador romano Augusto (27 b.C -14 d.C.). Joseph Dryden, Alexander Pope e Jonathan Swift, entre os principais autores, de 1660 a 1760 tomaram os clássicos como modelos de estilo em detrimento da tradição protestante fundada na Bíblia. Blake evoca os versos 336-40 do quarto livro de *Paraíso Reconquistado*, onde a referência bíblica reflete o que Blake chama de Inspiração:

Canções e harpas hebraicas na Babilônia,
Suaves aos ouvidos dos vencedores, declaram
Que em vez da Grécia de nós tais artes derivaram —
Mal imitadas enquanto cantam sonoras
Os vícios de suas deidades, e os seus próprios.

Onipresente no Romantismo, o conceito de "sublime" (cuja raiz latina significa "elevado" e do qual Blake tinha conhecimento) foi assim exposto por Edmund Burke: "O que quer que possa de algum modo excitar ideias de dor, perigo, isto é, o que quer que seja de qualquer forma terrível, ou esteja relacionado a objetos de terror, ou opere de maneira análoga ao terror, é uma fonte do *sublime*; ou seja, é produtor da mais poderosa emoção que a mente humana é capaz de sentir".[18] "Filhas da Memória" se referem às nove musas gregas, nascidas de Zeus com Mnemósine (personificação da Memória), que presidiam o Pensamento sob todas as formas: retórica, história, matemática, astronomia, música e as artes imitativas. "Não são Inspiração como é a Bíblia", escreveu Blake em *A Vision of the Last Judgement* [Uma Visão do Juízo Final] (pp. 71-72 do *Notebook*), embora as tivesse acolhido no período em que escreveu os poemas de *Poetical Sketches* [Esboços Poéticos]. "Mundos de Eternidade" e "Jesus" apontam para a relação entre um mundo material que sofreu a "queda" e um mundo "verdadeiro" em que as formas humanas encontram uma identidade eterna. Ou "um mundo de formas como as de Platão, exceto que em Blake essas formas são imagens dum ser puro visto por um corpo espiritual, não ideias de essência pura vistas por uma alma, um conceito que excluiria o artista como revelador da realidade. Para Blake, essa visão de apocalipse e ressurreição era a gramática tanto da poesia quanto da pintura, e era também a origem dos princípios formais da arte".[19]

---

[18] Edmund Burke, *A Philosophical Inquiry into the Origin of our Ideas of the Sublime and the Beautiful* (London: R. and John Dodsley, 1757), p. 13. O sentido que Blake atribui a "sublime" é outro, situando-o, como observa Morton D. Paley, "nas energias da própria humanidade, tornando-o assim parte de sua dialética de liberação". Cf. *Energy and the Imagination* (London: Oxford University Press, 1970), pp. 1-29. Numa anotação ao oitavo discurso de Joshua Reynolds (1723-1792), pintor e presidente da Academia Real das Artes, Blake critica Burke, rejeitando o empirismo: "O tratado de Burke sobre o Sublime & o Belo é fundado nas Opiniões de Newton & Locke; [...] Li o tratado quando era muito Jovem; ao mesmo tempo li Sobre o Entendimento Humano de Locke & o Avanço do Aprendizado de Bacon; sobre cada um desses livros escrevi minhas Opiniões, & consultando-as vejo que minhas notas sobre Reynolds neste livro são exatamente Semelhantes. [...] Eles zombam da Inspiração & da Visão. Inspiração & Visão foram então, & são agora, & espero sempre Serão, meu Elemento, meu lugar da Eterna Morada" (Keynes, pp. 476-7).

[19] Frye, op. cit., p. 144.

O poema sem título, que o compositor Parry transformou no hino "Jerusalém", está relacionado à última frase do segundo parágrafo: "Mundos de Eternidade em que viveremos para sempre, em Jesus nosso Senhor".

E acaso aqueles pés outrora andaram
Pelas verdes montanhas da Inglaterra?
E viu-se o santo Cordeiro de Deus
Nos pastos agradáveis desta terra?

E acaso brilhou o Rosto Divino
Sobre os nossos outeiros nebulosos?
E foi Jerusalém criada em meio
Aos Moinhos Satânicos trevosos?

Trazei o meu Arco de ouro febril:
Trazei as minhas Flechas de desejo:
Trazei a minha Lança: Ó névoa, abri!
Trazei o meu Carro de Fogo e ensejo.

Da Luta Mental não desistirei,
E à mão a Espada alerta já se aferra,
Até Jerusalém criarmos em
Terra verde & agradável da Inglaterra.

Na ausência da música, o leitor pode fruir o texto, refletir sobre a forma e o conteúdo, e com sorte chegar a algum entendimento do sentido transmitido pelas metáforas. Blake oferece ao leitor (ao indivíduo, para lembrar Frye) duas formas de texto inter-relacionadas para comunicar uma mesma visão. Os espaços bíblico e britânico se combinam simbolicamente e conferem unidade a um novo espaço (inteiramente poético). Seriam os pés nos dois primeiros versos uma alusão a José de Arimateia, o comerciante rico que ofereceu a tumba na qual Jesus foi sepultado e da qual se elevou? Nesse caso, Blake estaria incorporando a lenda de que Arimateia andou pela Inglaterra, e da mesma forma a presença de Jesus na figura do "santo Cordeiro de Deus". Os "moinhos" (*mills*) satânicos podem ser "fábricas", no sentido que hoje se atribui à palavra em inglês, mas se referem primeiramente aos moinhos nos versos 1-17 da quarta seção do primeiro livro. Nos versos abaixo, 8-14, Satã é relacionado ao moinho:

"A Sabedoria de cada Homem é peculiar a sua própria Individualidade.
Oh Satã, primogênito meu, não és o Príncipe das Hostes Estreladas

E das Rodas do Céu, para girar os Moinhos dia & noite?
Não és o Pantocrator de Newton, tecendo a Trama de Locke?
Aos Mortais os teus Moinhos parecem tudo, & o Rastelo de Shaddai
Um Esquema de conduta Humana invisível & incompreensível.
Retoma os teus Trabalhos nos Moinhos & me deixa com a minha ira."

Pantocrator é o Deus supremo que reina sobre tudo, negado por Newton. Shaddai é um dos nomes de Deus no Antigo Testamento, traduzido como Todo-Poderoso (Elias e Jeová são os outros nomes). No *Gênesis*, Deus muda o nome de Abrão: "Sendo pois Abrão da idade de noventa e nove anos, apareceu o Senhor a Abrão e disse-lhe: Eu sou o Deus Todo-Poderoso, anda em minha presença e sê perfeito" (17:1); no *Livro de Jó*, atormenta-o com a justiça quando Elifaz exorta Jó a buscar a Deus: "Eis que bem-aventurado é o homem a quem Deus castiga; não desprezes, pois, o castigo do Todo-Poderoso" (5:17). Os moinhos podem ser, secundariamente, uma metáfora para a opressão (moagem, trituração) da liberdade e do pensamento crítico, ou para as novas máquinas da Revolução Industrial, dependendo de o contexto apoiar ou não essas interpretações. Jerusalém significa literalmente "cidade da paz", mas também liberdade, o espaço em que o homem cria e que existe internamente, ou que deve ser alcançado através da "luta mental" com as "armas" dessa busca.

A epígrafe antecede, em estilo ironicamente clássico, uma evocação das musas que "inspiram a Canção dos Poetas" no primeiro verso do poema.

Oxalá que todo o povo do Senhor fosse Profeta.

Este é um fragmento de *Números* (11:29), o quarto livro de Moisés na Torá, ou Pentateuco (os outros são *Gênesis*, *Êxodo*, *Levítico* e, o quinto, *Deuteronômio*). No episódio em que Deus designa setenta anciãos para ajudarem Moisés, Josué pede a Moisés que proíba os moços Eldade e Medade de profetizarem no povoado. "Porém Moisés lhe disse: Tens tu ciúmes por mim? Oxalá que todo o povo do Senhor fosse profeta, que o Senhor lhes desse seu espírito!" O acadêmico e crítico literário Harold Bloom comenta que o Milton do poema se torna profeta como Moisés,[20] mas outro sentido possível é que Milton, num processo de ventriloquia, atua como o porta-voz do Blake poeta-profeta, o bardo de Álbion.

Blake se utiliza da prosa, da poesia e da parábola, de arquétipos e símbolos, para dar vitalidade a sua visão de mundo. Para retornar ao conceito de arte

---

[20] David V. Erdman (ed.), *The Complete Poetry & Prose of William Blake* (New York: Doubleday, 1988), coment. de Harold Bloom, p. 910.

formalmente popular, Frye explica que ele teria se originado de um popular "cuja arte era rural, espontânea e comunal". E este é o cerne da questão: "Quando removemos essa noção de 'popular' [*folk*], ficamos com um terceiro conceito de arte popular no sentido de arte que é fundamental para uma tradição cultural específica. [...] As fontes duma tradição cultural são, claro, seu contexto religioso e social, assim como seus próprios produtos anteriores". Na Inglaterra, com o protestantismo arraigado, a Bíblia é fundamental na cultura tradicional, e o Novo Testamento é fundamental na obra de Blake, assim como Jesus é fundamental na imaginação (ele *é* a imaginação). "As profecias recriam a Bíblia em simbolismo inglês e, não menos que *Paraíso Perdido* ou *The Pilgrim's Progress* [O Peregrino, de John Bunyan], registram uma busca direta da Nova Jerusalém que existe aqui e agora na terra verde e agradável da Inglaterra."[21]

Blake lia a Bíblia habitualmente desde menino, assim como a família e a maioria dos britânicos. A Bíblia era o livro dos livros de todos os dias, mas havia mais de um tipo de Bíblia e mais de uma maneira de lê-la. Embora adeptos da Igreja Anglicana, os membros da família Blake a liam como dissidentes, como antinomianos: contrários à lei e favoráveis à supremacia da fé. Blake, um dissidente mais radical que os pais, referia-se a ela com a frase "O Antigo & o Novo Testamento são o Grande Código de Arte". Bem além da religião, via histórias, parábolas e mitos, atentava para a construção literária. O grande código de arte era constituído de pequenas unidades organizadas pela visão. Blake as denominou "particularidades diminutas", individualidades eternas de tudo o que existe no mundo. Deus, a "Humanidade Divina", contém todas as coisas: "Cada Particularidade Diminuta é Sagrada". Ao conceber como supremos os pormenores ("Ver um Mundo num Grão de Areia / E um Céu numa Flor Silvestre"), Blake reagia ao empenho dos neoclássicos de os eliminar do princípio das coisas. Num comentário sobre um texto do pintor Joshua Reynolds, inquiriu: "Sacrifica as Partes, o que acontece com o Todo?"

Para conter o todo na obra literária, Blake recorreu a algo similar ao que, no século 20, o filósofo e antropólogo belga Claude Lévi-Strauss (1908-2009) chamou de *bricolage* (bricolagem) no livro *Pensamento Selvagem* (1962), onde distingue os modos de pensamento moderno e primitivo. Lévi-Strauss identificou a perspectiva mágica do modo primitivo com o *bricoleur*, aquele que, como um artesão, reúne e monta os materiais encontrados para solucionar um problema, o "faça você mesmo". Blake articula partes num contexto e num conjunto significativos, utilizando-se dum procedimento

---

[21] Frye, op. cit., p. 145-6.

que entendeu ser análogo ao adotado pelos profetas da Bíblia e por Dante. De certa forma, antecipava os procedimentos, nos tempos modernos, de Thomas Stearns Eliot, Marianne Moore, Ezra Pound e James Joyce. Seguindo as ideias de Lévi-Strauss, Frye chama a reorganização de partes de mitopoese, ou "criação de mitos", mitos particulares que integram um mundo particular. Na Bíblia, os mitos têm a função de transmitir a importância de Deus, dos profetas, da história, das leis, da estrutura segundo a qual a sociedade e os povos se organizam, e por isso são "sagrados": tendo a função de revelar, implicam crença. A função da mitologia particular se relaciona aos elementos do conto popular, sendo por isso poética e social também. Blake criou uma mitologia pessoal — ou "sistema", na expressão de Los, personagem das profecias menores e de *Jerusalem* que simboliza a Poesia, a Imaginação Criativa — combinando elementos visionários com fragmentos da Bíblia, sobretudo do Novo Testamento, de Ossian e de ideias, entre outras, do neoplatonismo, de Jakob Böhme e Emanuel Swedenborg (estas de difícil rastreio).

Essa mitologia particular vai um pouco além do que Frye caracterizou como "simbolismo inglês" ao incorporar arquétipos universais com novos nomes particulares, mas só um pouco, porque Blake não deixa de evocar topografias inglesas e outras referências à Inglaterra. Jerusalém e Inglaterra (Álbion) são indissociáveis. Apesar disso, permite um acesso mais universal, que ocorre quando o texto deixa de se relacionar apenas consigo mesmo, com sua forma e seu conteúdo (o "texto prescreve as atitudes gramaticais", disse Barthes), e se abre para o leitor: na interação do leitor com o texto convergem duas tradições.

Blake propõe uma interação positiva e contínua de fruição, conhecimento e reconhecimento:

> Te dou a ponta dum fio dourado,
> É só enovelá-lo bem:
> Vai te levar ao portão do Céu
> No muro de Jerusalém.

A poetisa norte-americana Marianne Moore (1887-1972), que compreendera Blake e o assimilara como uma das influências diretas confessas, no poema "Blake" tematiza epigramaticamente a interação proposta por Blake através da ambiguidade do reconhecimento dos opostos. E, mais uma vez, os olhos são essenciais:

Me pergunto se você sente ao olhar para nós
Como se estivesse vendo a si mesmo num espelho no fim
Dum longo corredor — andando fragil-mente.
Estou certa de que sentimos ao olharmos para você
Como se fôssemos ambíguos e apenas improváveis
Reflexos do sol — brilhando palida-mente.[22]

O crítico de arte inglês John Ruskin (1819-1900), que se dedicou ao estudo da arte e das relações desta com a sociedade a partir da convicção de que a arte é essencial para a saúde espiritual do homem, certa vez escreveu: "Milhares de pessoas podem falar por uma que pode pensar; mas milhares podem pensar por uma que pode ver. Ver com clareza é poesia, profecia e religião tudo junto".

Com essa citação Marianne Moore iniciou um artigo por ocasião do centenário da morte de William Blake. Ao comentar Ruskin, Moore afirma que talvez pouquíssimos escritores tenham tal característica no grau encontrado em Blake. "Ele podia 'ver' e trabalhar — sua morada não era a época nem a casa em que vivia, mas sua mente. A instalação de uma lápide nas proximidades do local de seu túmulo em Bunhill Fields, e de uma placa memorial na Catedral de São Paulo, é justificadamente comemorativa, assim como o são reproduções e exposições de suas obras. Ao sermos exortados a nos preparar para o centenário de Blake, porém, ficamos um tanto perplexos. Se não estamos já preparados, é difícil saber de que modo passaremos a estar."[23]

O conciso artigo de Moore ainda é relevante hoje, primeiro por evocar a ideia de Ruskin de que a "saúde espiritual" tem nas realizações artísticas um benefício vital; segundo por sugerir que essas realizações não resultam dum poder mediúnico, mas, sim, dum trabalho mental; e terceiro por nos levar a interrogar — com relação ao bicentenário da morte de Blake, no dia 12 de agosto de 2027 — de que modo entendemos e absorvemos a obra do poeta, de que modo estamos ou não preparados para ela. Ainda tem validade a reticente conclusão "é difícil saber", apesar de Blake ser mais conhecido hoje do que na década em que Moore escreveu.

A frase de Ruskin "Ver com clareza é poesia, profecia e religião tudo junto" se ajusta como uma luva ao uso da imaginação que Blake faz não só na poesia mas também na teoria da arte, porque ambas seguem o

---

[22] In John M. Slatin, *The Savages Romance: The Poetry of Marianne Moore* (Pennsylvania: The Pennsylvania University Press, 1986), p. 54. Não selecionado por Moore para integrar o volume de poemas completos, "Blake" foi publicado pela primeira vez na revista *Others* 1, dezembro de 1915, p. 105.

[23] Marianne Moore, *The Complete Prose of Marianne Moore* (London: Faber and Faber, 1987), org. e introd. de Patricia C. Willis, pp. 184-5. O artigo foi publicado originalmente na revista *The Dial* 82, junho de 1927.

mesmo princípio. Na história da arte, Blake é situado entre os linearistas bidimensionais no contexto das escolas lineares e pictoriais. No entanto, como ressalta o especialista Morris Eaves, o emprego que faz da linha "é romantizado pela internalização do mundo das ideias que produz a linha e pela substituição da razão como medida de intelecto pela imaginação". Esta "[...] organiza a identidade pessoal e, através da identidade, organiza a obra de arte". Quem melhor desenha deve ser o melhor artista, diz Blake no *Descriptive Catalogue* de 1809: "A grande regra dourada da arte, assim como da vida, é esta: Que quanto mais distinta, nítida e vigorosa a linha demarcadora, mais perfeita a obra de arte; e quanto menos incisiva e nítida, maior a evidência de frágil imitação, plagiarismo e trabalho malfeito. [...] A falta dessa forma demarcadora e definida evidencia a falta de ideia na mente do artista, e o pretexto do plagiador em todos os seus ramos. Como distinguimos o carvalho da faia, o cavalo do boi, senão pelo contorno demarcador? [...] Exclua esta linha, e excluirá a própria vida; tudo retorna ao caos, e a linha do onipotente deve ser estendida sobre ele antes que o homem ou o animal exista". O conceito de contorno claro e preciso da figura é, como diz Frye, uma concentração nos princípios formais da arte. Blake dividia opiniões, porém, como quase sempre. William Butler Yeats, a propósito, criticou Blake num ensaio de 1897 em que comentava as ilustrações para a *Divina Comédia*: "A limitação de sua visão derivava da própria intensidade de sua visão; era um realista da imaginação demasiado literal, assim como outros o são da natureza; e, como estava convencido de que as figuras vistas pelos olhos da mente, quando a inspiração as exaltava, eram 'existências eternas', símbolos das essências divinas, repudiava toda graça de estilo que pudesse obscurecer suas características".[24]

Marianne Moore discordou de Yeats. Na versão longa do poema "Poesia", critica-o ao alterar a frase "um realista da imaginação demasiado literal" em defesa de Blake:

> Também não gosto: há coisas mais importantes que toda essa baboseira.
>   Lendo-a, no entanto, com total desprezo, a gente acaba descobrindo
>   nela, afinal de contas, um lugar para o genuíno.
>   Mãos que agarram, olhos
>   que se dilatam, cabeleira que se eriça
>   quando preciso, são coisas importantes, não porque se

---

[24] Morris Eaves, *William Blake's Theory of Art* (Princeton: Princeton University Press, 1982), p. 19. Blake, *A Descriptive Catalogue*, Keynes, p. 565. William Butler Yeats, "Blake's Illustrations to Dante", *Ideas of Good and Evil* (1896-1903), in *Essays & Introductions* (London: Papermac, 1989), pp. 119-120.

lhes pode impor pomposa interpretação, mas por serem
    úteis. Quando se tornam tão derivativas que ficam ininteligíveis,
      o mesmo se pode dizer de todos nós, pois
        não admiramos aquilo que
        somos incapazes de compreender: o morcego
          pendurado de ponta-cabeça ou em busca de algum

alimento, elefantes em marcha, um cavalo selvagem a se espojar, um lobo
           [infatigável embaixo
de uma árvore, o crítico impassível a crispar a pele como um cavalo mordido
           [por pulga, o fã do
beisebol, o estatístico —
    nem é válido
      ter preconceito contra "documentos comerciais e

livros didáticos": todos esses fenômenos são importantes. Contudo, a gente
          [deve fazer uma
    distinção se um semipoeta os realça à força, o resultado não é poesia,
    nem, enquanto nossos poetas não forem
      "literalistas
      da imaginação" — acima
        da insolência e da trivialidade — e não apresentarem

para inspeção "jardins imaginários com sapos de verdade", teremos acesso a
    ela. Até lá, se exigir, por um lado,
    a matéria-prima da poesia em
      toda sua primariedade e
      aquilo que é, por outro lado,
        genuíno, então você tem interesse por poesia.[25]

Moore foi certeira: um "literalista da imaginação" que cultiva "jardins imaginários com sapos de verdade".

Em 1772, Blake iniciou um aprendizado de sete anos no ofício de gravador sob a orientação do renomado mestre James Basire. Estava com catorze anos, a idade convencionada na época para a aprendizagem dum ofício. Até então não tinha tido educação formal por determinação do pai, James, que assim pretendeu proteger o filho um tanto excêntrico de possíveis incidentes entre alunos na rotina escolar. Mas, como autodidata, desde cedo contou com o apoio e o incentivo duma educação caseira

---

[25] Marianne Moore, *Poemas* (São Paulo: Companhia das Letras, 1991), sel. de João Moura Jr., trad. de José Antonio Arantes, p. 169.

supervisionada pela mãe, Catherine. O pai generoso lhe dava dinheiro para comprar estampas, modelos em gesso e muitos livros. Blake lia de tudo: teologia, filosofia, ciência, ciências ocultas, história, arte e literatura. Tinha interesse por poesia não só como ávido leitor mas também como poeta desde quando começara a escrever por volta dos onze anos. Como atestam as influências e imitações nos poemas que escreveu até os 21 anos, reunidos no volume *Poetical Sketches*, estava familiarizado, entre outros, com Dante, Chaucer, os elisabetanos (influência presente em "*How sweet I roam'd*", identificado como o poema mais antigo de Blake), a lírica e as peças de Shakespeare, Edmund Spenser (o "original" de Milton), Ossian e John Milton (que, como observa Samuel Foster Damon, tornou-se o "original" de Blake). Tinha conhecimento dos principais românticos ingleses: Robert Southey (o poeta laureado a quem conheceu), Samuel Taylor Coleridge (que leu Blake e o exaltou: "Poeta e Pintor apo- ou, antes, ana-calíptico"), Lord Byron, Percy Bysshe Shelley e William Wordsworth. Não há registro de que tenha lido John Keats. Mais tarde circulou discretamente entre uns poucos poetas "menores" bem-sucedidos na época, mas logo esquecidos. Ele mesmo permaneceu isolado e desconhecido do público, em vida e durante anos após a morte em 1827.[26]

Como de costume, fazia anotações à margem dos textos que lhe causavam reações de aprovação ou rejeição. No prefácio a *Poems* (1815), de William Wordsworth, leu que os "poderes necessários para a produção da poesia são, primeiro, aqueles da observação e da descrição [...] estejam as coisas representadas realmente presentes aos sentidos ou tenham um lugar somente na memória [...]", e comentou: "Apenas um Poder faz um Poeta. — Imaginação, a Visão Divina". Para ele, "a Imaginação nada tem a ver com a Memória", como reiterou no prefácio a *Milton*. Quanto aos poemas de Wordsworth sobre o tema da infância, observou: "Vejo em Wordsworth o Homem Natural se insurgindo contra o Homem Espiritual continuamente & e então Não é Poeta, mas um Filósofo Pagão com Inimizade por toda Poesia ou Inspiração Verdadeira".[27]

---

[26] James John Garth Wilkinson (1812-99), médico, membro da Sociedade de Impressores e editor de Swedenborg, foi o responsável pela primeira publicação tipográfica das *Canções de Inocência e de Experiência*, pela editora londrina W. Pickering & W. Newbery, no dia 9 de julho de 1839. Consistia em 95 páginas, 21 das quais ocupadas pelo prefácio de Wilkinson, que arranjou os poemas numa ordem arbitrária e fez alterações para "melhorá-los", corrigindo "regras gramaticais comuns" que Blake ignorara. Diz no prefácio que esperava que o pequeno livro desse "um novo impulso ao Novo Espiritualismo que hoje está despontando no mundo" (pensava em Swedenborg, de quem era tradutor e seguidor). A edição, pequena, logo se esgotou e, como constatou Gilchrist quando trabalhava na biografia do poeta, tornou-se tão rara quanto os originais de Blake.

[27] Keynes, pp. 782-84.

No entanto tinha Wordsworth em alta conta: o "*único* poeta da época". Essa opinião foi registrada pelo diarista Henry Crabb Robinson e por ele comunicada à irmã de Wordsworth, Dorothy, em carta de 20 de fevereiro de 1826, quase dois anos antes da morte de Blake. Segundo Robinson, Wordsworth, por sua vez, lera as *Canções* e comentara que "há algo na loucura desse homem que me interessa mais do que a sanidade de Lord Byron e Walter Scott!" Robinson tentou promover um encontro entre os dois poetas, mas sem sucesso. Na mesma carta a Dorothy, faz uma revelação significativa: segundo Blake, Wordsworth era "com frequência nos poemas um *Ateísta*. Agora, de acordo com Blake, Ateísmo consiste em adorar o mundo natural, que propriamente falando não é em nada real, mas apenas uma ilusão produzida por Satã. Milton foi durante boa parte da vida um Ateísta, e portanto *Paraíso Perdido* tem erros fatais que ele com frequência pediu a Blake para corrigir. Dante (embora hoje com Deus) viveu e morreu Ateísta. Era o escravo do mundo e do tempo. Mas Dante e Wordsworth, apesar do Ateísmo, foram inspirados pelo Espírito Santo, e os poemas de Wordsworth (ao menos grande parte deles) são o trabalho da inspiração divina. Infelizmente ele é deixado por Deus às próprias ilusões, e então o Ateísmo é aparente".[28]

Esse registro revela a coerência de Blake quanto aos termos da teoria poética que elaborara aos 31 anos, em 1788. Uma frase-chave na carta de Robinson se refere ao contexto histórico-filosófico dessa teoria: "[...] Ateísmo consiste em adorar o mundo natural, que propriamente falando não é em nada real, mas apenas uma ilusão produzida por Satã". Em outras palavras, Blake rejeitava a doutrina anticristã consolidada no início do século 19 que aceitava a relação natural do homem com Deus e acusava as religiões dogmáticas de corromper essa relação. Essa doutrina racionalista recebeu o nome de deísmo. Uma vez que o deísmo tendia ao ateísmo, Blake usava predominantemente esse termo. Na Inglaterra, alguns dos principais deístas eram membros de seu pequeno círculo, entre eles William Godwin, Joseph Priestley e Thomas Paine,[29] que Blake conheceu através do livreiro-editor Joseph Johnson.

---

[28] Robinson, op. cit., vol. 2, pp. 323-24.

[29] O influente Thomas Paine (1737-1809) escreveu em *The Age of Reason* [A Idade da Razão]: "É somente pelo exercício da razão que o homem pode descobrir Deus. Se essa razão for removida, ele será incapaz de compreender qualquer coisa, e, neste caso, será tão coerente ler até o livro chamado de Bíblia para um cavalo quanto para um homem. Como, pois, pode-se procurar rejeitar a razão?" *Complete Works* (New York: Belford, Clarke & Co., 1885), perfil biográfico de Carlyin Blanchard, I, p. 26. Blake fechou os olhos para o Paine deísta, porque o respeitava pelas ideias libertárias, por sua participação nos esforços de independência da América do Norte e por sua defesa dos princípios da Revolução Francesa (muito antes do desencanto, quando os ideais de liberdade se transformaram em terror). Em 1798, anotando a leitura das críticas que o bispo Robert Watson fez a Paine numa série de cartas intitulada *An Apology for the*

No prefácio ao terceiro capítulo do poema-profecia *Jerusalem*, Blake se dirige aos deístas Voltaire, Jean Jacques Rousseau, Edward Gibbon e David Hume, mas também poderia ter incluído John Locke, Isaac Newton e Francis Bacon, os seus alvos preferidos. "Vós, ó Deístas, professais ser os Inimigos do Cristianismo: e assim sois: também sois os Inimigos da Raça Humana & da Natureza Universal. O Homem nasce Espectro ou Satã & é totalmente Mal, & requer continuamente uma Nova Individualidade & deve continuamente ser mudado para seu Contrário direto. [...] Aqueles que Martirizam outros ou que causam Guerra são Deístas, mas jamais podem ser Perdoadores de Pecado. A Glória do Cristianismo é Conquistar por Perdão. Por conseguinte, toda Destruição na Europa Cristã surgiu do Deísmo, que é Religião Natural".[30] O prefácio representa o amadurecimento das ideias expostas na teoria poética formulada em dois folhetos de fundo filosófico de 1788, também chamados de "tratados". Considerados os dois primeiros experimentos na técnica de impressão iluminada que se conhece, *There is No Natural Religion* [Não Há Religião Natural] — dividido editorialmente pelos especialistas nas séries (a) e (b) — e *All Religions Are One* [Todas as Religiões São Uma] podem ser lidos como uma introdução às ideias subjacentes a todas as obras de Blake e, em particular, a *Canções de Inocência e de Experiência* e *O Matrimônio do Céu e do Inferno*, e por isso seguem na íntegra.

Não Há Religião Natural [a]

O Argumento O Homem não tem noção de adequação moral, a não ser a partir da Educação. Naturalmente, ele é apenas um órgão natural sujeito aos Sentidos.

I. O Homem não Percebe naturalmente, a não ser através dos órgãos naturais ou corpóreos.

II. O Homem, através de seu poder de raciocínio, pode apenas comparar & julgar aquilo que já percebeu.

III. De uma percepção de apenas três sentidos ou três elementos ninguém poderia deduzir um quarto ou quinto.

IV. Ninguém poderia ter pensamentos muito diferentes de naturais ou orgânicos se tivesse tão-somente percepções orgânicas.

V. Os desejos do Homem são limitados por sua percepção. Ninguém pode desejar o que não percebeu.

Bible [Uma Apologia da Bíblia] pelos perniciosos escritos deístas, "uma torrente de infidelidades que põe em perigo tanto a futura felicidade de indivíduos quanto a atual segurança de todos os estados cristãos", Blake foi incisivo: "Paine não atacou o Cristianismo. Watson defendeu o Anticristo" (Keynes, p. 383).

[30] Keynes, pp. 681-82.

VI. Os desejos & as percepções do homem, não ensinados por outra coisa que não sejam os órgãos sensoriais, devem ser limitados aos objetos dos sentidos.

O deísmo sustenta que Deus existe separado do mundo por ele criado. Segue-se que o código de comportamento do homem se baseia nas leis naturais e na observação racional de causas e efeitos quando se trata de questões da lei moral, por exemplo a distinção entre certo e errado, justo e injusto, bem e mal. Daí Blake incluir no Argumento a educação, que, através dos sentidos, dá ao homem a "noção de adequação moral". Endossa a afirmação, mas só aparentemente. Para ele, a educação na época transmitia erros de geração a geração, impunha uma mentalidade a outra. Blake tinha em mente as ideias de Rousseau, mas no modo como as expressou a escritora Mary Wollstonecraft (1757-97), mulher do deísta William Godwin e mãe de Mary Shelley. Segundo Blake, a educação da criança pelos sentidos ou por livros lidos por um adulto consistia num obstáculo, noção que está presente em alguns poemas das *Canções*.

Prefaciando o único livro para crianças de sua autoria, *Original Stories From Real Life* [Histórias Originais da Vida Real], Wollstonecraft fala da dificuldade da educação: "O modo de tornar a instrução proveitosa ao máximo não pode ser sempre adotado; o conhecimento deve ser comunicado gradualmente, e manar mais do exemplo do que do ensino: o exemplo dirige-se diretamente aos sentidos, as primeiras entradas para o coração; e a melhora desses instrumentos do entendimento é o objeto que a educação deveria ter constantemente em mira, e sobre o qual temos o maior poder". A geração de pais da época, ocupada com suas próprias paixões, não pode "moldar as paixões dóceis", por isso "devemos transmitir conhecimento à [geração] seguinte; e, ensinando a virtude, explicar a natureza do vício. Cruel necessidade!"[31] Os contos são de fato modelos de "noção de adequação moral". Aqui, as palavras relevantes a Blake são "sentidos" e "entrada", que remetem ao empirismo e que ele utilizou, talvez como um aceno a Wollstonecraft e com certa ambiguidade, em *O Matrimônio do Céu e do Inferno*.

Em cada um dos seis aforismos, Blake parece aceitar as limitações do homem natural. Ecoa a verdadeira sabedoria e o ensino do Espírito Santo como expostos na *Primeira Epístola de Paulo aos Coríntios*: "[...] o homem natural não aceita as coisas do Espírito de Deus, porque lhe são loucura; e

---

[31] Mary Wollstonecraft, *Original Stories From Real Life* (London: Joseph Johnson, 1796), pp. iv-v. Embora não haja registro, é provável que Blake a tenha conhecido por volta da época em que ilustrou o livro com seis gravuras encomendadas por Joseph Johnson. Concebeu as ilustrações de modo a criticar sutilmente o ponto de vista de Wollstonecraft.

não pode entendê-las porque elas se discernem espiritualmente. Porém o homem espiritual julga todas as coisas, mas ele mesmo não é julgado por ninguém. Pois quem conheceu a mente do Senhor, que o possa instruir? Nós, porém, temos a mente de Cristo" (2:14-16). Blake também incorpora as reflexões de Swedenborg sobre o tema numa anotação para o livro *Divine Love and Divine Wisdom* [Amor Divino e Sabedoria Divina]: "Pode pois parecer que o Homem de uma Ideia meramente natural não consegue compreender que o Divino está em toda parte, [...] a razão pela qual o Homem pode compreendê-lo é que seu Corpo não pensa, mas sim seu Espírito, portanto não [sua parte] natural, mas [sua parte] espiritual". Blake comenta: "Observar aqui a distinção entre Natural & Espiritual como vista pelo Homem [...] O Homem pode compreender, mas não o homem natural ou externo".[32]

Numa anotação a um discurso de Joshua Reynolds por volta de 1808, Blake comentou: "O Homem que diz que Não Temos Ideias Inatas deve ser Tolo & Desonesto, Não Tendo Cons-Ciência nem Ciência Inata". Nos aforismos, evidencia as definições de conhecimento e percepção relacionadas aos cinco sentidos conforme a análise do empirista John Locke (1632-1704). No prefácio a *An Essay Concerning Human Understanding* [Ensaio Sobre o Entendimento Humano], Locke rebate a condenação do ensaio por alguns leitores por nele ter negado a existência de ideias inatas. Depois de alegar que a remoção, não a negação, de fundações falsas beneficia a verdade, passa a desenvolver o argumento da tábula rasa:

> Suponhamos, pois, que a mente seja, como dizemos, um papel em branco, desprovido de todos os caracteres, sem quaisquer ideias; como é ela preenchida? De onde lhe provém esse vasto estoque que a diligente e ilimitada fantasia do homem nela pintou com uma variedade quase infinda? De onde obtém todos os materiais da razão e do conhecimento? A isso respondo numa palavra: da experiência, na qual todo o nosso conhecimento está fundado e da qual basicamente o conhecimento deriva. [...]
>
> [...] Nossos sentidos, relacionados a determinados objetos sensíveis, transmitem para a mente diversas percepções distintas, de acordo com as várias maneiras nas quais esses objetos as afetam; e assim obtemos as ideias que temos de amarelo, branco, quente, frio, macio, duro, amargo, doce, e todas aquelas que chamamos de qualidades sensíveis, [...] [os sentidos] a partir de objetos externos transmitem para a mente o que lá produzem essas percepções.[33]

[32] Keynes, p. 90.
[33] John Locke, *An Essay Concerning Human Understanding* (London: Thomas Tegg, 1825), II, cap. 1, § 1-2, pp. 50-51.

Sobre a razão e a fé:

A razão, portanto, aqui distinguida da fé por contraste, entendo ser a descoberta da certeza ou da probabilidade de tais proposições ou verdades, às quais a mente chega através de dedução feita a partir das ideias que obteve pelo uso de suas faculdades naturais, a saber, pela sensação ou reflexão. A fé, por outro lado, é a aceitação de qualquer proposição, não por conseguinte compreendida pelas deduções da razão, mas com base na crença do proponente, como provinda de Deus num extraordinário modo de comunicação. A esse modo de descoberta de verdades chamamos de revelação.[34]

Sobre o conhecimento em geral:

O conhecimento, pois, parece-me não ser nada mais do que a percepção da conexão e do acordo, ou do desacordo e da rejeição, de quaisquer de nossas ideias. Somente nisso ele consiste. Onde há esta percepção, há conhecimento; e onde não há, embora possamos figurar, conjeturar ou crer, não obstante estamos sempre longe do conhecimento.[35]

As definições e os argumentos de John Locke evidenciam o foco adotado por Blake nas séries (a) e (b): a primeira consiste em asserções diretas e aparentemente simples; a segunda, na refutação dessas asserções com outras que preparam o terreno para Blake estabelecer sua visão.

Não Há Religião Natural [b]

I. As percepções do Homem não são limitadas pelos órgãos de percepção. Ele percebe mais do que os sentidos (embora extremamente aguçados) podem descobrir.

II. A Razão ou a fração de tudo o que já sabemos não serão o mesmo de quando soubermos mais.

[III. *Aforismo ausente na primeira impressão.*]

IV. O limitado é detestado por seu possuidor. A mesma rotina tediosa mesmo dum universo logo se tornaria um moinho com rodas complicadas.

V. Se a maioria se torna igual à minoria, quando possuída, Mais! Mais! é o grito duma alma equivocada, menos do que Tudo não pode satisfazer o Homem.

VI. Se alguém puder desejar o que é incapaz de possuir, desespero deve ser seu destino eterno.

---

[34] Id. ib., IV, cap. 18, § 2, p. 526.
[35] Id. ib., IV, cap. 1, § 2, p. 385.

VII. Sendo o desejo do Homem Infinito, a posse é Infinita, & ele mesmo Infinito.

Conclusão Não fosse pelo caráter Poético ou Profético, o Filosófico & o Experimental estariam logo na aparência de todas as coisas & imobilizados, incapazes de fazer outra coisa além de repetir a mesma rotina tediosa mais uma vez.

Aplicação Aquele que vê o Infinito em todas as coisas vê Deus. Aquele que vê apenas a fração vê apenas a si mesmo. Por conseguinte, Deus se torna como somos, para podermos ser como ele é.[36]

Blake responde aos aforismos da série (a) para negar que a percepção do homem é limitada pelos sentidos (I) porque tem o atributo da imaginação, identificada na conclusão como "caráter Poético ou Profético", com seu poder de causar um conhecimento não originado dos sentidos. Nesse sentido se entende que mais conhecimento muda a razão e a fração (II), que o desejo e o homem são infinitos (VI e VII), e que o homem que vê o infinito vê Deus (Aplicação). A imaginação rejeita um universo mecânico e rotineiro (racional, científico, iluminista) que "logo se tornaria um moinho com rodas complicadas" (IV). Blake ironiza o empirismo e Newton ao utilizar termos newtonianos: "ratio", no original inglês (jogo de palavras, já que "ratio" — "razão" no sentido matemático, fração ou proporção— é a raiz latina da palavra "razão" no sentido de raciocínio), e "infinito", empregados nas medições do tempo, do espaço e do movimento.

A Aplicação é encerrada com a frase "Deus se torna como somos, para podermos ser como ele é", uma asserção derivada da conclusão "lógica" de que, sendo o desejo do homem infinito, a posse é infinita e o homem mesmo é infinito, e ao ver o infinito vê Deus, sendo portanto Divino. Blake quase oferece uma definição de Deus ou de homem. A respeito, o poeta e escritor inglês Max Plowman oferece um resumo esclarecedor: "Deus é Homem Infinito: o Homem confinado aos sentidos é Deus Finito. O Homem se torna como Deus quando ele apreende como Deus apreende. Ele se confina às limitações da mortalidade quando vive pela razão e não pela imaginação, descuidando assim de usar os meios dados por Deus para a apreensão do Infinito".[37]

Todas as Religiões São Uma
Voz do que clama no Deserto[38]

---

[36] Blake inverteu a ordem dos dois últimos aforismos (por distração?): "Aplicação" antecede a "Conclusão".

[37] Max Plowman, *An Introduction to the Study of Blake* (London: Frank Cass & Co. Ltd., 1967), introd. de Richard Ward, p. 63.

[38] A epígrafe evidencia o isolamento do poeta-profeta e ao mesmo tempo o associa a quatro profetas do Novo Testamento, dois dos quais aqui citados. *Isaías*, sobre a libertação prometida ao povo de Israel: "Falai

O Argumento   Uma vez que o verdadeiro método de conhecimento é experimento, a verdadeira faculdade de conhecer deve ser a faculdade que experimenta. Sobre essa faculdade discorro.

PRINCÍPIO 1   Que o Gênio Poético é o Homem Verdadeiro, e que o corpo ou a forma exterior do Homem é derivada do Gênio Poético. Igualmente, as formas de todas as coisas são derivadas de seus Gênios, que os Antigos chamavam de Anjo & Espírito & Demônio.

PRINCÍPIO 2   Uma vez que todos os homens são parecidos na forma exterior, assim (e com a mesma variedade infinita) são parecidos no Gênio Poético.[39]

PRINCÍPIO 3   Nenhum homem pode pensar, escrever ou falar de coração, mas deve intentar a verdade. Por conseguinte, todas as seitas da Filosofia vêm do Gênio Poético adaptado às fraquezas de cada indivíduo.

PRINCÍPIO 4   Uma vez que ninguém ao viajar por terras conhecidas pode encontrar o desconhecido, assim do conhecimento já adquirido o Homem não pode adquirir mais. Logo, existe um Gênio Poético universal.

PRINCÍPIO 5   As Religiões de todas as Nações são derivadas da diferente recepção de cada Nação do Gênio Poético que está em toda parte, chamado de Espírito da Profecia.

PRINCÍPIO 6   Os Testamentos Hebraico & Cristão são uma derivação original do Gênio Poético. Isso é necessário devido à natureza limitada da sensação corpórea.

PRINCÍPIO 7   Uma vez que todos os homens são parecidos (embora infinitamente diversos), assim todas as Religiões & todos os similares têm uma fonte.

O Homem Verdadeiro é a fonte, sendo ele o Gênio Poético.

Ao dispensar o homem e a religião naturais, limitados pelos cinco sentidos e pela percepção mecanicista, Blake pretende provar a necessidade

---

benignamente a Jerusalém, e bradai-lhe que já sua malícia é acabada, que sua iniquidade está expiada e que já recebeu em dobro da mão do Senhor, por todos os seus pecados. Voz do que clama no deserto: Preparai o caminho do Senhor: endireitai no ermo a vereda a nosso Deus" (40:2-3). *Evangelho Segundo Mateus*: "Naqueles dias apareceu João Batista, pregando no deserto da Judeia, e dizia: Arrependei-vos, porque é chegado o reino dos céus. Porque este é o referido por intermédio do profeta Isaías: Voz do que clama no deserto: Preparai o caminho do Senhor, endireitai suas veredas" (3:1-3).

[39]   Ao escrever os dois tratados, Blake adotou a forma de aforismos sob influência de Johann Kaspar Lavater (1745-1801), poeta, teólogo e fisionomista protestante. Com cerca de 21 anos, denunciou a corrupção financeira dum magistrado e, receando as consequências, fugiu de Zurique para Londres com o amigo Henry Fuseli (1741-1825), mas retornou pouco depois. Em Zurique escreveu *Aphorisms on Men* [Aforismos sobre os Homens] (1788), que dedicou a Fuseli. Este, radicado em Londres, traduziu o livro para o inglês; o editor do livro, Joseph Johnson, encomendou a Blake uma gravura para o frontispício. Vários aforismos de Lavater inspiraram Blake, que adaptou os dois primeiros para os Princípios 1 e 2: "I. Saiba, em primeiro lugar, que a humanidade concorda em essência, assim como em membros e sentidos. II. A humanidade difere tanto em essência quanto em forma, membros e sentidos, e apenas desse modo, e nada mais". *Aphorisms on Men* (London: Joseph Johnson, 1789), 3ª edição, p. 3. Em anotação ao lado dos dois aforismos, Blake escreveu: "Isto é verdadeira filosofia cristã, acima de toda abstração" (Keynes, p. 65).

da imaginação para a cognição. Atento às "particularidades diminutas", introduz a verdadeira faculdade cognitiva. O "caráter Poético e Profético" é agora identificado com o Gênio Poético ("gênio" no sentido antigo de "espírito", não de capacidade intelectual excepcional) e este com o Espírito da Profecia. Esses termos equivalem a Imaginação, que existe no Homem Verdadeiro, em cada indivíduo, sendo por isso universal. Com "do conhecimento já adquirido o Homem não pode adquirir mais" (Princípio 4) e a "natureza limitada da sensação corpórea" (Princípio 6), a crítica direta é ao método baseado nos cinco sentidos. Quanto ao Antigo e Novo Testamento da Bíblia, inspirados pelo Gênio Poético, Blake aceita a observação do deísta Thomas Paine de que foram escritos por poetas, identificados como profetas.[40] O Gênio Poético, que está em toda parte, atua paralelamente à criação do mundo por Deus, da mesma forma que à criação da obra de arte pelo artista.

No Princípio 3, Blake deixa implícita e não desenvolvida a ideia do mal. O poder do qual derivam o pensamento e as palavras expressos "de coração" tem uma sinceridade humana que é boa (o homem "deve intentar a verdade"), embora o poder da natureza não seja bom, pois cria o mal ("as seitas da Filosofia vêm do Gênio Poético adaptado às fraquezas de cada indivíduo"): o homem sofreu a queda ao experimentar o fruto da árvore da ciência do bem e do mal.

Numa perspicaz análise desse texto, embora do ponto vista místico (Blake jamais se considerou místico, mas, sim, visionário), o escritor e crítico inglês John Middleton Murry opina que Blake "não se deu conta de que a bondade de todas as coisas que é revelada na visão mística não é uma bondade moral, mas metafísica. Não é a bondade que se opõe ao mal, mas a perfeição que está além do bem e do mal".[41] Apesar de revolucionária, diz Murry, a ideia de bondade moral de Blake ainda era do bem em oposição a um mal. Mal era tudo o que impedia a realização "da principal inclinação do homem que deveria ser chamada de sua principal Virtude", como afirmou Blake numa anotação aos aforismos de Lavater: fosse um impedimento interno, na forma de moral, fosse externo, na forma de lei. A realização do potencial humano, seja ele qual for, é um ato positivo, e este é bem. A "principal inclinação" ("de coração") é mais profunda que o ego, do qual provém a vontade deliberada, que é mal e negatividade. Em todos

---

[40] "Não há, em todo o livro chamado de Bíblia, qualquer palavra que nos descreva o que chamamos de poeta, nem qualquer palavra que descreva o que chamamos de poesia. O caso é que a palavra *profeta*, à qual tempos posteriores afixaram uma nova ideia, era a palavra da Bíblia para poeta, e a palavra *profetizar* significava a arte de poetar, de escrever poesia. Significava também a arte de declamar poesia ao som de um instrumento musical". Op. cit., I, p. 17.

[41] John Middleton Murry, *William Blake* (London: Jonathan Cape, 1933), p. 29

os homens existe um homem mais profundo, um eu mais profundo que é positivo e se chama "Gênio Poético" ou "Homem Verdadeiro".

Murry observa que a existência de dois egos não é expressa claramente nos dois tratados, e por isso propõe a definição de duas palavras distintas: "Ego [com maiúscula] para denotar o ego consciente e superficial que se manifesta como Vontade ou Mente deliberada; e Identidade para denotar o ego positivo, intuitivo, instintivo e inconsciente que é impedido ou restringido pelo Ego. Enquanto o Ego é autoconsciente, deliberado e negativo, a Identidade é amplamente inconsciente, instintiva e positiva".[42] A conclusão é que a Identidade deve se desenvolver livremente através da eliminação de todas as formas do Ego; essa liberação da Identidade de todos os homens levaria ao desaparecimento do mal. A tensão entre a Identidade e o Ego equivale à tensão entre Eternidade e Tempo, e esta tensão contínua é a realidade da vida. Explorar esta visão, diz Murry, "é, inevitavelmente, passar do Individual para a Humanidade". A negação da Identidade Humana é a fonte do mal no mundo. Murry conclui que essa é a essência de uma visão final que se estende à última profecia maior, *Jerusalem*, mas também a Blake: "Na realidade, ele não tem mais o que nos dizer. Sua obra, em essência, será repetir essa mesma visão reiteradamente; mas, uma vez que essa visão envolve uma dedicação, uma vez que essa visão, sendo Vida, tem que ser vivida, tem por conseguinte que ser falha, mas jamais esquecida, traída somente para então ser reivindicada; a história da destruição e da recriação dessa visão termina somente com a morte de Blake".[43]

A busca do novo céu e da nova terra da nova Jerusalém, "ataviada como noiva adornada para seu esposo", tem como essência a repetição espiritual e formal. Blake estava ciente da passagem das primeiras coisas, lembrada no *Apocalipse*: "Eis que faço novas todas as coisas. E acrescentou: Escreve, porque estas palavras são fieis e verdadeiras" (21:5).

Os dois tratados estabelecem Blake como poeta-profeta e indicam uma brava ambição de abraçar uma visão poética e filosófica que se esforçou para desenvolver. Sua produção até então consistia nos poemas de *Poetical Sketches* (1769-1778), pequeno volume impresso tipograficamente, em canções e epigramas soltos, e nos textos da sátira inacabada que os especialistas intitularam *An Island in the Moon* (1784-85), cujos manuscritos incompletos estão no Museu Fitzwilliam de Cambridge, na Inglaterra.

Outros dois poemas não viram a luz do dia. A primeira profecia menor, *Tiriel*, de 1789, foi publicada pela primeira vez apenas em 1874 por William Michael Rossetti. Em 1791, Blake compôs *The French Revolution*, planejado

---

[42] Id. ib., p. 32.
[43] Id. ib., pp. 35-36.

para sete livros. Existem provas tipográficas do primeiro livro, indicando que Joseph Johnson o publicaria, mas não há vestígio dos outros seis, que foram escritos. O poema, enfim publicado em 1913 por John Sampson, apoia-se em eventos históricos e deu a Blake uma reputação de poeta politicamente engajado, refletindo a posição dos radicais da década de 90 na luta pela liberdade. Assim já o via o biógrafo Gilchrist: "Blake era ele mesmo um fervoroso membro da Nova Escola, um veemente republicano e simpatizante da Revolução, inimigo e escarnecedor de reis e das habilidades políticas de soberanos. [...] Para ele, neste momento, assim como para fervorosas mentes em toda parte, a Revolução Francesa era o arauto do Milênio, de uma nova era de luz e razão. Ele usava corajosamente o famoso símbolo de liberdade e igualdade — o *bonnet-rouge* — em pleno dia, e andava filosoficamente pelas ruas com o barrete frígio na cabeça".[44] A dramatização é característica de Gilchrist, mas ao episódio do barrete frígio se deve dar o benefício da dúvida. Como reação à publicação em 1791 de *The Rights of Man* [Os Direitos do Homem], de Thomas Paine, que defendia a deposição do Rei Jorge III, o fim da monarquia e a instauração de uma república, o governo intensificou a repressão e a perseguição de radicais. Blake teria tratado de deixar o barrete em casa.

Supõe-se que as últimas páginas dos manuscritos de *An Island in the Moon* tenham sido acrescentadas por volta de 1787 e 1788, porque contêm cópias de três poemas que foram incluídos em *Canções de Inocência* (1789). Mais importante, nelas há referências à impressão iluminada, método que provavelmente era explicado na última página, que foi removida. Cinco anos após a impressão dos dois tratados, no dia 10 de outubro de 1793 Blake divulgou um volante promocional endereçado ao público que é relevante neste contexto:

> Os Trabalhos do Artista, Poeta, Músico, foram proverbialmente acompanhados por pobreza e obscuridade; isso jamais foi culpa do Público, mas se deveu a uma negligência nos meios de propagar tais obras no modo como absorveram completamente o Homem de Gênio. Até Milton e Shakespeare não puderam publicar suas próprias obras.
>
> Essa dificuldade foi obviada pelo Autor das seguintes produções agora apresentadas ao Público; que inventou um método de Impressão de Texto e Gravura num estilo mais ornamental, uniforme e grandioso do que qualquer um descoberto anteriormente, ao mesmo tempo que produz obras por menos de um quarto do custo.[45]

---

[44] Alexander Gilchrist, *The Life of William Blake* (1907, reimpressão: Mineola, New York: Dover Publications, Inc., 1998), ed. e introd. de W. Graham Robertson, pp. 95-96.
[45] Keynes, p. 207.

O prospecto, como o volante é conhecido, é importante por dois motivos. A referência a "pobreza e obscuridade" pode ser entendida de duas maneiras: como artesão independente, o rendimento do trabalho comercial era modesto; pertencer à classe de artesão impedia o reconhecimento como artista, sobretudo segundo a concepção da Academia Real das Artes. A remuneração baixa do trabalho comercial era só compensada pelo apoio financeiro dos patronos. E aqui "pobreza e obscuridade" têm outro sentido: Blake acreditava em seu trabalho de artista e investia grande parte dos rendimentos em materiais aplicados ao método de impressão iluminada, ao qual se referia apenas como "água-forte em relevo" ou "estereótipo", mas não havia retorno financeiro, porque não havia um mercado para as iluminuras. Quanto ao método, Blake jamais o explicou, e provavelmente a página dos manuscritos pode ter sido arrancada para preservar o segredo.

Lento e laborioso, o método consistia basicamente em criar uma imagem e um texto com um tipo de verniz sobre uma placa de cobre através de uma pena e mergulhar a placa em ácido por determinado tempo, até as partes desprotegidas serem rebaixadas pela corrosão. Era um processo de alto relevo semelhante ao da xilogravura. A tinta, em preto ou em cor monocromática, era aplicada com uma boneca sobre as partes em relevo e a placa passada pela prensa de madeira. As cores eram aplicadas manualmente em aquarela.

O prospecto de 1788 relaciona dez trabalhos iluminados, seis dos quais estão reunidos neste volume junto com os compostos após 1793 até 1795. *O Livro de Thel* é o primeiro livro profético menor iluminado, seguido de *Canções de Inocência*, ambos de 1789. Entre 1790 e 1793, Blake escreveu, gravou e imprimiu *O Matrimônio do Céu e do Inferno* e *Canções de Experiência*. Posteriormente, combinou as duas *Canções* num único volume, com o subtítulo "Mostrando os Dois Estados Contrários da Alma". *Visões das Filhas de Álbion*, de 1793, é um poema de difícil classificação, em geral lido como um "estado contrário" de *Thel*, em que a inocência convive com o desejo sexual. No mesmo ano, Blake publicou *América, uma Profecia*, hoje considerado seu poema político mais importante, embora as referências à independência norte-americana e ao Rei Jorge III sejam simbólicas.

Em 1794, Blake iniciou uma sequência de poemas proféticos menores que o colocariam no rumo das profecias maiores. O primeiro deles é *Europa, uma Profecia*, uma narrativa política, seguido de *O Livro de Urizen*, também de 1794. *A Canção de Los*, *O Livro de Ahania* e *O Livro de Los*, todos de 1795, incluem os personagens mitológicos principais: Urizen, Los e Orc. Estes são os chamados "livros de Lambeth", o nome do bairro onde Blake morava gravado nas placas quando os produziu, e são identificados como a Bíblia do Inferno prometida em *O Matrimônio do Céu e do Inferno*. A partir de 1795, Blake se entregou aos três livros proféticos maiores: *Vala, or the Four Zoas*, cuja narrativa formalmente radical tem como núcleo um sonho em nove noites e que permaneceu inacabado; vários de seus trechos foram transferidos para *Milton, a Poem in Two Books*, escrito e gravado entre 1804 e 1808, e *Jerusalem*, escrito e gravado entre 1804 e 1820.

Os onze livros iluminados reunidos aqui representam os trabalhos de formação e amadurecimento de Blake em seu período mais fértil e coerente, ao longo de cerca de sete anos, quando estava na casa dos trinta. Infelizmente, o custo de reproduções em cores de alta qualidade das iluminuras é proibitivo num projeto como o presente, e com isso o leitor fica privado de relacionar os textos às imagens, as quais, na maioria, não são meras ilustrações e acrescentam novas camadas de significado aos textos. Em compensação, a impressão convencional tem o benefício dum alcance maior do público interessado.

A transcrição do texto original esbarra em problemas criados pelo próprio método de água-forte em relevo, sobretudo em relação aos sinais gráficos, que nem sempre são o que parecem ser: um sinal de exclamação, por exemplo, pode ser dois pontos, ou vice-versa; uma vírgula pode ser um ponto borrado, ou vice-versa, e a ausência de qualquer pontuação pode ter resultado da corrosão acidental do cobre pelo ácido. Os especialistas e editores se deparam com enigmas e dúvidas, e as várias edições existentes diferem conforme os exemplares tomados como base. Algumas transcrições preservam, por exemplo, o uso misto de palavras em itálico e maiúsculas e minúsculas de diferentes tamanhos combinadas em títulos para replicar o ornamento dos originais: "THE *MARRIAGE* of HEAVEN and HELL", "VISIONS of the Daughters of Albion", "SONGS of EXPERIENCE". Os editores David V. Erdman e Geoffrey Keynes optaram pela preservação dessas variações nos excelentes *The Complete Poetry & Prose of William Blake* e *Blake: Complete Writings*, respectivamente. No entanto, Keynes, um dos primeiros a oferecer uma edição rigorosa da obra completa do poeta no início do século 20, tomou duas decisões editoriais cruciais: introduziu aspas para diferençar a voz de personagens da voz do narrador, ou do "eu" poético, e inseriu sinais de pontuação inexistentes no original, tendendo à normalização da linguagem em benefício da fluência da leitura. Um procedimento duvidoso, porque em certas ocorrências Blake fugia da normalização. Erdman transcreve o original como o encontra, não obstante as dúvidas.

A tradução, quanto a esses aspectos, atém-se às peculiaridades do original quando as soluções para as diferenças linguísticas o permitem. Foram ignoradas as combinações de diferentes fontes e corpos de letras nos títulos, adotando-se fontes padronizadas, porque na verdade a réplica tipográfica, e sem cores, é insatisfatória. Quanto aos sinais de pontuação, não foram usadas aspas para distinguir vozes, mas foram incluídos aqui e ali pontos de exclamação ou de interrogação quando ausentes no original, salvo algumas exceções. Um exemplo de exceção é o poema "O Cordeiro", no qual a ausência de pontos de interrogação se torna uma expressão adequada à inocência do sujeito poético, como que "ignorante" das normas gramaticais. Em alguns casos, outros sinais foram acrescentados, por exemplo dois pontos e pontos e vírgulas, por uma questão de clareza e ritmo, mas evitando-se prejudicar ambiguidades. Para esse procedimento "arriscado", serviram de guias as edições de Keynes (1972) e de Plowman (1934). Como comenta David Erdman, "estamos todos gratos pelo 'corajoso esforço' de Sir Geoffrey Keynes, com a ajuda de Max Plowman, de 'fornecer pontuação, com o reconhecimento do risco de às vezes transmitir um sentido que Blake não pretendeu'".

As notas no final do volume foram escritas a partir de anotações de subsídio para a tradução. Embora não sejam extensas nem cubram todos os textos, podem ajudar a entender referências sociais, históricas e culturais, mas, na maioria, procuram identificar algumas alusões à Bíblia e a Milton. Incluem também uma ou outra observação sobre soluções de tradução. E, finalmente, uma cronologia de William Blake tenta compensar a ausência de alguns dados biográficos, dando uma ideia da produção do poeta, artista e artesão cuja vida foi vivida sem grandes eventos externos.

William Blake
Visões

SONGS OF INNOCENCE
(1789)

CANÇÕES DE INOCÊNCIA
(1789)

Introduction

Piping down the valleys wild
Piping songs of pleasant glee
On a cloud I saw a child.
And he laughing said to me.

Pipe a song about a Lamb;
So I piped with merry chear,
Piper pipe that song again —
So I piped, he wept to hear.

Drop thy pipe thy happy pipe
Sing thy songs of happy chear,
So I sung the same again
While he wept with joy to hear.

Piper sit thee down and write
In a book that all may read —
So he vanish'd from my sight.
And I pluck'd a hollow reed.

And I made a rural pen,
And I stain'd the water clear,
And I wrote my happy songs
Every child may joy to hear.

Introdução

Flauteando em vale agrestino
Flauteando canções felizes
Numa nuvem vi um menino.
E sorrindo ele me disse:

Toca a canção do Cordeiro.
Toquei com viva alegria.
Flautista toca outra vez.
Toquei, a chorar ouvia.

Deixa a flauta a feliz flauta,
Canta as canções de alegria.
Cantei a mesma outra vez,
A chorar com gosto ouvia.

Escreve em livro flautista
Pra que todos possam ler.
Ele então sumiu de vista.
E oco junco fui colher.

E pena rural talhei,
E a água limpa fiz tingir,
E escrevi canções felizes
Que crianças gostem de ouvir.

The Shepherd

How sweet is the Shepherds sweet lot,
From the morn to the evening he strays:
He shall follow his sheep all the day
And his tongue shall be filled with praise.

For he hears the lambs innocent call,
And he hears the ewes tender reply,
He is watchful while they are in peace,
For they know when their Shepherd is nigh.

O Pastor

Quão doce é do Pastor a doce sorte,
Desgarra do sair do sol ao pôr:
O dia inteiro guardará o rebanho
E a língua só falará de louvor.

Ouve o inocente chamar do cordeiro
E ouve da ovelha o responder tão terno:
É vigilante enquanto estão em paz,
Pois sabem quando o Pastor está perto.

The Ecchoing Green

The Sun does arise,
And make happy the skies.
The merry bells ring
To welcome the Spring.
The sky-lark and thrush,
The birds of the bush,
Sing louder around,
To the bells chearful sound.
While our sports shall be seen
On the Ecchoing Green.

Old John with white hair
Does laugh away care,
Sitting under the oak,
Among the old folk,
They laugh at our play,
And soon they all say.
Such such were the joys.
When we all girls & boys,
In our youth-time were seen,
On the Ecchoing Green.

Till the little ones weary
No more can be merry
The sun does descend,
And our sports have an end:
Round the laps of their mothers,
Many sisters and brothers,

A Praça Sonora

O Sol de vez se eleva
E logo os céus ele alegra.
A bimbalhada verbera
A saudar a primavera.
O sabiá e a corredeira,
Os pássaros da moiteira,
Entoam mais alto os trinos
Ao festivo som dos sinos.
E nossos jogos por ora
Se veem na Praça Sonora.

O velho João grisalho,
Sentado sob o carvalho,
Dos velhos acompanhado
Ri-se de todo cuidado,
Riem de nossa folgança
E trazem logo à lembrança:
Eram assim nossos gozos
Quando muito novos todos,
Na mocidade de outrora,
Nos viam na Praça Sonora.

Até que exausta a criançada
Não pode ser animada,
O sol de vez declina
E nosso jogo termina:
Em torno ao colo das mães,
Os muitos irmãos e irmãs,

Like birds in their nest,
Are ready for rest;
And sport no more seen,
On the darkening Green.

Como pássaros no ninho,
Prontos para um repousinho;
E jogo não mais se via
Na Praça que escurecia.

The Lamb

Little Lamb who made thee
Dost thou know who made thee
Gave thee life & bid thee feed,
By the stream & o'er the mead;
Gave thee clothing of delight,
Softest clothing wooly bright;
Gave thee such a tender voice,
Making all the vales rejoice:
Little Lamb who made thee
Dost thou know who made thee

Little Lamb I'll tell thee,
Little Lamb I'll tell thee:
He is called by thy name,
For he calls himself a Lamb:
He is meek & he is mild,
He became a little child:
I a child & thou a lamb,
We are called by his name.
Little Lamb God bless thee.
Little Lamb God bless thee.

O Cordeiro

Cordeirinho quem te fez
Sabes tu quem te fez
Deu-te vida & deu-te pasto,
Junto ao rio & pelo prado;
Deu-te manto de alegria,
Claro manto lã macia;
Deu-te a voz que muito terna
Os vales todos alegra:
Cordeirinho quem te fez
Sabes tu quem te fez

Cordeirinho eu te digo,
Cordeirinho eu te digo:
Chamam pelo nome teu,
Pois que chama a si Cordeiro:
Ele é meigo & ele é amiguinho,
E se fez um menininho:
Eu menino & tu cordeiro,
Chamam pelo nome dele.
Cordeirinho Deus bendiz.
Cordeirinho Deus bendiz.

The Little Black Boy

My mother bore me in the southern wild,
And I am black, but O! my soul is white,
White as an angel is the English child:
But I am black as if bereav'd of light.

My mother taught me underneath a tree
And sitting down before the heat of day,
She took me on her lap and kissed me,
And pointing to the east began to say.

Look on the rising sun: there God does live
And gives his light, and gives his heat away.
And flowers and trees and beasts and men receive
Comfort in morning joy in the noon day.

And we are put on earth a little space,
That we may learn to bear the beams of love,
And these black bodies and this sun-burnt face
Is but a cloud, and like a shady grove.

For when our souls have learn'd the heat to bear
The cloud will vanish we shall hear his voice.
Saying: come out from the grove my love & care,
And round my golden tent like lambs rejoice.

Thus did my mother say and kissed me,
And thus I say to little English boy;
When I from black and he from white cloud free,
And round the tent of God like lambs we joy:

O Negrinho

A mãe me teve no agreste sulino,
E sou negro, mas ah! branca é a minha alma,
Branco feito anjo é o inglês menino:
Mas negro sou como se luz me falta.

Sob uma árvore a mãe me ensinava
E sentada em frente ao calor do dia
Me colocava no colo e beijava,
E apontando o levante me dizia:

Vê o sol nascente: Deus habita lá
E a luz propicia, e o calor comparte.
E a cada árvore, flor, fera e homem dá
De manhã consolo, alegria à tarde.

E temos na terra um tempo contado,
Pra saber levar os raios de amor,
E o corpo negro & este rosto tostado
É só uma nuvem, qual bosque em negror.

Quando a alma souber levar o calor
A nuvem vai sumir, vai a voz dele
Dizer: Do bosque sai desvelo & amor,
E na áurea tenda sê feliz cordeiro.

Assim a mãe dizia e me beijava,
E assim eu digo ao pequenino inglês;
Da nuvem negra e branca a gente é salva,
Feliz cordeiro na tenda de Deus:

Ill shade him from the heat till he can bear,
To lean in joy upon our fathers knee.
And then I'll stand and stroke his silver hair,
And be like him and he will then love me.

Do calor vou guardá-lo até com agrado
Sobre o joelho do pai se inclinar.
E vou tocar seu cabelo prateado,
E como ele ser e ele vai me amar.

The Blossom

Merry Merry Sparrow
Under leaves so green
A happy Blossom
Sees you swift as arrow
Seek your cradle narrow
Near my Bosom.

Pretty Pretty Robin
Under leaves so green
A happy Blossom
Hears you sobbing sobbing
Pretty Pretty Robin
Near my Bosom.

A Floração

Alegre Alegre Pardal
Debaixo de folhas verdes
Uma feliz Floração
Vê-te ágil flecha tal
Buscar estreito ninhal
Perto do meu Coração.

Belo Belo Sabiá
Debaixo de folhas verdes
Uma feliz Floração
Ouve-te ressabiar
Belo Belo Sabiá
Perto do meu Coração.

The Chimney Sweeper

When my mother died I was very young,
And my father sold me while yet my tongue,
Could scarcely cry weep weep weep weep.
So your chimneys I sweep & in soot I sleep,

Theres little Tom Dacre, who cried when his head
That curl'd like a lambs back, was shav'd, so I said.
Hush Tom never mind it, for when your head's bare,
You know that the soot cannot spoil your white hair.

And so he was quiet, & that very night,
As Tom was a sleeping he had such a sight,
That thousands of sweepers Dick, Joe, Ned & Jack
Were all of them lock'd up in coffins of black,

And by came an Angel who had a bright key,
And he open'd the coffins & set them all free.
Then down a green plain leaping laughing they run
And wash in a river and shine in the Sun.

Then naked & white, all their bags left behind,
They rise upon clouds, and sport in the wind.
And the Angel told Tom if he'd be a good boy,
He'd have God for his father & never want joy.

And so Tom awoke and we rose in the dark
And got with our bags & our brushes to work.
Tho' the morning was cold, Tom was happy & warm,
So if all do their duty, they need not fear harm.

O Limpa-Chaminé

Quando a mamãe morreu eu era só um botão,
E o papai me vendeu quando eu ainda não
Gritava mais que impo impo impo impo.
Em tisne durmo, mas tuas chaminés eu limpo.

Tem o Tom Dacre, que chorou quando a cabeça,
Crespa lã de cordeiro, foi raspada. Esqueça,
Tom, eu disse, não tem nada, porque assim calvo
O tisne não te estraga o cabelo tão alvo.

E aí ele acalmou, mas enquanto dormia
Naquela noite teve uma visão sombria:
Mil limpadores, Gino, Zeca, Edu & João,
Estavam presos em caixões de pretidão,

E veio então um Anjo com uma chave brilhante
E os caixões destrancou & os livrou num instante.
Correram por um campo verde, aos saltos, rindo,
E num rio se lavaram, ao Sol reluzindo.

Nus & brancos então, sem os sacos, embora
Foram subindo em nuvens, ao vento gabolas.
E o Anjo disse ao Tom que se bem-comportado
Seu pai seria Deus, de alegria dotado.

E aí Tom acordou e saímos no escuro
E com os sacos & escovas lá fomos dar duro.
Fazia frio, mas Tom feliz tinha calor,
Pois quem cumpre o dever de nada tem temor.

The Little Boy lost

Father, father, where are you going
O do not walk so fast.
Speak father, speak to your little boy
Or else I shall be lost,

The night was dark no father was there
The child was wet with dew.
The mire was deep, & the child did weep
And away the vapour flew.

O Menininho Perdido

Papai, papai, aonde é que estás indo
Não anda a passo corrido.
Fala, papai, fala com o teu filhinho
Senão vou ficar perdido.

A noite era escura & o pai não estava
O menino se orvalhou.
O charco era fundo & fundo era o choro
E o vapor se dispersou.

The Little Boy Found

The little boy lost in the lonely fen,
Led by the wand'ring light,
Began to cry, but God ever nigh,
Appeard like his father in white.

He kissed the child & by the hand led
And to his mother brought,
Who in sorrow pale, thro' the lonely dale
Her little boy weeping sought.

O Menininho Encontrado

O menininho perdido no ermo charco,
Levado pela luz flutuante,
Se pôs a chorar, porém Deus, sempre perto,
Se mostrou como o pai, de branco.

Beijou o menino & o levou pela mão
E pronto à mãe o entregou,
Que de dor tão pálida pelo ermo vale
O filho aos prantos procurou.

Laughing Song

When the green woods laugh with the voice of joy
And the dimpling stream runs laughing by,
When the air does laugh with our merry wit,
And the green hill laughs with the noise of it.

When the meadows laugh with lively green
And the grasshopper laughs in the merry scene,
When Mary and Susan and Emily,
With their sweet round mouths sing Ha, Ha, He.

When the painted birds laugh in the shade
Where our table with cherries and nuts is spread
Come live & be merry and join with me,
To sing the sweet chorus of Ha, Ha, He.

Canção Risonha

Quando riem os bosques com a voz da alegria
E o sinuoso arroio vai rindo em folia,
Quando se ri o ar com nosso humor folgaz,
E ri o verde monte com o rumor que faz.

Quando riem os prados com relva tão viva
E ri o gafanhoto na cena festiva,
Quando cantam Emília e Susana e Maria
Com uma doce e redonda boca Ah, Ah, Ih.

Quando na sombra riem as aves de cores
Onde a mesa se pôs com cerejas e nozes,
Vem viver & folgar e vem a mim te unir
Para cantar o doce refrão de Ah, Ah, Ih.

A Cradle Song

Sweet dreams form a shade,
O'er my lovely infants head.
Sweet dreams of pleasant streams,
By happy silent moony beams.

Sweet sleep with soft down,
Weave thy brows an infant crown.
Sweet sleep Angel mild,
Hover o'er my happy child.

Sweet smiles in the night,
Hover over my delight.
Sweet smiles Mothers smiles
All the livelong night beguiles.

Sweet moans, dovelike sighs,
Chase not slumber from thy eyes,
Sweet moans, sweeter smiles,
All the dovelike moans beguiles.

Sleep sleep happy child.
All creation slept and smil'd.
Sleep sleep, happy sleep,
While o'er thee thy mother weep.

Sweet babe in thy face,
Holy image I can trace.
Sweet babe once like thee,
Thy maker lay and wept for me

Acalanto

Doce sonho uma sombra lança
Na cabeça da bela criança.
Doce sonho de arroios suaves
Sob felizes raios lunares.

Doce sono com lã lisinha
Tece tua testa uma coroinha.
Doce sono Anjo tão meigo
Sobre a feliz criança em voejo.

Doce sorriso vem na noite
Esvoejar sobre meu deleite.
Doce sorriso Materno riso
A noite enleva com feitiço.

Doce queixa, arquejo de pomba,
O sono dos olhos não assombra.
Doce queixa, doce sorriso,
Arrulhos enleva com feitiço.

Dorme dorme feliz feição,
Dorme e sorri toda a criação.
Dorme dorme feliz ah dorme,
Por ti chora tua mãe conforme.

Doce criança na tua face
A santa imagem, vejo, refaz-se.
Doce criança como a ti assim
Teu criador chorou por mim,

Wept for me for thee for all,
When he was an infant small.
Thou his image ever see,
Heavenly face that smiles on thee.

Smiles on thee on me on all,
Who became an infant small,
Infant smiles are his own smiles.
Heaven & earth to peace beguiles.

Chorou por mim por ti pela gente,
Quando era ainda um inocente.
Sua imagem verás até o porvir,
Celeste face a te sorrir.

Sorrir a ti a mim à gente,
Que ele se fez um inocente.
Sorriso de inocente é seu riso,
Céu & terra em paz seu feitiço.

The Divine Image

To Mercy Pity Peace and Love,
All pray in their distress:
And to these virtues of delight
Return their thankfulness.

For Mercy Pity Peace and Love,
Is God our father dear:
And Mercy Pity Peace and Love,
Is Man his child and care.

For Mercy has a human heart
Pity, a human face:
And Love, the human form divine,
And Peace, the human dress.

Then every man of every clime,
That prays in his distress,
Prays to the human form divine
Love Mercy Pity Peace.

And all must love the human form,
In heathen, turk or jew.
Where Mercy, Love & Pity dwell,
There God is dwelling too

A Imagem Divina

A Compaixão Piedade Paz e Amor
Se roga em hora de aflição:
E a essas virtudes de deleite
Se retribui com gratidão.

Pois Compaixão Piedade Paz e Amor
É Deus, nosso pai bem-amado:
E Compaixão Piedade Paz e Amor
É o Homem, seu filho e cuidado.

Pois a Compaixão tem humano peito,
A Piedade, uma humana face:
E o Amor tem a humana forma divina,
E tem a Paz o humano traje.

Portanto todo homem de todo clima,
Que roga em hora de aflição,
Roga assim à humana forma divina,
Paz Piedade Amor Compaixão.

E todos hão de amar a humana forma,
Em turcos, pagãos ou judeus.
Onde Amor, Compaixão & Piedade permanecem,
Lá também permanece Deus.

Holy Thursday

Twas on a Holy Thursday their innocent faces clean
The children walking two & two in red & blue & green
Grey headed beadles walkd before with wands as white as snow
Till into the high dome of Pauls they like Thames waters flow

O what a multitude they seemd these flowers of London town
Seated in companies they sit with radiance all their own
The hum of multitudes was there but multitudes of lambs
Thousands of little boys & girls raising their innocent hands

Now like a mighty wind they raise to heaven the voice of song
Or like harmonious thunderings the seats of heaven among
Beneath them sit the aged men wise guardians of the poor
Then cherish pity, lest you drive an angel from your door

Quinta-Feira Santa

Era uma Quinta-Feira Santa; o inocente rosto limpo,
De azul, vermelho & verde aos pares as crianças seguindo,
Bedéis grisalhos à frente, os bastões brancos como neve,
Até que na catedral, como o Tâmisa, afluem à nave.

Oh! que multidão pareciam essas flores de Londres!
Em grupos brilhavam com uma luz da qual eram as fontes.
Multidões murmuravam, mas cordeiros em multidões,
Mil meninos & meninas erguendo as inocentes mãos.

Qual vento forte agora ao céu elevam a voz do hino
Ou qual trovões harmoniosos entre os tronos divinos.
Abaixo sentam anciãos, sábios guardiães dos pobres.
Piedade nutre, que da tua porta um anjo não desalojes.

Night

The sun descending in the west.
The evening star does shine.
The birds are silent in their nest,
And I must seek for mine,
The moon like a flower,
In heavens high bower;
With silent delight,
Sits and smiles on the night.

Farewell green fields and happy groves,
Where flocks have took delight;
Where lambs have nibbled, silent moves
The feet of angels bright;
Unseen they pour blessing,
And joy without ceasing,
On each bud and blossom,
And each sleeping bosom.

They look in every thoughtless nest,
Where birds are coverd warm;
They visit caves of every beast,
To keep them all from harm:
If they see any weeping,
That should have been sleeping
They pour sleep on their head
And sit down by their bed.

Noite

No oeste o sol se põe baixinho,
A Vésper a cintilar;
Aves quietas em cada ninho,
E devo o meu procurar.
A lua, qual flor que veste
O alto pavilhão celeste,
Com silente deleite
Se senta e sorri à noite.

Adeus campos verdes e alegres
Bosques, gozo de rebanhos;
No pasto de cordeiros, leves
Vão os pés de claros anjos;
Sem ser vistos, vertem graças
E júbilos sem negaças
Em broto e floração,
E em dormido coração.

Olham em ninho irrefletido,
Onde aves têm quentura;
Visitam das feras o abrigo,
Para que fiquem seguras:
Se notam alguém chorando,
Em vez de estar repousando,
Vertem sono em sua cabeça,
E a vigília então começa.

When wolves and tygers howl for prey
They pitying stand and weep;
Seeking to drive their thirst away,
And keep them from the sheep.
But if they rush dreadful;
The angels most heedful,
Recieve each mild spirit,
New worlds to inherit.

And there the lions ruddy eyes,
Shall flow with tears of gold:
And pitying the tender cries,
And walking round the fold:
Saying: wrath by his meekness
And by his health, sickness,
Is driven away,
From our immortal day.

And now beside thee bleating lamb,
I can lie down and sleep;
Or think on him who bore thy name,
Graze after thee and weep.
For wash'd in lifes river,
My bright mane for ever,
Shall shine like the gold,
As I guard o'er the fold.

Lobo e tigre a presa a uivar,
E eles se apiedam aos prantos,
Buscando sua sede aplacar
E os afastar dos rebanhos;
Mas se atacam, arrepiantes,
Os anjos, bem vigilantes,
Recebem cada alma mansa,
Novos mundos por herança.

E os olhos do leão, rubentes,
Vão jorrar lágrimas de ouro,
E apiedado dos ais carentes,
E no aprisco dum lado a outro,
Dirá: Ira, por sua humildade,
E, por sua saúde, enfermidade
Se afastam afinal
De nosso dia imortal.

E agora a teu lado, cordeiro,
Posso deitar e dormir;
Ou pensar naquele ovelheiro,
Pascer depois de ti e carpir.
Porque, lavada no rio da vida,
Eternamente a juba luzida
Qual ouro estará brilhando
Enquanto eu guardar o rebanho.

Spring

Sound the Flute!
Now it's mute.
Birds delight
Day and Night.
Nightingale
In the dale
Lark in Sky
Merrily
Merrily Merrily to welcome in the Year

Little Boy
Full of joy.
Little Girl
Sweet and small,
Cock does crow
So do you.
Merry voice
Infant noise
Merrily Merrily to welcome in the Year

Little Lamb
Here I am,
Come and lick
My white neck.
Let me pull
Your soft Wool.
Let me kiss
Your soft face.
Merrily Merrily we welcome in the Year.

Primavera

Que soe a Flauta!
Agora em falta.
Ave em deleite
Em dia e noite;
Vem rouxinol
Ao pôr do sol
Vai cotovia
Com Alegria
Com Alegria Alegria a saudar o Ano que chega

O menininho
Todo alegrinho.
A menininha
Doce e miudinha;
O galo canta
E tu recantas
Alegre voz
Berreiro e nós
Com Alegria Alegria a saudar o Ano que chega

Vê, cordeirinho,
Estou pertinho.
Lambe de manso
Meu colo branco;
A mão desfia
A lã macia
Te dou um beijo
No rosto meigo.
Com Alegria Alegria saudamos o Ano que chega.

Nurse's Song

When the voices of children are heard on the green
And laughing is heard on the hill,
My heart is at rest within my breast
And every thing else is still

Then come home my children, the sun is gone down
And the dews of night arise
Come come leave off play, and let us away
Till the morning appears in the skies

No no let us play, for it is yet day
And we cannot go to sleep
Besides in the sky, the little birds fly
And the hills are all coverd with sheep

Well well go & play till the light fades away
And then go home to bed
The little ones leaped & shouted & laugh'd
And all the hills echoed

Canção da Ama

Quando se ouvem na praça as vozes das crianças
E se ouvem risos na colina,
Meu coração afeito está em paz no peito
E tudo mais se tranquiliza.

Crianças, para casa vinde, o sol baixou
E o orvalho da noite já se esparge;
Vinde vinde, agora chega, e vamos embora
Até que a manhã no céu se alargue.

Ah a gente queria brincar mais, que é dia
E para dormir é cedo ainda;
Depois, no céu os passarinhos vão ao léu
E os carneiros cobrem a colina.

Bom, vão brincar até a luz não mais brilhar
E então para a cama nanar.
As crianças saltaram, gritaram & riram
E as colinas a ressoar.

Infant Joy

I have no name
I am but two days old.—
What shall I call thee?
I happy am
Joy is my name,—
Sweet joy befall thee!

Pretty joy!
Sweet joy but two days old.
Sweet joy I call thee:
Thou dost smile.
I sing the while
Sweet joy befall thee.

Alegria de Criança

Não tenho nome
Tenho só dois dias de vida.
Como eu haverei de chamar-te?
Por feliz me tome
Alegria é meu nome.
Doce alegria há de guardar-te!

Linda Alegria!
Doce alegria de dois dias.
Doce alegria vou chamar-te:
Sorris um sorriso,
Eu canto enquanto isso,
Doce alegria há de guardar-te!

A Dream

Once a dream did weave a shade,
O'er my Angel-guarded bed,
That an Emmet lost it's way
Where on grass methought I lay.

Troubled wilderd and folorn
Dark benighted travel-worn,
Over many a tangled spray
All heart-broke I heard her say.

O my children! do they cry
Do they hear their father sigh.
Now they look abroad to see,
Now return and weep for me.

Pitying I drop'd a tear;
But I saw a glow-worm near:
Who replied. What wailing wight
Calls the watchman of the night.

I am set to light the ground,
While the beetle goes his round:
Follow now the beetles hum,
Little wanderer hie thee home.

Um Sonho

Um sonho uma sombra deixou tecida
Sobre a cama pelo Anjo protegida,
Que uma Formiga perdida se via
Na relva em que me parece eu jazia.

Afligida, triste e desamparada,
Sumida em trevas demais de esgotada
Em viagens por ramas a tolher,
Inconsolável, ouvi-a dizer:

Oh os meus filhos! Estão a chorar
E ouvem eles o pai suspirar?
Ora para ver olham o confim,
Ora retornam e choram por mim.

Com muita pena chorei no negrume;
Mas vi perto dali um vaga-lume
Que respondeu: Mas que ser suplicante
Está a chamar da noite o vigilante?

A mim incumbe alumiar o chão,
Quando o besouro vai no ramerrão:
Segue o zumbido do besouro agora,
Viajante, corre à casa sem demora.

On Anothers Sorrow

Can I see anothers woe,
And not be in sorrow too.
Can I see anothers grief,
And not seek for kind relief?

Can I see a falling tear,
And not feel my sorrows share,
Can a father see his child,
Weep, nor be with sorrow fill'd.

Can a mother sit and hear,
An infant groan an infant fear—
No no never can it be.
Never never can it be.

And can he who smiles on all
Hear the wren with sorrows small,
Hear the small birds grief & care
Hear the woes that infants bear—

And not sit beside the nest
Pouring pity in their breast,
And not sit the cradle near
Weeping tear on infants tear.

And not sit both night & day,
Wiping all our tears away.
O! no never can it be.
Never never can it be.

Sobre a Dor de Outrem

Posso ver alguém padecer
E a mim também não doer?
Posso ver de alguém o pesar
E bom consolo não buscar?

Posso ver se verter um pranto
E não sentir ter meu tanto?
Pode um pai seu filho ver
Soluçar sem se condoer?

Pode uma mãe ouvir apenas
Um filho gemer suas penas?
Não não nunca isto pode ser.
Nunca nunca isto pode ser.

Pode quem a tudo sorrira
Ouvir a dor da corruíra,
Ouvir as aflições das aves
E das crianças os pesares

E não se sentar junto ao ninho
Dando piedade com carinho,
E do berço não sentar perto
Vertendo seu pranto com aperto,

E noite & dia não estar presente
Secando as lágrimas da gente?
Oh! não nunca isto pode ser.
Nunca nunca isto pode ser.

He doth give his joy to all.
He becomes an infant small.
He becomes a man of woe
He doth feel the sorrow too.

Think not, thou canst sigh a sigh,
And thy maker is not by.
Think not, thou canst weep a tear,
And thy maker is not near.

O! he gives to us his joy,
That our grief he may destroy
Till our grief is fled & gone
He doth sit by us and moan

Ele dá sua alegria à gente.
Ele se faz um inocente.
Ele se faz homem de dor.
Ele também é sofredor.

Não suspiras um só suspiro
Sem teu criador estar contigo.
Não vertes um pranto coitado
Sem teu criador estar ao lado.

Oh! ele nos dá sua alegria
Que nossa aflição destruiria.
Até nossa aflição fugir,
Ele está conosco a carpir.

SONGS OF EXPERIENCE
(1789-94)

CANÇÕES DE EXPERIÊNCIA
(1789-94)

Introduction

Hear the voice of the Bard!
Who Present, Past, & Future sees
Whose ears have heard,
The Holy Word,
That walk'd among the ancient trees.

Calling the lapsed Soul
And weeping in the evening dew:
That might controll,
The starry pole;
And fallen fallen light renew!

O Earth O Earth return!
Arise from out the dewy grass;
Night is worn,
And the morn
Rises from the slumberous mass.

Turn away no more:
Why wilt thou turn away
The starry floor
The watry shore
Is giv'n thee till the break of day.

Introdução

Ouve a voz do Bardo!
Que vê o Presente, o Passado & o Futuro,
Que tem escutado
O Verbo Sagrado,
Que passeou pelo jardim maduro,

Chamando a Alma a errar
E chorando na noite de rocio:
Que pode domar
O polo estelar,
E renovar a queda luz em desvio!

Ó Terra Ó Terra, retorna!
Levanta-te da relva rociada;
A noite se entorna,
E a aurora que torna
Se eleva da massa amodorrada.

Que não te ponhas mais afastada;
Se te afastares, por que seria?
A terra estrelada,
A costa banhada
Te foram dadas até o romper do dia.

Earth's Answer

Earth rais'd up her head,
From the darkness dread & drear,
Her light fled:
Stony dread!
And her locks cover'd with grey despair.

Prison'd on watry shore
Starry jealousy does keep my tent
Cold and hoar
Weeping o'er
I hear the Father of the ancient men

Selfish father of men
Cruel jealous selfish fear
Can delight
Chain'd in night
The virgins of youth and morning bear.

Does spring hide its joy
When buds and blossoms grow?
Does the sower?
Sow by night?
Or the plowman in darkness plow?

Break this heavy chain,
That does freeze my bones around
Selfish! vain!
Eternal bane!
That free Love with bondage bound.

A Resposta da Terra

A Terra ergueu a cabeça
Das trevas sinistras & tristes,
Sua luz fugida em perda:
De terror tornada pedra!
E os cabelos de desespero grises.

Cativa numa costa banhada,
O Ciúme estrelado guarda meu abrigo.
Fria e sob geada,
Entre lágrimas deitadas,
Escuto o Pai do homem antigo.

Egoísta pai do homem antigo!
Ciumento, cruel e egoísta temor!
Porventura o deleite
Encadeado na noite
Gera as virgens da alva e do frescor?

Esconde a primavera a alegria
Quando folhas e flores são abertas?
Porventura semeia
O semeador à noite
Ou lavra o lavrador nas trevas?

Rebenta este pesado grilhão
Que os meus ossos todos regela.
Egoísta! vão!
Eterna perdição!
Que o livre Amor com cativeiro atrela.

The Clod & the Pebble

Love seeketh not Itself to please,
Nor for itself hath any care;
But for another gives its ease,
And builds a Heaven in Hells despair.

So sang a little Clod of Clay,
Trodden with the cattles feet;
But a Pebble of the brook,
Warbled out these metres meet.

Love seeketh only Self to please,
To bind another to Its delight:
Joys in anothers loss of ease,
And builds a Hell in Heavens despite.

O Torrão & o Seixo

O Amor a si mesmo não apraz,
Nem por si mesmo tem algum cuidado;
Porém por um outro dá sua paz
E um Céu constrói no desespero do Inferno.

Assim cantava um Torrão de Terra,
Pelas patas das reses pisado;
Porém um Seixo do riacho
Trinou este quarteto ajustado:

O Amor somente a si mesmo apraz,
Para sujeitar o outro ao deleite seu:
Gosta quando o outro perde a paz
E um Inferno constrói no despeito do Céu.

Holy Thursday

Is this a holy thing to see,
In a rich and fruitful land,
Babes reduced to misery,
Fed with cold and usurous hand?

Is that trembling cry a song?
Can it be a song of joy?
And so many children poor?
It is a land of poverty!

And their sun does never shine.
And their fields are bleak & bare.
And their ways are fill'd with thorns.
It is eternal winter there.

For where-e'er the sun does shine,
And where-e'er the rain does fall:
Babe can never hunger there,
Nor poverty the mind appall.

Quinta-Feira Santa

É porventura santo ver,
Em terra rica e frutuária,
Crianças em plena miséria,
Nutridas por mão usurária?

É este choro arfante um canto?
Será um canto de pureza?
E com tantas crianças pobres?
Esta é uma terra de pobreza!

E seu sol não brilha jamais,
Seus campos um triste deserto,
Seus caminhos cheios de espinhos.
Aqui faz um inverno eterno.

Pois onde quer que brilhe o sol,
Pois onde quer que a chuva caia,
Criança nunca passa fome,
Nem pobreza a mente atocaia.

The Little Girl Lost

In futurity
I prophetic see,
That the earth from sleep,
(Grave the sentence deep)

Shall arise and seek
For her maker meek:
And the desart wild
Become a garden mild.

* *

In the southern clime,
Where the summers prime,
Never fades away;
Lovely Lyca lay.

Seven summers old
Lovely Lyca told,
She had wanderd long,
Hearing wild birds song.

Sweet sleep come to me
Underneath this tree;
Do father, mother weep,—
Where can Lyca sleep.

A Menininha Perdida

Num tempo futuro
Eu profeta auguro
Que do sono a terra pensa
(Grava fundo esta sentença)

Irá se erguer e se pôr
Em busca do criador;
E o deserto bravio
Será jardim macio.

* *

Na sulina região
Onde o vigor do verão
Nunca jamais se enfria,
A linda Lyca jazia.

Só sete verões de idade
Contava Lyca em verdade;
Errara em longos passeios
A ouvir das aves gorjeios.

Doce sono, me recobre
Aqui à sombra desta árvore.
O pai e a mãe a carpir,
Onde Lyca irá dormir?

Lost in desart wild
Is your little child.
How can Lyca sleep,
If her mother weep.

If her heart does ake,
Then let Lyca wake;
If my mother sleep,
Lyca shall not weep.

Frowning frowning night,
O'er this desart bright,
Let thy moon arise,
While I close my eyes.

Sleeping Lyca lay;
While the beasts of prey,
Come from caverns deep,
View'd the maid asleep

The kingly lion stood
And the virgin view'd,
Then he gambold round
O'er the hallowd ground;

Leopards, tygers play,
Round her as she lay;
While the lion old,
Bow'd his mane of gold.

Em bravio deserto perdida
Está a filha sem guarida.
Como Lyca irá dormir,
Se a mãe está a carpir?

Se seu coração apertar,
Deixa Lyca despertar;
Se pode a mamãe dormir,
Lyca não há de carpir.

Torva noite, apavorante,
Sobre o deserto brilhante,
Deixa a lua se elevar
Enquanto os olhos fechar.

Já dormia a pequenina
Quando animais de rapina,
Vindos de funda caverna,
Viram dormir a donzela.

O régio leão parou
E a donzela contemplou,
Cabriolou a seu lado
Sobre o solo consagrado.

Leopardo e tigre em folia
Perto de onde ela jazia,
E o leão imorredouro
Inclinava a juba de ouro

And her bosom lick,
And upon her neck,
From his eyes of flame,
Ruby tears there came;

While the lioness,
Loos'd her slender dress,
And naked they convey'd
To caves the sleeping maid.

E o peito dela lambia.
Sobre o colo da menina
Dos olhos incandescentes
Caíram lágrimas rubentes,

Enquanto a leoa ia
Soltando sua veste esguia,
E desnuda até a caverna
Carregaram a donzela.

The Little Girl Found

All the night in woe,
Lyca's parents go:
Over vallies deep,
While the desarts weep.

Tired and woe-begone,
Hoarse with making moan:
Arm in arm seven days,
They trac'd the desert ways.

Seven nights they sleep,
Among shadows deep:
And dream they see their child
Starv'd in desart wild.

Pale thro' pathless ways
The fancied image strays,
Famish'd, weeping, weak
With hollow piteous shriek

Rising from unrest,
The trembling woman prest,
With feet of weary woe;
She could no further go.

In his arms he bore,
Her arm'd with sorrow sore;
Till before their way,
A couching lion lay.

A Menininha Encontrada

Por toda a noite em ais
Vão de Lyca os pais
Por vales encobertos
E chorosos desertos.

Cansados de tanta queixa,
A dor a voz rouca deixa,
Braço dado, sete dias,
Indo por desertas vias.

Sete noites mal dormidas
Entre sombras descidas,
E sonham a filha ver
No deserto emagrecer.

Branca, por lugar sem via,
Erra a fantasmagoria
Faminta, chorando, frágil,
Num lamento lastimável.

Erguendo-se da desdita,
A trêmula mulher hesita
Com pés de dor fatigante:
Não podia ir adiante.

Nos braços ele a carrega,
Ela sofre uma dor cega;
Até que viram do nada
Vir um leão de emboscada.

Turning back was vain,
Soon his heavy mane,
Bore them to the ground;
Then he stalk'd around,

Smelling to his prey.
But their fears allay,
When he licks their hands;
And silent by them stands.

They look upon his eyes
Fill'd with deep surprise:
And wondering behold,
A spirit arm'd in gold.

On his head a crown
On his shoulders down,
Flow'd his golden hair.
Gone was all their care.

Follow me he said,
Weep not for the maid;
In my palace deep,
Lyca lies asleep.

Then they followed,
Where the vision led:
And saw their sleeping child,
Among tygers wild.

To this day they dwell
In a lonely dell
Nor fear the wolvish howl,
Nor the lions growl.

Retornar seria vão:
Com a pesada juba ao chão
Logo a fera os subjugou;
Em seguida os rodeou,

Das presas sentindo o cheiro;
Mas vai-se o medo ligeiro
Quando ele lhes lambe a mão,
Junto a eles com atenção.

Fitam seus olhos sem defesa
Tomados de grande surpresa,
E contemplam um porvindouro
Espírito vestido de ouro.

Na cabeça uma coroa,
Dos fortes ombros se escoa
O cabelame dourado.
Foi-se então qualquer cuidado.

Disse ele: Vinde comigo,
Não chorai por Lyca, digo;
No meu palácio imponente,
Dorme ela profundamente.

Seguiram eles então
Onde guiava a visão,
E viram dormir a filha
Entre tigres em vigília.

Até hoje têm morada
Na valeira retirada;
Não temem do lobo o uivo,
E nem do leão o urro.

The Chimney Sweeper

A little black thing among the snow:
Crying weep, weep, in notes of woe!
Where are thy father & mother? say?
They are both gone up to the church to pray.

Because I was happy upon the heath,
And smil'd among the winter's snow:
They clothed me in the clothes of death,
And taught me to sing the notes of woe.

And because I am happy, & dance & sing,
They think they have done me no injury:
And are gone to praise God & his Priest & King
Who make up a heaven of our misery.

O Limpa-Chaminé

Uma coisinha negra com neve ao redor:
Gritando impo, impo, em notas de dor!
E o teu pai & a tua mãe? onde podem estar?
Ah, os dois foram lá para a igreja rezar.

Porque eu lá no torrão era feliz por sorte,
E sorria no inverno com neve ao redor:
Eles só me vestiram com as roupas da morte,
E me ensinaram a cantar notas de dor.

E porque eu sou feliz, & dancei & cantei,
Pensam que não fizeram nada de mal não:
E então foram louvar a Deus, seu Padre & Rei,
Que inventam paraíso da nossa aflição.

Nurses Song

When the voices of children, are heard on the green
And whisprings are in the dale:
The days of my youth rise fresh in my mind,
My face turns green and pale.

Then come home my children, the sun is gone down
And the dews of night arise
Your spring & your day, are wasted in play
And your winter and night in disguise.

Canção da Ama

Quando se ouvem na praça as vozes das crianças
E cochichos soam no vale:
Os meus dias de moça vêm frescos à mente,
O rosto fica verde e pálido.

Crianças, para casa vinde, o sol baixou
E o orvalho da noite se esparge:
O dia & a primavera vossos vão-se em jogo
E o inverno e a noite, em disfarce.

The Sick Rose

O Rose thou art sick.
The invisible worm,
That flies in the night
In the howling storm:

Has found out thy bed
Of crimson joy:
And his dark secret love
Does thy life destroy.

A Rosa Doente

Oh Rosa, estás doente.
O verme invisível,
Que voa na noite
No vento irascível,

Encontrou teu leito
De deleite carmim:
E seu escuro amor secreto
A tua vida põe fim.

The Fly

Little Fly
Thy summers play,
My thoughtless hand
Has brush'd away.

Am not I
A fly like thee?
Or art not thou
A man like me?

For I dance
And drink & sing:
Till some blind hand
Shall brush my wing.

If thought is life t
And strength & breath:
And the want
Of thought is death;

Then am I
A happy fly,
If I live,
Or if I die.

A Mosca

Mosquinha,
Teu jogo de estio
Minha impensada mão
Repeliu.

Mosca não sou
Igual a ti?
E homem não és
Igual a mim?

Porque eu danço,
Bebo & canto:
Até uma cega mão
Na asa dar repelão.

Se pensar for vida
E força & alento,
E não pensar
For passamento,

Então sou
Feliz mosca,
Quer eu viva,
Quer eu morra.

The Angel

I Dreamt a Dream! what can it mean?
And that I was a maiden Queen:
Guarded by an Angel mild:
Witless woe, was ne'er beguil'd!

And I wept both night and day
And he wip'd my tears away
And I wept both day and night
And hid from him my hearts delight

So he took his wings and fled:
Then the morn blush'd rosy red:
I dried my tears & armed my fears,
With ten thousand shields and spears.

Soon my Angel came again;
I was arm'd, he came in vain:
For the time of youth was fled
And grey hairs were on my head.

O Anjo

Um sonho sonhei! o que revela?
Que eu era uma Rainha donzela
Por um Anjo meigo bem guardada:
A néscia dor jamais enganada!

E chorei torrentes noite e dia
E a enxugar as lágrimas ele ia,
E chorei torrentes dia e noite
E dele ocultei o meu deleite.

Ele as asas pegou e fugiu;
E enrubescida a manhã fulgiu;
Lágrimas sequei & armei as ânsias
Com milhares de escudos e lanças.

O Anjo retornou com prontidão;
Estava armada, tornou em vão:
Pois o tempo jovem me fugira
E a cabeça de cãs se cobrira.

The Tyger

Tyger Tyger, burning bright,
In the forests of the night;
What immortal hand or eye,
Could frame thy fearful symmetry?

In what distant deeps or skies.
Burnt the fire of thine eyes?
On what wings dare he aspire?
What the hand, dare sieze the fire?

And what shoulder, & what art,
Could twist the sinews of thy heart?
And when thy heart began to beat,
What dread hand? & what dread feet?

What the hammer? what the chain,
In what furnace was thy brain?
What the anvil? what dread grasp,
Dare its deadly terrors clasp!

When the stars threw down their spears
And water'd heaven with their tears:
Did he smile his work to see?
Did he who made the Lamb make thee?

Tyger Tyger burning bright,
In the forests of the night:
What immortal hand or eye,
Dare frame thy fearful symmetry?

O Tigre

Tigre Tigre, que em brasa brilha
E as florestas da noite trilha;
Que olho ou mão imortal poderia
Formar tua temível simetria?

Em que abismos ou céus distantes
Eram teus olhos abrasantes?
Com que asas ele ousou se alçar?
Que mão o fogo ousou tomar?

E que ombro poderia, & que arte,
Tendões no coração forjar-te?
E ao já bater o coração,
Que horrendo pé? que horrenda mão?

E que corrente? & que martelo?
Em que fornalha era teu cérebro?
Que bigorna? que horrenda garra
Teus terrores letais agarra!

Quando os astros lanças largaram,
E o céu suas lágrimas banharam,
Vendo o feito ele riu talvez?
Quem fez o Cordeiro te fez?

Tigre Tigre, que em brasa brilha
E as florestas da noite trilha;
Que olho ou mão imortal ousaria
Formar tua temível simetria?

My Pretty Rose Tree

A flower was offerd to me;
Such a flower as May never bore.
But I said I've a Pretty Rose-tree:
And I passed the sweet flower o'er.

Then I went to my Pretty Rose-tree;
To tend her by day and by night.
But my Rose turnd away with jealousy:
And her thorns were my only delight.

Minha Bela Roseira

Uma flor me foi oferecida;
Uma flor que maio brotou jamais.
Mas Tenho uma Bela Roseira, eu disse,
E a delicada flor não quis mais.

Fui então à minha Bela Roseira
Para a cultivar de dia e de noite.
Mas a Rosa se afastou com ciumeira:
E os espinhos meu único deleite.

Ah! Sun-Flower

Ah Sun-flower! weary of time,
Who countest the steps of the Sun:
Seeking after that sweet golden clime
Where the travellers journey is done.

Where the Youth pined away with desire,
And the pale Virgin shrouded in snow:
Arise from their graves and aspire,
Where my Sun-flower wishes to go.

Ah! Girassol

Ah Girassol! que o tempo desanima,
Que vive a contar os passos do Sol:
Buscando aquele áureo e doce clima
Onde a jornada finda no arrebol.

Onde a Juventude langue de desejo
E a Virgem lívida em neve envolvida
Se elevam das tumbas e vão num voejo
A onde o Girassol a ir aspira.

The Lilly

The modest Rose puts forth a thorn:
The humble Sheep, a threatning horn:
While the Lilly white, shall in Love delight,
Nor a thorn nor a threat stain her beauty bright.

O Lírio

A Rosa modesta lança um espinho:
A Ovelha humilde, um corno daninho:
Enquanto o branco Lírio com o Amor se deleita,
Nem espinho nem risco nódoa à sua beleza deita.

The Garden of Love

I went to the Garden of Love,
And saw what I never had seen:
A Chapel was built in the midst,
Where I used to play on the green.

And the gates of this Chapel were shut,
And Thou shalt not. writ over the door;
So I turn'd to the Garden of Love,
That so many sweet flowers bore.

And I saw it was filled with graves,
And tomb-stones where flowers should be:
And Priests in black gowns, were walking their rounds,
And binding with briars, my joys & desires.

O Jardim do Amor

Fui visitar o Jardim do Amor
E vi o que dantes nunca vira:
Uma Capela erguida no meio,
Onde na relva eu me divertira.

E estava fechado o portão da Capela,
E Tu não... estava inscrito na portada;
Então me voltei para o Jardim do Amor,
Plantado com tantas flores delicadas.

E vi que em lugar das muitas flores
Túmulos e lápides havia;
E Padres de sotainas pretas faziam as rondas,
E atavam com sarças meus desejos & alegrias.

The Little Vagabond

Dear Mother, dear Mother, the Church is cold.
But the Ale-house is healthy & pleasant & warm;
Besides I can tell where I am use'd well.
Such usage in heaven will never do well.

But if at the Church they would give us some Ale,
And a pleasant fire, our souls to regale;
We'd sing and we'd pray, all the live-long day;
Nor ever once wish from the Church to stray.

Then the Parson might preach & drink & sing.
And we'd be as happy as birds in the spring:
And modest dame Lurch, who is always at Church,
Would not have bandy children nor fasting nor birch.

And God like a father rejoicing to see,
His children as pleasant and happy as he:
Would have no more quarrel with the Devil or the Barrel
But kiss him & give him both drink and apparel.

O Pequeno Maroto

Querida Mãe, querida Mãe, a Igreja é fria.
Mas a taberna é sã & agradável & quente;
Além do mais eu sei onde me tratam bem.
No Céu tal bom costume não vai ter também.

Mas se na Igreja dessem alguma Cerveja,
E um grato fogo para que alegre a alma seja,
A gente ia cantar e orar todo o santo dia,
E desgarrar da Igreja nunca que iria.

E o Padre ia pregar & cantar & beber,
E ave feliz em primavera a gente ia ser;
E a dona Fareja, que da Igreja sai não,
Não teria jejum, vara ou filho aleijão.

E Deus, tal como um pai satisfeito de ver
Os filhos tão amáveis quanto ele ser,
Mais querela com o Demo ou Barril não teria,
Mas um beijo, bebida & boa roupa daria.

London

I wander thro' each charter'd street,
Near where the charter'd Thames does flow
And mark in every ---face I meet
Marks of weakness, marks of woe.

In every cry of every Man,
In every Infants cry of fear,
In every voice; in every ban,
The mind-forg'd manacles I hear

How the Chimney-sweepers cry
Every blackning Church appalls,
And the hapless Soldiers sigh
Runs in blood down Palace walls

But most thro' midnight streets I hear
How the youthful Harlots curse
Blasts the new-born Infants tear
And blights with plagues the Marriage hearse

Londres

Vagueio por toda rua encartada,
Perto de onde flui o encartado Tâmisa,
E marco em cada rosto que deparo
Marcas de mágoa, marcas de desânimo.

No grito de cada Homem, no grito
De cada Criança que medo sente,
Em cada voz, em cada interdito,
Ouço algemas forjadas pela mente.

Como do Limpa-Chaminé o brado
Em cada Igreja negra é mau presságio,
E o suspiro do malfeliz Soldado
Corre em sangue por muros do Palácio.

Mas ouço mais em cada rua escura
Como a praga da jovem Marafona
Infecta o pranto do Infante e macula
O carro fúnebre do Matrimônio.

The Human Abstract

Pity would be no more,
If we did not make somebody Poor:
And Mercy no more could be,
If all were as happy as we;

And mutual fear brings peace;
Till the selfish loves increase.
Then Cruelty knits a snare,
And spreads his baits with care.

He sits down with holy fears,
And waters the ground with tears:
Then Humility takes its root
Underneath his foot.

Soon spreads the dismal shade
Of Mystery over his head;
And the Catterpiller and Fly,
Feed on the Mystery.

And it bears the fruit of Deceit,
Ruddy and sweet to eat;
And the Raven his nest has made
In its thickest shade.

The Gods of the earth and sea,
Sought thro' Nature to find this Tree
But their search was all in vain:
There grows one in the Human Brain.

O Abstrato Humano

A Piedade deixaria de ser,
Se alguém não se levasse a empobrecer;
E a Compaixão não estaria presente,
Se todos felizes fossem como a gente;

E o mútuo temor instaura a paz,
Até que o egoísta amor maior se faz;
Então a Crueldade tece um laço,
E espalha os engodos sem embaraço.

Ela senta com temores santos,
E o solo molha com seus prantos;
Então a Humildade se radica
Sob seu pé no lugar em que fica.

Logo se estende a sombra avessa
Do Mistério sobre sua cabeça;
E a Mosca, assim como a Lagarta,
Do Mistério se farta.

E ela o fruto do Engano vem a dar,
Vermelho e doce ao paladar;
E seu ninho construiu o Corvo
Na sombra do canto mais torvo.

Os Deuses da terra e do mar
Na Natureza esta Árvore foram buscar;
Mas a baldada busca foi engano:
A Árvore cresce no Cérebro Humano.

Infant Sorrow

My mother groand! my father wept.
Into the dangerous world I leapt:
Helpless, naked, piping loud:
Like a fiend hid in a cloud.

Struggling in my fathers hands:
Striving against my swadling bands:
Bound and weary I thought best
To sulk upon my mothers breast.

Dor de Criança

A mãe gemia! o pai chorava.
No perigoso mundo eu me lançava:
Indefeso, nu, num vagido:
Qual numa nuvem demônio escondido.

Pelejando nas mãos do pai guieiro,
Lutando contra o meu cueiro,
Achei melhor, amarrado e a ofegar,
No seio da mãe amuar.

A Poison Tree

I was angry with my friend
I told my wrath, my wrath did end.
I was angry with my foe:
I told it not, my wrath did grow.

And I waterd it in fears,
Night & morning with my tears:
And I sunned it with smiles,
And with soft deceitful wiles.

And it grew both day and night,
Till it bore an apple bright.
And my foe beheld it shine,
And he knew that it was mine.

And into my garden stole,
When the night had veild the pole;
In the morning glad I see;
My foe outstretchd beneath the tree.

Uma Árvore Venenosa

Enfureci-me com um amigo meu:
Falei da fúria, a fúria cedeu.
Enfureci-me com meu inimigo:
Calei-me, a fúria medrou comigo.

E eu a molhei em espantos,
Manhã e noite com meus prantos:
E a aqueci ao sol com sorrisos,
Sutis e falsos artifícios.

E assim medrou noite e dia,
Até dar maçã luzidia.
E o inimigo a viu à noitinha,
A arder, sabendo que era minha.

E ele no jardim se infiltrou,
Quando a noite os astros ocultou;
E de manhã vi com prazer
Sob a árvore o inimigo jazer.

A Little Boy Lost

Nought loves another as itself
Nor venerates another so.
Nor is it possible to Thought
A greater than itself to know:

And Father, how can I love you,
Or any of my brothers more?
I love you like the little bird
That picks up crumbs around the door.

The Priest sat by and heard the child.
In trembling zeal he siez'd his hair:
He led him by his little coat:
And all admir'd the Priestly care.

And standing on the altar high,
Lo what a fiend is here! said he:
One who sets reason up for judge
Of our most holy Mystery.

The weeping child could not be heard.
The weeping parents wept in vain:
They strip'd him to his little shirt.
And bound him in an iron chain.

And burn'd him in a holy place,
Where many had been burn'd before:
The weeping parents wept in vain.
Are such things done on Albions shore.

Um Menininho Perdido

Nada ama ao próximo como a si mesmo,
Nem assim venera outro qualquer,
Nem é possível ao Pensamento
Algo maior que a si conhecer:

E, Pai, quanto mais amor a ti
Ou aos irmãos o peito comporta?
Eu vos amo como o passarinho
Que debica migalhas à porta.

O Padre ao lado escutou o menino.
Bambo de zelo, agarrou seu cabelo:
Ele o conduziu pelo casaquinho
E todos admiraram seu desvelo.

E se postando no altar majestoso
Disse: Vede o demônio aqui soltado:
Um que toma a razão como juiz
De nosso Mistério mais sagrado.

O menino choroso não ouviram,
Os pais chorosos choraram em vão:
Desnudaram seu peito pequenino
E o prenderam com os ferros do grilhão.

E o queimaram ali em lugar sagrado,
Onde outros tantos arderam outrora:
Em vão choraram os chorosos pais.
Faz-se isso nas costas de Álbion agora?

A Little Girl Lost

Children of the future Age,
Reading this indignant page;
Know that in a former time.
Love! sweet Love! was thought a crime.

In the Age of Gold,
Free from winters cold:
Youth and maiden bright,
To the holy light,
Naked in the sunny beams delight.

Once a youthful pair
Fill'd with softest care:
Met in garden bright,
Where the holy light,
Had just removd the curtains of the night.

There in rising day,
On the grass they play:
Parents were afar:
Strangers came not near:
And the maiden soon forgot her fear.

Tired with kisses sweet
They agree to meet,
When the silent sleep
Waves o'er heavens deep;
And the weary tired wanderers weep.

Uma Menininha Perdida

Crianças da Idade futura,
Lendo esta página fula,
Sabei que num tempo ido
Por crime o doce Amor foi tido!

Na Idade de Ouro,
Livres do invernal agouro,
Moço e donzela luzentes
Sob a santa luz inocente,
Nus se deleitam ao sol refulgente.

Antes casal juvenil,
Dum cuidado pueril,
Viram-se em jardim luzente
Onde a santa luz inocente
Já correra a cortina do poente.

Ali, ao sol que se eleva,
Os dois se entretêm na relva;
Iam os pais a distância,
Ao longe as pessoas estranhas,
E logo a donzela olvidou as ânsias.

Farta de beijos trocar,
Combinam de se encontrar
Quando o mudo sono ante
O fundo céu paira ondeante,
E chora cada exausto caminhante.

To her father white
Came the maiden bright:
But his loving look,
Like the holy book,
All her tender limbs with terror shook.
Ona! pale and weak!
To thy father speak:
O the trembling fear!
O the dismal care!
That shakes the blossoms of my hoary hair.

Para o pai encanecido
Voltou a moça luzida:
Mas ante o olhar devotado,
Como se ante o livro sagrado,
Seu corpo frágil tremeu aterrado.
Ona! pálida e fraca!
Fala, com o teu pai fala:
Oh, o temor estremecido!
Oh, o desvelo sinistro!
Que agita as flores do cabelo encanecido.

To Tirzah

Whate'er is Born of Mortal Birth,
Must be consumed with the Earth
To rise from Generation free;
Then what have I to do with thee?

The Sexes sprung from Shame & Pride
Blow'd in the morn: in evening died
But Mercy changd Death into Sleep;
The Sexes rose to work & weep.

Thou Mother of my Mortal part.
With cruelty didst mould my Heart.
And with false self-decieving tears,
Didst bind my Nostrils Eyes & Ears.

Didst close my Tongue in senseless clay
And me to Mortal Life betray:
The Death of Jesus set me free,
Then what have I to do with thee?

A Tirzá

Tudo que nasce de Mortal Nascença
Na Terra tem a última sentença
Para da Geração ser redimido;
Mas então que tenho eu contigo?

Os Sexos provêm de Orgulho & Vergonha,
Brotam com o sol, vão-se assim que se ponha;
Mas Compaixão a Morte em Sono muda;
Os Sexos se erguem, em pranto & labuta.

Tu, ó Mãe da minha Mortal porção,
Moldaste com o mal o meu coração.
Com prantos enganosos e fingidos
Ataste os meus Olhos, Nariz & Ouvidos.

Selaste a Língua com barro boçal,
E tu me entregas à Vida Mortal:
Com a Morte de Jesus fui redimido,
Mas então que tenho eu contigo?

The School Boy

I love to rise in a summer morn,
When the birds sing on every tree;
The distant huntsman winds his horn,
And the sky-lark sings with me.
O! what sweet company.

But to go to school in a summer morn,
O! it drives all joy away;
Under a cruel eye outworn,
The little ones spend the day,
In sighing and dismay.

Ah! then at times I drooping sit,
And spend many an anxious hour,
Nor in my book can I take delight,
Nor sit in learnings bower,
Worn thro' with the dreary shower.

How can the bird that is born for joy,
Sit in a cage and sing.
How can a child when fears annoy,
But droop his tender wing,
And forget his youthful spring.

O! father & mother, if buds are nip'd,
And blossoms blown away,
And if the tender plants are strip'd
Of their joy in the springing day,
By sorrow and cares dismay,

O Escolar

Amo levantar em manhã de verão,
Toda ave em toda árvore pipia;
O caçador a trompa toca no rincão,
E canta comigo a cotovia.
Oh! que doce companhia.

Mas ir à escola em manhã de verão,
Oh! acaba com toda a alegria;
Sob olhares cruéis de exaustão,
Os pequeninos passam o dia
Entre ansiedade e melancolia.

Ah! às vezes então sem ânimo me sento,
E passo horas todo agoniado,
Nem no meu livro encontro alegramento,
Nem sento no jardim do aprendizado,
Com a triste chuva muito cansado.

Como pode uma ave, de alegria feita,
Viver numa gaiola e cantar?
Que pode a criança, que o temor espreita,
Senão as asas frágeis baixar
E a jovem primavera olvidar?

Oh! pai & mãe, se as brotações são queimadas
Pelo frio e as flores o vento leva,
E se as plantas tenras são despojadas
Da alegria em dia de primavera,
Por aflição de dor e atenção que se zela,

How shall the summer arise in joy.
Or the summer fruits appear,
Or how shall we gather what griefs destroy
Or bless the mellowing year,
When the blasts of winter appear.

Como chegará o verão com alegria
Ou irão os frutos aparecer?
Ou como colheremos o que a mágoa estia,
Ou o ano sazonado iremos bendizer
Quando a tormenta do inverno aparecer?

The Voice of the Ancient Bard

Youth of delight come hither,
And see the opening morn,
Image of truth new born.
Doubt is fled & clouds of reason.
Dark disputes & artful teazing.
Folly is an endless maze,
Tangled roots perplex her ways,
How many have fallen there!
They stumble all night over bones of the dead:
And feel they know not what but care:
And wish to lead others, when they should be led.

A Voz do Antigo Bardo

Juventude de júbilo, vem aqui
Ver raiar a manhã em nova vida,
Imagem da verdade renascida.
Foi-se a dúvida, & nuvens de razão,
Vagas disputas & astuta incitação.
O desatino é um labirinto infindo,
Raízes urdidas confundem seu caminho.
Quantos ali foram tombados!
Tropeçam toda a noite nos ossos dos mortos:
E sentem que nada conhecem além de cuidados,
E querem guiar, em vez de ser guiados.

A Divine Image

Cruelty has a Human Heart
And Jealousy a Human Face
Terror, the Human Form Divine
And Secrecy, the Human Dress

The Human Dress, is forged Iron
The Human Form, a fiery Forge.
The Human Face, a Furnace seal'd
The Human Heart, its hungry Gorge.

Uma Imagem Divina

A Crueldade tem Humano Peito,
E o Ciúme, uma Humana Face;
O Terror, a Humana Forma Divina,
E o Segredo, o Humano Traje.

O Humano Traje é Ferro forjado,
A Humana Forma, flâmea Forja,
A Humana Face, Fornalha selada,
O Humano Peito, ávida Gorja.

THE MARRIAGE
OF HEAVEN AND HELL
(1790-93)

O MATRIMÔNIO DO CÉU
E DO INFERNO
(1790-93)

The Argument

Rintrah roars & shakes his fires in the burdend air;
Hungry clouds swag on the deep

Once meek, and in a perilous path,
The just man kept his course along
The vale of death.
Roses are planted where thorns grow.
And on the barren heath
Sing the honey bees.

Then the perilous path was planted:
And a river, and a spring
On every cliff and tomb;
And on the bleached bones
Red clay brought forth.

Till the villain left the paths of ease,
To walk in perilous paths, and drive
The just man into barren climes.

Now the sneaking serpent walks
In mild humility.
And the just man rages in the wilds
Where lions roam.

Rintrah roars & shakes his fires in the burdend air;
Hungry clouds swag on the deep.

As a new heaven is begun, and it is now thirty-three years t since its advent:
the Eternal Hell revives. And lo! Swedenborg is The Angel sitting at the tomb;

O Argumento

Rintrah ruge & suas chamas lança no ar opresso;
Nuvens famintas sobre o abismo pendem.

Outrora dócil, e em perigosa senda,
O justo seguiu seu curso ao longo
Do vale da morte.
Há rosas plantadas onde crescem espinhos,
E sobre a charneca estéril
Zumbem abelhas melíficas.

Foi então plantada a perigosa senda,
E um rio e uma nascente
Sobre cada penhasco e sepultura,
E sobre ossos alvacentos
Criou-se barro vermelho.

Até que o vilão deixou as sendas do conforto
E, caminhando por perigosas sendas, conduziu
O justo a regiões estéreis.

Agora a furtiva serpente se esgueira
Em mansa humildade,
E o justo vocifera nos ermos
Onde vagueiam leões.

Rintrah ruge & e suas chamas lança no ar opresso;
Nuvens famintas sobre o abismo pendem.

Assim como teve início um novo céu, e 33 anos já se passaram desde seu advento, revive o Inferno Eterno. E eis! Swedenborg é o Anjo sentado sobre *his writings are the linen clothes folded up. Now is the dominion of Edom, & the return of Adam into Paradise; see Isaiah XXXIV & XXXV Chap:*

Without Contraries is no progression. Attraction and Repulsion, Reason and Energy, Love and Hate, are necessary to Human existence.

From these contraries spring what the religious call Good & Evil. Good is the passive that obeys Reason [.] Evil is the active springing from Energy.

Good is Heaven. Evil is Hell.

The voice of the Devil

All Bibles or sacred codes. have been the causes of the following Errors.

1. *That Man has two real existing principles Viz: a Body & a Soul.*

2. *That Energy. calld Evil. is alone from the Body. & that Reason. calld Good. is alone from the Soul.*
3. *That God will torment Man in Eternity for following his Energies.*

But the following Contraries to these are True

1. *Man has no Body distinct from his Soul for that calld Body is a portion of Soul discernd by the five Senses. the chief inlets of Soul in this age*

2. *Energy is the only life and is from the Body and Reason is the bound or outward circumference of Energy.*
3. *Energy is Eternal Delight*

Those who restrain desire, do so because theirs is weak enough to be restrained; and the restrainer or reason usurps its place & governs the unwilling.

And being restraind it by degrees becomes passive till it is only the shadow of desire.

a sepultura: seus escritos as vestes de linho dobradas. Agora é o domínio de Edom & o retorno de Adão ao Paraíso; ver Isaías, caps. 34 & 35.

Não há progresso sem Contrários. Atração e Repulsão, Razão e Energia, Amor e Ódio são necessários à existência Humana.

Desses contrários emana o que o religioso denomina Bem & Mal. Bem é o passivo que obedece à Razão. Mal, o ativo emanando da Energia.

Bem é Céu. Mal, Inferno.

A Voz do Demônio

Todas as Bíblias e todos os códigos sagrados foram as causas destes Erros:

1. Que o Homem possui dois princípios reais de existência: um Corpo & uma Alma.
2. Que a Energia, denominada Mal, provém apenas do Corpo; & que a Razão, denominada Bem, provém apenas da Alma.
3. Que Deus atormentará o Homem pela Eternidade por seguir suas Energias.

Mas os seguintes Contrários são Verdadeiros:

1. O Homem não tem um Corpo distinto de sua Alma, pois o que se denomina Corpo é uma parcela da Alma, discernida pelos cinco Sentidos, os principais acessos da Alma nesta etapa.
2. Energia é a única vida, e provém do Corpo; e Razão, o limite ou a circunferência externa da Energia.
3. Energia é Deleite Eterno.

Quem refreia o desejo assim o faz porque o seu é fraco o suficiente para ser refreado, e o refreador, ou razão, usurpa-lhe o lugar & governa o inapetente.

E, refreando-se, aos poucos se apassiva, até não ser mais que a sombra do desejo.

The history of this is written in Paradise Lost. & the Governor or Reason is call'd Messiah.

And the original Archangel or possessor of the command of the heavenly host, is calld the Devil or Satan and his children are call'd Sin & Death

But in the Book of Job Miltons Messiah is call'd Satan.

For this history has been adopted by both parties

It indeed appear'd to Reason as if Desire was cast out. but the Devils account is, that the Messiah fell. & formed a heaven of what he stole from the Abyss

This is shewn in the Gospel, where he prays to the Father to send the comforter or Desire that Reason may have Ideas to build on, the Jehovah of the Bible being no other than he, who dwells in flaming fire.

Know that after Christs death, he became Jehovah.

But in Milton; the Father is Destiny, the Son, a Ratio of the five senses. & the Holy-ghost, Vacuum!

Note. The reason Milton wrote in fetters when he wrote of Angels & God, and at liberty when of Devils & Hell, is because he was a true Poet and of the Devils party without knowing it

A Memorable Fancy

As I was walking among the fires of hell, delighted with the enjoyments of Genius; which to Angels look like torment and insanity. I collected some of their Proverbs: thinking that as The sayings used in a nation, mark its character, so the Proverbs of Hell, shew the nature of Infernal wisdom better than any description of buildings or garments.

When I came home; on the abyss of the five senses, where a flat sided steep frowns over the present world. I saw a mighty Devil folded in black clouds, hovering on the sides of the rock, with corroding fires he wrote the

Essa história está relatada no Paraíso Perdido, & o Governante, ou Razão, chama-se Messias.

E o Arcanjo original, ou possessor do comando das hostes celestiais, chama-se Demônio ou Satã, e seus filhos chamam-se Pecado & Morte.

No *Livro de Jó*, porém, o Messias de Milton chama-se Satã.

Pois essa história tem sido adotada por ambos os lados.

Em verdade, pareceu à Razão que o Desejo havia sido banido, mas, segundo a versão do Demônio, sucumbiu o Messias, formando um céu com o que roubara do Abismo.

Isso revela o Evangelho, onde ele suplica ao Pai que envie o consolador, ou Desejo, para que a Razão possa ter Ideias sobre as quais se fundamentar, não sendo outro o Jeová da Bíblia senão aquele que mora nas chamas flamantes.

Sabei que Cristo, após sua morte, tornou-se Jeová.

Mas, em Milton, o Pai é Destino, o Filho, uma Fração dos cinco sentidos, & o Espírito Santo, Vácuo!

Nota: A razão pela qual Milton escreveu em grilhões sobre Anjos & Deus, e em liberdade sobre Demônios & Inferno, está em que ele era um Poeta autêntico e tinha parte com o Demônio, sem sabê-lo.

Uma Fantasia Memorável

Enquanto caminhava entre as chamas do Inferno, deliciado com os prazeres do Gênio, que os Anjos tomam por tormento e loucura, recolhi alguns de seus Provérbios, pensando que, assim como os adágios de uma nação expressam seu caráter, os Provérbios do Inferno revelam a natureza da sabedoria Infernal melhor que qualquer descrição de edifícios ou vestuário.

Voltando a casa: no abismo dos cinco sentidos, onde uma encosta íngreme e sem relevos reprova o mundo atual, avistei um poderoso Demônio envolto em nuvens negras, pairando sobre as vertentes do penhasco: com chamas

following sentence now percieved by the minds of men, & read by them on earth.

How do you know but ev'ry Bird that cuts the airy way,
   Is an immense world of delight, clos'd by your senses five?

Proverbs of Hell

In seed time learn, in harvest teach, in winter enjoy.
Drive your cart and your plow over the bones of the dead.
The road of excess leads to the palace of wisdom.
Prudence is a rich ugly old maid courted by Incapacity.
He who desires but acts not, breeds pestilence.
The cut worm forgives the plow.
Dip him in the river who loves water.
A fool sees not the same tree that a wise man sees.
He whose face gives no light, shall never become a star.
Eternity is in love with the productions of time.
The busy bee has no time for sorrow.
The hours of folly are measur'd by the clock, but of wisdom: no clock can measure.
All wholsom food is caught without a net or a trap.
Bring out number weight & measure in a year of dearth.
No bird soars too high. if he soars with his own wings.
A dead body. revenges not injuries.
The most sublime act is to set another before you.
If the fool would persist in his folly he would become wise
Folly is the cloke of knavery.
Shame is Prides cloke.
Prisons are built with stones of Law, Brothels with bricks of Religion.
The pride of the peacock is the glory of God.

corrosivas, ele escreveu a seguinte sentença, captada agora pelas mentes dos homens & por eles lida na Terra:

Como sabeis que cada Pássaro que fende os ares não é
　　Um imenso mundo de deleite, encerrado pelos sentidos, os cinco?

Provérbios do Inferno

No tempo de semeadura, aprende; na colheita, ensina; no inverno, desfruta.
Conduz teu carro e teu arado sobre a ossada dos mortos.
O caminho do excesso leva ao palácio da sabedoria.
A Prudência é uma rica, feia e velha donzela cortejada pela Impotência.
Aquele que deseja e não age engendra a pestilência.
O verme perdoa o arado que o corta.
Imerge no rio aquele que a água ama.
O tolo não vê a mesma árvore que o sábio vê.
Aquele cuja face não fulgura jamais será uma estrela.
A Eternidade anda enamorada dos frutos do tempo.
À laboriosa abelha não sobra tempo para tristezas.
As horas de insensatez, mede-as o relógio; as de sabedoria, porém, não há relógio que as meça.
Todo alimento sadio se colhe sem rede nem laço.
Toma número, peso & medida em ano de míngua.
Ave alguma se eleva a grande altura, se se eleva com as próprias asas.
Um cadáver não revida agravos.
Um ato mais alto é até outro elevar-te.
Se persistisse na tolice, o tolo sábio se tornaria.
A tolice é o manto da malandrice.
O manto do orgulho, a vergonha.
Prisões se constroem com pedras da Lei; Bordéis, com tijolos da Religião.
A vanglória do pavão é a glória de Deus.

The lust of the goat is the bounty of God.

The wrath of the lion is the wisdom of God.

The nakedness of woman is the work of God.

Excess of sorrow laughs. Excess of joy weeps.

The roaring of lions, the howling of wolves, the raging of the stormy sea, and the destructive sword. are portions of eternity too great for the eye of man.

The fox condemns the trap, not himself.

Joys impregnate. Sorrows bring forth.

Let man wear the fell of the lion. woman the fleece of the sheep.

The bird a nest, the spider a web, man friendship.

The selfish smiling fool. & the sullen frowning fool. shall be both thought wise. that they may be a rod.

What is now proved was once, only imagin'd.

The rat, the mouse, the fox, the rabbet; watch the roots, the lion, the tyger, the horse, the elephant, watch the fruits.

The cistern contains: the fountain overflows

One thought. fills immensity.

Always be ready to speak your mind, and a base man will avoid you.

Every thing possible to be believ'd is an image of truth.

The eagle never lost so much time, as when he submitted to learn of the crow.

The fox provides for himself. but God provides for the lion.

Think in the morning, Act in the noon, Eat in the evening, Sleep in the night.

He who has sufferd you to impose on him knows you.

As the plow follows words, so God rewards prayers.

The tygers of wrath are wiser than the horses of instruction

Expect poison from the standing water.

You never know what is enough unless you know what is more than enough.

Listen to the fools reproach! it is a kingly title!

The eyes of fire, the nostrils of air, the mouth of water, the beard of earth.

The weak in courage is strong in cunning.

O cabritismo do bode é a bondade de Deus.

A fúria do leão é a sabedoria de Deus.

A nudez da mulher é a obra de Deus.

Excesso de pranto ri. Excesso de riso chora.

O rugir de leões, o uivar de lobos, o furor do mar em procela e a espada destruidora são porções de eternidade, demasiado grandes para o olho humano.

A raposa culpa o ardil, não a si mesma.

Júbilo fecunda. Tristeza engendra.

Vista o homem a pele do leão, a mulher, o velo da ovelha.

O pássaro um ninho, a aranha uma teia, homem amizade.

O tolo egoísta, risonho, & o tolo sisudo, tristonho, serão ambos julgados sábios, para que sejam exemplo.

O que hoje se prova outrora foi apenas imaginado.

O rato, o camundongo, a raposa e o coelho espreitam as raízes; o leão, o tigre, o cavalo e o elefante espreitam os frutos.

A cisterna contém: a fonte transborda.

Uma só ideia impregna a imensidão.

Dize sempre o que pensas e o vil te evitará.

Tudo em que se pode crer é imagem da verdade.

Jamais uma águia perdeu tanto tempo como quando se dispôs a aprender com a gralha.

A raposa provê a si mesma, mas Deus provê ao leão.

De manhã, pensa. Ao meio-dia, age. Ao entardecer, come. De noite, dorme.

Quem consentiu que dele te aproveitasses, este te conhece.

Assim como o arado segue as palavras, Deus recompensa as preces.

Os tigres da ira são mais sábios que os cavalos da instrução.

Da água estagnada espera veneno.

Jamais saberás o que é suficiente, se não souberes o que é mais que suficiente.

Ouve a crítica do tolo! É um direito régio!

Os olhos de fogo, as narinas de ar, a boca de água, a barba de terra.

O fraco em coragem é forte em astúcia.

The apple tree never asks the beech how he shall grow, nor the lion. the horse; how he shall take his prey.

The thankful reciever bears a plentiful harvest.

If others had not been foolish. we should be so.

The soul of sweet delight. can never be defil'd,

When thou seest an Eagle, thou seest a portion of Genius. lift up thy head!

As the catterpiller chooses the fairest leaves to lay her eggs on, so the priest lays his curse on the fairest joys.

To create a little flower is the labour of ages.

Damn. braces: Bless relaxes.

The best wine is the oldest. the best water the newest.

Prayers plow not! Praises reap not!

Joys laugh not! Sorrows weep not!

The head Sublime, the heart Pathos, the genitals Beauty, the hands & feet Proportion.

As the air to a bird or the sea to a fish, so is contempt to the contemptible.

The crow wish'd every thing was black, the owl, that every thing was white. Exuberance is Beauty

If the lion was advised by the fox. he would be cunning.

Improvement makes strait roads, but the crooked roads without improvement, are roads of Genius.

Sooner murder an infant in its cradle than nurse unacted desires

Where man is not nature is barren.

Truth can never be told so as to be understood, and not be believ'd.

Enough! or Too much

The ancient Poets animated all sensible objects with Gods or Geniuses calling them by the names and adorning them with the properties of woods, rivers, mountains, lakes, cities, nations, and whatever their enlarged & numerous senses could percieve.

A macieira jamais pergunta à faia como crescer; nem o leão ao cavalo como apanhar a presa.

Quem reconhecido recebe, abundante colheita obtém.

Se outros não fossem tolos, seríamos nós.

A alma de doce deleite jamais será maculada.

Quando vês uma águia, vês uma porção do Gênio; ergue a cabeça!

Assim como a lagarta escolhe as mais belas folhas para pôr seus ovos, o sacerdote lança sua maldição sobre as alegrias mais belas.

Criar uma pequena flor é labor de séculos.

Maldição tensiona: Bênção relaxa.

O melhor vinho é o mais velho, a melhor água, a mais nova.

Orações não aram! Louvores não colhem!

Júbilos não riem! Tristezas não choram!

A cabeça, Sublime; o coração, Paixão; os genitais, Beleza; mãos e pés, Proporção.

Como o ar para o pássaro, ou o mar para o peixe, assim o desprezo para o desprezível.

O corvo queria tudo negro; tudo branco, a coruja.

Exuberância é Beleza.

Se seguisse conselhos da raposa, o leão seria astuto.

O Progresso constrói caminhos retos; mas caminhos tortuosos sem Progresso são caminhos do Gênio.

Melhor matar um bebê no braço que acalentar desejos irrealizáveis.

Onde ausente o homem, estéril a natureza.

A verdade jamais será dita de modo compreensível, sem que nela se creia.

Suficiente! ou Demasiado.

Os Poetas antigos animaram todos os objetos sensíveis com Deuses ou Gênios, nomeando-os e adornando-os com os atributos de bosques, rios, montanhas, lagos, cidades, nações e tudo quanto seus antigos e numerosos sentidos podiam perceber.

And particularly they studied the genius of each city & country. placing it under its mental deity.

Till a system was formed, which some took advantage of & enslav'd the vulgar by attempting to realize or abstract the mental deities from their objects: thus began Priesthood.

Choosing forms of worship from poetic tales.

And at length they pronounced that the Gods had orderd such things. Thus men forgot that All deities reside in the human breast.

A Memorable Fancy

The Prophets Isaiah and Ezekiel dined with me, and I asked them how they dared so roundly to assert. that God spake to them; and whether they did not think at the time, that they would be misunderstood, & so be the cause of imposition.

Isaiah answer'd. I saw no God. nor heard any, in a finite organical perception; but my senses discover'd the infinite in every thing, and as I was then perswaded. & remain confirm'd; that the voice of honest indignation is the voice of God, I cared not for consequences but wrote.

Then I asked: does a firm perswasion that a thing is so, make it so?

He replied. All poets believe that it does, & in ages of imagination this firm perswasion removed mountains; but many are not capable of a firm perswasion of any thing.

Then Ezekiel said. The philosophy of the east taught the first principles of human perception some nations held one principle for the origin & some another, we of Israel taught that the Poetic Genius (as you now call it) was the first principle and all the others merely derivative, which was the cause of our despising the Priests & Philosophers of other countries, and prophecying that all Gods would at last be proved. to originate in ours & to be the tributaries of the

E estudaram, em particular, o caráter de cada cidade e país, identificando-os segundo sua deidade mental.

Até que se estabeleceu um sistema, do qual alguns se favoreceram, & escravizaram o vulgo com o intento de concretizar ou abstrair as deidades mentais a partir de seus objetos: assim começou o Sacerdócio.

Pela escolha de formas de culto das narrativas poéticas.

E proclamaram, por fim, que os Deuses haviam ordenado tais coisas.

Assim, os homens esqueceram que Todas as deidades residem no coração humano.

Uma Visão Memorável

Enquanto os Profetas Isaías e Ezequiel jantavam comigo, perguntei-lhes como ousavam afirmar, sem rebuços, que Deus lhes falava; e se não pensavam, no momento, que, em sendo malcompreendidos, tornar-se-iam causa de imposição.

Isaías respondeu: Não vi, assim como também não ouvi, nenhum Deus numa percepção orgânica finita, mas meus sentidos descobriram o infinito de todas as coisas, e eu, como estivesse então convencido, & disso obtivesse ratificação, de que a voz da indignação sincera é a voz de Deus, não me preocupei com as consequências, mas escrevi.

Perguntei então: A firme convicção de que uma coisa é assim, assim a torna?

Respondeu ele: Todos os poetas acreditam que assim seja, & em séculos de imaginação esta firme convicção moveu montanhas; muitos, porém, são incapazes de uma firme convicção de qualquer coisa.

Disse, então, Ezequiel: A filosofia oriental ensinou os primeiros princípios da percepção humana; algumas nações adotaram um princípio para a origem; outras, outro: nós, de Israel, ensinamos que o Gênio Poético (como agora o chamam) foi o princípio primeiro, e todos os demais meros derivados, e daí a causa de nosso desprezo aos Sacerdotes & Filósofos estrangeiros, e da profecia de que todos os Deuses seriam, como afinal se comprovou, originários de nossos & tributários do Gênio Poético; isso nosso grande

Poetic Genius, it was this. that our great poet King David desired so fervently & invokes so patheticly, saying by this he conquers enemies & governs kingdoms; and we so loved our God. that we cursed in his name all the deities of surrounding nations, and asserted that they had rebelled; from these opinions The vulgar came to think that all nations would at last be subject to the jews.

This said he, like all firm perswasions, is come to pass, for all nations believe the jews code and worship the jews god, and what greater subjection can be

I heard this with some wonder, & must confess my own conviction. After dinner I ask'd Isaiah to favour the world with his lost works, he said none of equal value was lost. Ezekiel said the same of his.

I also asked Isaiah what made him go naked and barefoot three years? he answerd, the same that made our friend Diogenes the Grecian.

I then asked Ezekiel. why he eat dung, & lay so long on his right & left side? he answerd. the desire of raising other men into a perception of the infinite this the North American tribes practise. & is he honest who resists his genius or conscience. only for the sake of present ease or gratification?

The ancient tradition that the world will be consumed in fire at the end of six thousand years is true. as I have heard from Hell.

For the cherub with his flaming sword is hereby commanded to leave his guard at the tree of life, and when he does, the whole t creation will be consumed, and appear infinite. and holy whereas it now appears finite & corrupt.

This will come to pass by an improvement of sensual enjoyment.

But first the notion that man has a body distinct from his soul, is to be expunged; this I shall do, by printing in the infernal method, by corrosives, which in Hell are salutary and medicinal, melting apparent surfaces away, and displaying the infinite which was hid.

poeta, Rei Davi, desejou com fervor & invocou pateticamente, dizendo que, por isso, ele conquistava inimigos & governava reinados; e tanto amávamos nosso Deus, que em seu nome amaldiçoamos todas as divindades das nações vizinhas, assegurando que elas haviam se rebelado; a partir dessas opiniões, o vulgo acabou por crer que todas as nações ficariam finalmente sujeitas aos judeus.

Isso, disse ele, como toda convicção inabalável, é fatal que aconteça, pois se todas as nações acreditam no código judaico e na adoração do deus dos judeus, que maior objeção pode haver?

Isso ouvi com algum espanto, & devo confessar minha própria convicção. Terminado o jantar, pedi a Isaías que obsequiasse o mundo com suas obras perdidas; respondeu ele que nenhuma de valor se perdera. Das suas, Ezequiel disse o mesmo.

Também perguntei a Isaías o que o levara a se despojar, durante três anos, de roupas e sapatos. Respondeu ele: O mesmo que levou nosso amigo Diógenes, o grego.

Perguntei então a Ezequiel por que ele comera excremento & se deitara por tanto tempo sobre seus lados direito & esquerdo. Respondeu ele: O desejo de elevar os homens até a percepção do infinito: isso praticam as tribos norte-americanas, & é honesto aquele que resiste a seu gênio ou consciência, apenas no interesse do conforto ou gratificação presentes?

É verdadeira a antiga tradição de que o mundo será consumido pelo fogo ao término do sexto milênio, como eu soube pelo Inferno.

Eis pois o querubim com sua espada flamante, com ordens de deixar a guarda da árvore da vida; e quando ele o fizer, toda a criação será consumida e parecerá infinita e sagrada, enquanto agora parece finita & corrupta.

Isso há de suceder com o aperfeiçoamento do prazer sensual.

Antes, porém, dever-se-á eliminar a noção de que o homem possui um corpo distinto de sua alma; isso farei imprimindo com o método infernal, com agentes corrosivos que, no Inferno, são salutares e medicinais, solvendo superfícies visíveis e expondo o infinito antes oculto.

If the doors of perception were cleansed every thing would appear to man as it is: infinite.

For man has closed himself up, till he sees all things thro' narrow chinks of his cavern.

A Memorable Fancy

I was in a Printing house in Hell & saw the method in which knowledge is transmitted from generation to generation.

In the first chamber was a Dragon-Man, clearing away the rubbish from a caves mouth; within, a number of Dragons were hollowing the cave,

In the second chamber was a Viper folding round the rock & the cave, and others adorning it with gold silver and precious stones.

In the third chamber was an Eagle with wings and feathers of air, he caused the inside of the cave to be infinite, around were numbers of Eagle like men, who built palaces in the immense cliffs.

In the fourth chamber were Lions of flaming fire raging around & melting the metals into living fluids.

In the fifth chamber were Unnam'd forms, which cast the metals into the expanse.

There they were reciev'd by Men who occupied the sixth chamber, and took the forms of books & were arranged in libraries.

The Giants who formed this world into its sensual existence and now seem to live in it in chains; are in truth. the causes of its life & the sources of all activity, but the chains are, The cunning of weak and tame minds. which have power to resist energy. according to the proverb, the weak in courage is strong in cunning.

Thus one portion of being, is the Prolific. the other, the Devouring: to the devourer it seems as if the producer was in his chains, but it is not so, he only takes portions of existence and fancies that the whole.

Se as portas da percepção estivessem limpas, tudo se mostraria ao homem tal como é: infinito.

Pois o homem se encerrou em si mesmo, a ponto de ver tudo pelas estreitas fendas de sua caverna.

Uma Visão Memorável

Encontrava-me eu numa Tipografia do Inferno, & vi o método pelo qual se transmite conhecimento de geração a geração.

Na primeira câmara, havia um Homem-Dragão removendo detritos da entrada de uma caverna; dentro, vários Dragões escavavam a caverna.

Na segunda câmara, havia uma Víbora enrolando-se em torno de uma pedra e da caverna, e outras adornando-a com ouro, prata e pedras preciosas.

Na terceira câmara, havia uma Águia com asas e penas de ar: tornava ela infinito o interior da caverna; ao redor, inúmeros homens semelhantes à águia erigiam palácios nos imensos rochedos.

Na quarta câmara, havia Leões de chamas flamantes rondando furiosos & fundindo metais em fluidos candentes.

Na quinta câmara, havia formas Inominadas, que lançavam os metais espaço adentro.

Lá eram recebidos por Homens que ocupavam a sexta câmara, assumiam as formas de livros & eram dispostos em bibliotecas.

Os Gigantes que deram a este mundo existência sensual, e agora parecem nele viver agrilhoados, são na verdade a origem da vida & a fonte de todas as atividades; mas os grilhões são a astúcia das mentes fracas e domesticadas que têm o poder de resistir à energia; segundo o provérbio, o fraco em coragem é forte em astúcia.

Assim, uma parte do Ser é o Prolífero, a outra, o Devorante: ao devorador parece que o criador estava em seus grilhões; mas não é assim, ele apenas toma partes de existência e as imagina o todo.

But the Prolific would cease to be Prolific unless the Devourer as a sea recieved the excess of his delights.

Some will say, Is not God alone the Prolific? I answer, God only Acts & Is, in existing beings or Men.

These two classes of men are always upon earth, & they should be enemies; whoever tries to reconcile them seeks to destroy existence.

Religion is an endeavour to reconcile the two.

Note. Jesus Christ did not wish to unite but to seperate them, as in the Parable of sheep and goats! & he says I came not to send Peace but a Sword.

Messiah or Satan or Tempter was formerly thought to be one of The Antediluvians who are our Energies.

A Memorable Fancy

An Angel came to me and said. O pitiable foolish young man! O horrible! O dreadful state! consider the hot burning dungeon thou art preparing for thyself to all eternity, to which thou art going in such career.

I said. perhaps you will be willing to shew me my eternal lot & we will contemplate together upon it and see whether your lot or mine is most desirable

So he took me thro' a stable & thro' a church & down into the church vault at the end of which was a mill: thro' the mill we went, and came to a cave. down the winding cavern we groped our tedious way till a void boundless as a nether sky appeard beneath us & we held by the roots of trees and hung over this immensity; but I said, if you please we will commit ourselves to this void, and see whether providence is here also, if you will not I will? but he answerd. do not presume O young-man but as we here remain behold thy lot which will soon appear when the darkness passes away

So I remaind with him sitting in the twisted root of an oak. he was suspended in a fungus which hung with the head downward into the deep:

Mas o Prolífero deixaria de ser Prolífero, se o Devorador, como um mar, não recebesse o excesso de seus deleites.

Dirão alguns: Não é Deus o único Prolífero? Respondo: Deus apenas Age & É nos seres existentes ou Homens.

Essas duas classes de homens sempre existiram sobre a terra, & devem ser inimigos; quem tenta reconciliá-los busca destruir a existência.

A Religião é um esforço de reconciliar os dois.

Nota: Jesus Cristo não quis uni-los, mas separá-los, como na Parábola das ovelhas e das cabras! & diz ele: Não vim trazer Paz, mas Espada.

Messias, ou Satã ou Diabo, era outrora considerado um dos Antediluvianos, que são nossas Energias.

Uma Visão Memorável

Um Anjo veio até mim e disse: Ó desprezível, tolo jovem! Ó horrível! Ó medonho estado! Considera a ardente masmorra que ergues para ti mesmo para toda a eternidade, para onde vais a toda velocidade.

Respondi: Talvez estejas disposto a me mostrar meu destino eterno, & juntos, meditando sobre ele, veremos se teu destino ou meu é o mais desejável.

Levou-me, então, por um estábulo, & por uma igreja, & para o interior da cripta funerária da igreja, ao final da qual havia um moinho: pelo moinho passamos e demos numa caverna: descemos pela sinuosa caverna, tateando nosso tedioso caminho, até que um vasto vácuo, como ínfero firmamento, surgiu sob nós, & agarrados às raízes das árvores pairamos sobre essa imensidão; mas disse eu: Se me permites, vamos mergulhar nesse vácuo e ver se a providência também aqui está: se não fores, irei eu; mas respondeu ele: Não te atrevas, Ó jovem, mas enquanto permanecemos, contempla teu destino que logo surgirá quando se dissipar a escuridão.

Permaneci então com ele, sentado na raiz retorcida de um carvalho; ele suspenso num cogumelo, cuja cabeça pendia para o abismo.

By degrees we beheld the infinite Abyss, fiery as the smoke of a burning city; beneath us at an immense distance was the sun, black but shining [;] round it were fiery tracks on which revolv'd vast spiders, crawling after their prey; which flew or rather swum in the infinite deep, in the most terrific shapes of animals sprung from corruption. & the air was full of them, & seemd composed of them; these are Devils. and are called Powers of the air, I now asked my companion which was my eternal lot? he said, between the black & white spiders

But now, from between the black & white spiders a cloud and fire burst and rolled thro the deep blackning all beneath, so that the nether deep grew black as a sea & rolled with a terrible noise: beneath us was nothing now to be seen but a black tempest, till looking east between the clouds & the waves, we saw a cataract of blood mixed with fire and not many stones throw from us appeard and sunk again the scaly fold of a monstrous serpent. at last to the east, distant about three degrees appeard a fiery crest above the waves slowly it reared like a ridge of golden rocks till we discoverd two globes of crimson fire. from which The sea fled away in clouds of smoke, and now we saw, it was the head of Leviathan. his forehead was divided into streaks of green & purple like those on a tygers forehead: soon we saw his mouth & red gills hang just above the raging foam tinging the black deep with beams of blood, advancing toward us with all the fury of a spiritual existence.

My friend the Angel climb'd up from his station into the mill; I remain'd alone, & then this appearance was no more, but I found myself sitting on a pleasant bank beside a river by moon light hearing a harper who sung to the harp. & his theme was, The man who never alters his opinion is like standing water, & breeds reptiles of the mind.

But I arose, and sought for the mill, & there I found my Angel, who surprised asked me, how I escaped?

I answerd. All that we saw was owing to your metaphysics: for when you ran away, I found myself on a bank by moonlight hearing a harper, But now we have seen my eternal lot, shall I shew you yours? he laughd

Pouco a pouco contemplamos o infinito Abismo, ardente como a fumaça de uma cidade em chamas; sob nós, a grande distância, o sol negro, mas brilhando; a seu redor havia trilhas ardentes nas quais se revolviam imensas aranhas, arrastando-se atrás de suas presas, que voavam ou, antes, nadavam no abismo infinito, com as mais terríveis formas de animais brotadas da corrupção; & o ar se enchia delas, & parecia se compor delas; estes são Demônios, e se chamam Poderes do ar. Nesse momento, perguntei a meu companheiro qual era meu destino eterno. Respondeu ele: Entre as aranhas negras & brancas.

Agora, porém, dentre as aranhas negras & brancas, uma nuvem e um fogo irromperam e rolaram pelo abismo, enegrecendo tudo embaixo, de modo que o abismo ínfero enegreceu como um mar, & rolou com formidável ruído; sob nós, nada se via agora salvo uma negra tormenta, até que, olhando para leste, entre as nuvens & as ondas, avistamos uma catarata de sangue mesclada com fogo, e, a curta distância de onde estávamos, emergiu e de novo afundou a escamosa pele de monstruosa serpente; por fim, a leste, a cerca de três graus de distância, surgiu ardente espinhaço sobre as ondas; lentamente ele se elevou como uma cadeia de rochas de ouro, até que descobrimos os dois globos de fogo carmesim, dos quais o mar se afastava em nuvens de fumaça; e vimos nesse momento que era a cabeça de Leviatã; sua fronte estava dividida em listras de verde & púrpura, como as da fronte de um tigre: logo vimos sua boca & guelras rubras pendendo bem acima da espuma troante, tingindo o negro abismo com raios de sangue, avançando em nossa direção com toda a fúria de uma existência espiritual.

Meu Amigo, o Anjo, saiu de seu posto e galgou até o moinho; fiquei só; & então já não havia mais esta aparição, mas me encontrei sentado numa agradável ribanceira de um rio ao luar, ouvindo um harpista, que cantava ao som da harpa; & o tema era: O homem que nunca muda de opinião é como água estagnada, & engendra répteis da mente.

Mas me levantei e procurei o moinho, & lá encontrei meu Anjo, que, surpreso, perguntou-me como havia eu escapado.

Respondi: Tudo o que vimos se deveu a tua metafísica: pois quando fugistes me encontrei numa ribanceira ao luar, ouvindo o som dum harpista. Mas agora que vimos meu destino eterno, posso te mostrar o teu? Ele se riu

at my proposal: but I by force suddenly caught him in my arms, & flew westerly thro' the night, till we were elevated above the earths shadow: then I flung myself with him directly into the body of the sun, here I clothed myself in white, & taking in my hand Swedenborgs volumes sunk from the glorious clime, and passed all the planets till we came to saturn, here I staid to rest & then leap'd into the void, between saturn & the fixed stars.

Here said I! is your lot, in this space, if space it may be calld, Soon we saw the stable and the church, & I took him to the altar and open'd the Bible, and lo! it was a deep pit, into which I descended driving the Angel before me, soon we saw seven houses of brick, one we enterd; in it were a number of monkeys, baboons, & all of that species chaind by the middle, grinning and snatching at one another, but witheld by the shortness of their chains: however I saw that they sometimes grew numerous, and then The weak were caught by the strong and with a grinning aspect, first coupled with & then devourd, by plucking off first one limb and then another till the body was left a helpless trunk. this after grinning& kissing it with seeming fondness they devourd too; and here & there I saw one savourily picking the flesh off of his own tail; as the stench terribly annoyd us both we went into the mill, & I in my hand brought the skeleton of a body, which in the mill was Aristotles Analytics.

So the Angel said: thy phantasy has imposed upon me & thou oughtest to be ashamed.

I answerd: we impose on one another, & it is but lost time to converse with you whose works are only Analytics.

Opposition is true Friendship.

I have always found that Angels have the vanity to speak of themselves as the only wise; this they do with a confident insolence sprouting from systematic reasoning:

de minha proposta, mas eu, a força, de súbito o envolvi em meus braços, & voamos pela noite em direção ao oeste, até que nos elevamos sobre a sombra da terra; precipitei-me, então, com ele para dentro do corpo do sol; ali me vesti de branco, & segurando nas mãos os livros de Swedenborg deixei a região gloriosa, e passei por todos os planetas, até chegarmos a saturno: ali me detive para descansar, & então saltei para dentro do vácuo entre saturno & as estrelas fixas.

Aqui, disse eu, está teu destino, neste espaço — se de espaço se pode chamá-lo. Logo vimos o estábulo e a igreja, & o levei até o altar e lhe abri a Bíblia, e, ai! era um poço profundo, para dentro do qual desci, guiando o Anjo a minha frente; logo avistamos sete casas de tijolos; numa entramos; nela havia inúmeros macacos, babuínos, & todos dessa espécie, agrilhoados pela cintura, arreganhando os dentes e se agarrando uns aos outros, mas detidos pelas correntes curtas: no entanto, percebi que às vezes aumentavam em número, e então os fracos eram pegos pelos fortes, que, com dentes arreganhados, primeiro se uniam a eles & depois os devoravam, arrancando-lhes primeiro um membro, depois outro, até que o corpo se reduzisse a miserável tronco; este, após mostrarem dentes e se beijarem com aparente afeto, devoraram também; e aqui & ali vi um deles mordendo saborosamente a carne de sua própria cauda; como o mau cheiro nos perturbava de maneira terrível, entramos no moinho, & eu em minha mão levava o esqueleto dum corpo, que, no moinho, era a Analítica de Aristóteles.

Disse então o Anjo: Tua fantasia se impôs sobre mim, & devias te envergonhar.

Respondi: Impusemo-nos um ao outro, & é perda de tempo conversar contigo, cujas obras são apenas Analítica.

Oposição é Amizade verdadeira.

Sempre pensei que os Anjos possuem a vaidade de falarem de si mesmos como os únicos sábios; fazem-no com uma insolência presunçosa surgida do raciocínio sistemático:

Thus Swedenborg boasts that what he writes is new; tho' it is only the Contents or Index of already publish'd books

A man carried a monkey about for a shew, & because he was a little wiser than the monkey, grew vain, and conciev'd himself as much wiser than seven men. It is so with Swedenborg; he shews the folly of churches & exposes hypocrites, till he imagines that all are religious. & himself the single one on earth that ever broke a net.

Now hear a plain fact: Swedenborg has not written one new truth: Now hear another: he has written all the old falshoods.

And now hear the reason. He conversed with Angels who are all religious, & conversed not with Devils who all hate religion, for he was incapable thro' his conceited notions.

Thus Swedenborgs writings are a recapitulation of all superficial opinions, and an analysis of the more sublime, but no further.

Have now another plain fact: Any man of mechanical talents may from the writings of Paracelsus or Jacob Behmen, produce ten thousand volumes of equal value with Swedenborg's. and from those of Dante or Shakespear, an infinite number.

But when he has done this, let him not say that he knows better than his master, for he only holds a candle in sunshine.

A Memorable Fancy

Once I saw a Devil in a flame of fire. who arose before an Angel that sat on a cloud. and the Devil utterd these words.

The worship of God is. Honouring his gifts in other men each according to his genius. and loving the greatest men best, those who envy or calumniate great men hate God, for there is no other God.

The Angel hearing this became almost blue but mastering himself he grew yellow, & at last white pink & smiling, and then replied,

Assim, Swedenborg se jacta de que o que ele escreve é novo: no entanto, não é mais que um Sumário ou Índice de livros já publicados.

Um homem levava consigo um macaco para mostrá-lo, & como era um pouco mais sábio que o macaco, envaideceu-se, e se julgou mais sábio que sete homens. Assim é com Swedenborg: mostra a tolice das igrejas & denuncia os hipócritas, até imaginar que são todos religiosos, & ele próprio o único sobre a terra que jamais rompeu uma rede.

Agora ouve um fato evidente: Swedenborg não escreveu uma verdade nova sequer. Agora ouve outra: ele escreveu todas as velhas falsidades.

Agora ouve por quê. Ele conversava com Anjos, que são todos religiosos, & não conversava com Demônios, que odeiam a religião, pois era incapaz por suas ideias preconcebidas.

Assim, os escritos de Swedenborg são uma recapitulação de todas as opiniões superficiais, e uma análise do mais sublime, mas nada mais.

Eis agora outro fato evidente. Qualquer homem de talento mecânico pode, a partir das obras de Paracelso ou Jacob Böhme, produzir dez mil livros com o mesmo valor dos de Swedenborg, e a partir dos de Dante ou Shakespeare, um número infinito.

Mas, quando o fizer, que não diga conhecer mais que seu mestre, pois ele apenas segura uma vela à luz do sol.

Uma Fantasia Memorável

Certa vez vi um Demônio numa língua de fogo, que se elevou até um Anjo sentado numa nuvem, e o Demônio proferiu estas palavras:

A adoração de Deus é: honrar seus dons em outros homens, segundo o gênio de cada um, e amar mais aos grandes homens: quem inveja ou calunia os grandes homens odeia a Deus; pois não existe outro Deus.

Ao ouvir isso, o Anjo ficou quase azul; recompondo-se, porém, ficou amarelo, & por fim branco, rosa, & sorridente, e respondeu:

Thou Idolater, is not God One? & is not he visible in Jesus Christ? and has not Jesus Christ given his sanction to the law of ten commandments and are not all other men fools, sinners, & nothings?

The Devil answer'd; bray a fool in a morter with wheat. yet shall not his folly be beaten out of him: if Jesus Christ is the greatest man, you ought to love him in the greatest degree; now hear how he has given his sanction to the law of ten commandments: did he not mock at the sabbath, and so mock the sabbaths God? murder those who were murderd because of him? turn away the law from the woman taken in adultery? steal the labor of others to support him? bear false witness when he omitted making a defence before Pilate? covet when he pray'd for his disciples, and when he bid them shake off the dust of their feet against such as refused to lodge them? I tell you, no virtue can exist without breaking these ten commandments: Jesus was all virtue, and acted from impulse: not from rules.

When he had so spoken: I beheld the Angel who stretched out his arms embracing the flame of fire & he was consumed and arose as Elijah.

Note. This Angel, who is now become a Devil, is my particular friend: we often read the Bible together in its infernal or diabolical sense which the world shall have if they behave well

I have also: The Bible of Hell: which the world shall have whether they will or no.

One Law for the Lion & Ox is Oppression

Idólatra! não é Deus Uno? & não é ele visível em Jesus Cristo? e não deu Jesus Cristo sua sanção à lei dos dez mandamentos? e não são todos os homens tolos, pecadores, & nulidades?

Respondeu o Demônio: Tritura um tolo num almofariz com trigo, e ainda assim não será separada sua tolice; se Jesus Cristo é o maior dos homens, deverias amá-lo no mais alto grau; ouve agora como sancionou ele a lei dos dez mandamentos: não zombou do sabá e, assim, do Deus do sabá? não matou quem foi morto por sua causa? não rejeitou a lei da mulher apanhada em adultério? não roubou o trabalho alheio para se sustentar? não deu falso testemunho ao se recusar à defesa perante Pilatos? não cobiçou ao orar por seus discípulos, e ao lhes pedir que sacudissem o pó de seus pés diante dos que se negavam a hospedá-los? Digo-te: nenhuma virtude pode existir sem a quebra desses dez mandamentos. Jesus era todo virtude, e agia por impulso: não por regras.

Depois de ele assim ter falado, contemplei o Anjo, que estendeu os braços, envolvendo a língua de fogo, & foi consumido e ascendeu como Elias.

Nota: Este Anjo, que agora se tornou um Demônio, é meu amigo íntimo; muitas vezes lemos juntos a Bíblia em seu sentido infernal ou diabólico, que o mundo há de ler, caso de comporte bem.

Possuo também A Bíblia do Inferno, que o mundo há de possuir, quer queira, quer não.

Uma só Lei para o Leão & o Boi é Opressão.

A Song of Liberty

1. The Eternal Female groand! it was heard over all the Earth:
2. Albions coast is sick silent; the American meadows faint!

3. Shadows of Prophecy shiver along by the lakes and the rivers and mutter across the ocean! France rend down thy dungeon;
4. Golden Spain burst the barriers of old Rome;
5. Cast thy keys O Rome into the deep down falling, even to eternity down falling,
6. And weep!
7. In her trembling hands she took the new, born terror howling;
8. On those infinite mountains of light now barr'd out by the atlantic sea, the new born fire stood before the starry king!
9. Flag'd with grey brow'd snows and thunderous visages the jealous wings wav'd over the deep.
10. The speary hand burned aloft, unbuckled was the shield, forth went the hand of jealousy among the flaming hair, and hurl'd the new born wonder thro' the starry night.
11. The fire, the fire, is falling!
12. Look up! look up! O citizen of London. enlarge thy countenance; O Jew, leave counting gold! return to thy oil and wine; O African! black African! (go. winged thought widen his forehead.)
13. The fiery limbs, the flaming hair, shot like the sinking sun into the western sea.
14. Wak'd from his eternal sleep, the hoary, element roaring fled away:
15. Down rushd beating his wings in vain the jealous king: his grey brow'd councellors, thunderous warriors, curl'd veterans, among helms, and shields, and chariots horses, elephants: banners, castles, slings and rocks.

Uma Canção de Liberdade

1. A Fêmea Eterna gemeu: foi ouvida por toda a Terra.
2. A costa de Álbion mergulha em silêncio doentio; os prados americanos desmaiam!
3. Sombras de Profecia estremecem ao longo de lagos e rios e murmuram através do oceano: França, arrasa tua masmorra!
4. Espanha dourada, rebenta as barreiras da velha Roma!
5. Lança tuas chaves, Ó Roma, para que no abismo caiam, mesmo que caiam para a eternidade.
6. E chora!
7. Em suas mãos trêmulas ela tomou o terror recém-nascido, lamentando:
8. Naquelas infinitas montanhas de luz, agora cercadas pelo mar atlântico, o fogo recém-nascido se deteve ante o rei estelar!
9. Suspensas com a neve cinza dos cimos e rostos troantes, as asas zelosas vibraram sobre o abismo.
10. A mão lanciforme se crestou no ar, desatado estava o escudo; adiante seguiu a mão do ciúme em meio à cabeleira flamante, e arrojou a maravilha recém-nascida noite estrelada adentro.
11. O fogo, o fogo está caindo!
12. Alerta! Alerta! Ó cidadão de Londres, abre teu semblante! Ó judeu, cessa a contagem do ouro! retorna a teu óleo e vinho; Ó africano! negro africano! (Vai, pensamento alado, amplia sua fronte.)
13. Os membros ígneos, a cabeleira flamante, atiram-se como o sol poente no oceano ocidental.
14. Desperto de seu sono eterno, o vetusto elemento troando fugiu.
15. Abaixo se precipitou batendo as asas em vão o rei ciumento: seus conselheiros de sobrancelhas cinzentas, guerreiros ruidosos, encrespados veteranos, entre elmos e escudos e cavalos de carros de guerra, elefantes: guiões, castelos, fundas e pedras.

16. *Falling, rushing, ruining! buried in the ruins, on Urthona's dens.*

17. *All night beneath the ruins, then their sullen flames faded emerge round the gloomy king,*

18. *With thunder and fire: leading his starry hosts thro' the waste wilderness he promulgates his ten commands, glancing his beamy eyelids over the deep in dark dismay,*

19. *Where the son of fire in his eastern cloud, while the morning plumes her golden breast,*

20. *Spurning the clouds written with curses, stamps the stony law to dust, loosing the eternal horses from the dens of night, crying*

Empire is no more! and now the lion & wolf shall cease.

Chorus

Let the Priests of the Raven of dawn, no longer in deadly black, with hoarse note curse the sons of joy. Nor his accepted brethren whom, tyrant, he calls free; lay the bound or build the roof. Nor pale religious letchery call that virginity, that wishes but acts not!

For every thing that lives is Holy

16. Caindo, precipitando-se, arruinando! sepultados em ruínas, nos covis de Urthona;

17. A noite inteira entre as ruínas; então, suas lúgubres chamas desmaiadas surgem em torno do rei taciturno.

18. Com trovões e fogo, liderando suas hostes estelares ao longo do deserto árido, ele promulga seus dez mandamentos, erguendo as pálpebras radiantes sobre o abismo em profunda consternação,

19. Onde o filho do fogo em sua nuvem oriental, enquanto a manhã enfeita com plumas o peito dourado,

20. Desdenhando as nuvens escritas com pragas, grava a pétrea lei no solo, libertando os cavalos eternos dos covis da noite, gritando:

O Império caiu! E agora o leão & o lobo terão fim.

Coro

Que os Sacerdotes do Corvo da aurora, não mais em negro letal, com áspero som maldigam os filhos da alegria. Nem que seus irmãos aceitos, a quem, tirano, ele chama de livres, fixem limites ou construam telhados. Nem que a pálida luxúria religiosa chame aquela virgindade, que deseja, mas não age!

Porque tudo o que vive é Sagrado.

THE BOOK OF THEL
(1789)

O LIVRO DE THEL
(1789)

THEL'S Motto

Does the Eagle know what is in the pit?
Or wilt thou go ask the Mole:
Can Wisdom be put in a silver rod?
Or Love in a golden bowl?

THEL

I

The daughters of Mne Seraphim led round their sunny flocks.
All but the youngest; she in paleness sought the secret air.
To fade away like morning beauty from her mortal day:
Down by the river of Adona her soft voice is heard:
And thus her gentle lamentation falls like morning dew.

O life of this our spring! why fades the lotus of the water?
Why fade these children of the spring? born but to smile & fall.
Ah! Thel is like a watry bow. and like a parting cloud.
Like a reflection in a glass. like shadows in the water.
Like dreams of infants. like a smile upon an infants face,
Like the doves voice, like transient day, like music in the air;
Ah! gentle may I lay me down, and gentle rest my head.
And gentle sleep the sleep of death. and gentle hear the voice
Of him that walketh in the garden in the evening time.

The Lilly of the valley breathing in the humble grass
Answer'd the lovely maid and said; I am a watry weed,

Mote de Thel

Sabe a Águia o que está dentro do poço?
Ou perguntarás à Toupeira:
Cabe o Saber numa vara de prata?
Ou o Amor numa copa de ouro?

THEL

I

As filhas dos Serafins de Mne conduziam os alegres rebanhos.
Todas, salvo a mais jovem: pálida, procurou o ar secreto
Para, qual beleza da manhã, esvaecer-se de seu dia mortal:
Pelo rio Adona abaixo se ouve sua voz suave,
E assim seu doce lamento cai como rocio da manhã:

Oh vida de nossa primavera! Por que definha o lótus,
Por que definham as crianças da primavera, nascidas para sorrir & cair?
Ah! Thel é como úmido arco-íris, e como nuvem que parte;
Como reflexo num vidro; como sombras na água;
Como sonhos de crianças, como sorriso no rosto duma criança;
Como a voz da pomba; como dia efêmero; como música no ar.
Ah! serena possa eu me deitar, e serena pousar a cabeça,
E serena dormir o sono da morte, e serena ouvir a voz
Dele, que caminha pelo jardim ao anoitecer.

O Lírio do vale, respirando na relva humilde,
Respondeu à graciosa donzela e disse: Sou uma erva aquática,

And I am very small, and love to dwell in lowly vales;
So weak, the gilded butterfly scarce perches on my head.
Yet I am visited from heaven and he that smiles on all.
Walks in the valley. and each morn over me spreads his hand
Saying, rejoice thou humble grass, thou new-born lilly flower,
Thou gentle maid of silent valleys. and of modest brooks;
For thou shalt be clothed in light, and fed with morning manna:
Till summers heat melts thee beside the fountains and the springs
To flourish in eternal vales: then why should Thel complain,
Why should the mistress of the vales of Har, utter a sigh.

She ceasd & smild in tears, then sat down in her silver shrine.

Thel answerd. O thou little virgin of the peaceful valley.
Giving to those that cannot crave, the voiceless, the o'ertired
Thy breath doth nourish the innocent lamb, he smells thy milky garments,
He crops thy flowers. while thou sittest smiling in his face,
Wiping his mild and meekin mouth from all contagious taints.
Thy wine doth purify the golden honey, thy perfume,
Which thou dost scatter on every little blade of grass that springs
Revives the milked cow, & tames the fire-breathing steed.
But Thel is like a faint cloud kindled at the rising sun:
I vanish from my pearly throne, and who shall find my place.

Queen of the vales the Lilly answerd, ask the tender cloud,
And it shall tell thee why it glitters in the morning sky,
And why it scatters its bright beauty thro' the humid air.
Descend O little cloud & hover before the eyes of Thel.

The Cloud descended, and the Lilly bowd her modest head:
And went to mind her numerous charge among the verdant grass.

Sou pequenino e adoro viver em vales baixos;
Tão frágil a borboleta dourada mal consegue pousar em minha cabeça.
Todavia, visita-me o céu, e aquele que a tudo sorri
Caminha pelo vale e toda manhã sobre mim estende a mão,
Dizendo: Alegra-te, tu, relva humilde, tu, flor de lírio recém-nascida,
Tu, meiga donzela de vales silentes e riachos modestos;
Pois de luz serás vestida, e nutrida com o maná da manhã,
Até que o calor do verão te dissipe junto às fontes e às nascentes
Para que floresças em vales eternos. Por que então deve Thel lamentar?
Por que deve a senhora dos vales de Har exalar um suspiro?

Cessou de falar & sorriu entre lágrimas, depois sentou no trono de prata.

Thel respondeu: Ó virgem erva do vale tranquilo,
Que dás aos que implorar não podem, aos emudecidos, aos fatigados,
Teu alento nutre o inocente cordeiro, ele fareja tuas vestes leitosas,
Mordisca tuas flores enquanto para ele sorris,
Limpando sua boca meiga e mansa de todas as máculas contagiosas.
Teu vinho purifica o mel dourado; teu perfume,
Que esparges sobre cada lâmina de relva que brota,
Reanima a vaca ordenhada, & amansa o corcel de alento abrasado.
Mas Thel é como tênue nuvem acesa ao sol nascente:
Esvaneço de meu trono perolado, e quem encontrará meu lugar?

Rainha dos vales, respondeu o Lírio, pergunta à terna nuvem
E ela te dirá por que brilha no céu da manhã,
E por que esparge sua beleza brilhante no úmido ar.
Baixa, Ó pequena nuvem, & paira ante os olhos de Thel.

A Nuvem baixou e o Lírio inclinou a cabeça modesta:
E foi se ocupar das muitas tarefas entre as relvas viçosas.

II

O little Cloud the virgin said, I charge thee tell to me,
Why thou complainest not when in one hour thou fade away:
Then we shall seek thee but not find; ah Thel is like to thee.
I pass away. yet I complain, and no one hears my voice.

The Cloud then shew'd his golden bead & his bright form emerg'd,
Hovering and glittering on the air before the face of Thel.

O virgin know'st thou not. our steeds drink of the golden springs
Where Luvah doth renew his horses: look'st thou on my youth,
And fearest thou because I vanish and am seen no more.
Nothing remains; O maid I tell thee, when I pass away,
It is to tenfold life, to love, to peace, and raptures holy:
Unseen descending, weigh my light wings upon balmy flowers;
And court the fair eyed dew. to take me to her shining tent;
The weeping virgin, trembling kneels before the risen sun,
Till we arise link'd in a golden band, and never part;
But walk united, bearing food to all our tender flowers

Dost thou O little Cloud? I fear that I am not like thee;
For I walk through the vales of Har. and smell the sweetest flowers;
But I feed not the little flowers: I hear the warbling birds,
But I feed not the warbling birds. they fly and seek their food;
But Thel delights in these no more because I fade away,
And all shall say, without a use this shining woman liv'd,
Or did she only live. to be at death the food of worms.

The Cloud reclind upon his airy throne and answer'd thus.

Then if thou art the food of worms. O virgin of the skies,
How great thy use. how great thy blessing; every thing that lives,

II

Ó pequena Nuvem, disse a virgem, peço-te que me digas
Por que não te queixas quando, num instante, desapareces;
Então te procuramos, mas não encontramos. Ah! Thel é igual a ti:
Dissipo-me: contudo, queixo-me, e ninguém ouve minha voz.

Em seguida, a Nuvem mostrou a cabeça dourada & uma forma luminosa surgiu,
Pairando e luzindo no ar, ante o rosto de Thel.

Ó virgem, não sabes que nossos corcéis bebem das fontes douradas
Onde Luvah revigora seus cavalos? Consideras minha juventude
E temes porque esvaneço para jamais ser vista,
Nada fica; Ó donzela, digo-te, quando me dissipo
É para engrandecer a vida, o amor, a paz e os êxtases sagrados:
Baixando invisível, sustenho minhas alas leves sobre flores aromáticas
E cortejo o orvalho de olhos claros para que me leve a sua tenda cintilante;
A virgem plangente se ajoelha, trêmula, ante o sol nascente,
Até que nos elevamos ligados por uma faixa dourada, e nunca nos apartamos,
Mas caminhamos unidos, levando alimento a nossas flores ternas.

É mesmo, Ó pequena Nuvem? Temo não ser igual a ti;
Pois ando pelos vales de Har e sinto o aroma das flores mais doces,
Mas não alimento as florzinhas: ouço o gorjeio das aves,
Mas não alimento as aves que gorjeiam; elas voam e buscam alimento;
Mas Thel já não se deleita com isso, porque me esvaeço;
E todos dirão: inutilmente viveu essa mulher fulgurante,
Ou viveu apenas para na morte servir de alimento aos vermes?

A Nuvem se recostou no trono aéreo e assim respondeu:

Então, se serves de alimento aos vermes, Ó virgem dos céus,
Quão útil, quão afortunada és; tudo o que vive

Lives not alone, nor for itself: fear not and I will call
The weak worm from its lowly bed, and thou shalt hear its voice.
Come forth worm of the silent valley, to thy pensive queen.

The helpless worm arose, and sat upon the Lillys leaf,
And the bright Cloud saild on, to find his partner in the vale.

III

Then Thel astonish'd view'd the Worm upon its dewy bed.

Art thou a Worm? image of weakness. art thou but a Worm?
I see thee like an infant wrapped in the Lillys leaf:
Ah weep not little voice, thou can'st not speak. but thou can'st weep;
Is this a Worm? I see thee lay helpless & naked: weeping,
And none to answer, none to cherish thee with mothers smiles.

The Clod of Clay heard the Worms voice, & raisd her pitying head;
She bowd over the weeping infant, and her life exhal'd
In milky fondness, then on Thel she fix'd her humble eyes.

O beauty of the vales of Har. we live not for ourselves,
Thou seest me the meanest thing, and so I am indeed;
My bosom of itself is cold. and of itself is dark,
But he that loves the lowly, pours his oil upon my head.
And kisses me, and binds his nuptial bands around my breast.
And says; Thou mother of my children, I have loved thee.
And I have given thee a crown that none can take away
But how this is sweet maid, I know not, and I cannot know,
I ponder, and I cannot ponder; yet I live and love.

Não vive sozinho nem para si mesmo: não temas, pois chamarei
O débil verme do leito inferior, para que ouças sua voz.
Vem, verme do vale silente, até tua pensativa rainha.

O inerme verme se ergueu e sentou na pétala do Lírio,
E a Nuvem brilhante navegou rumo à companheira no vale.

III

Então Thel surpresa viu o verme em seu leito orvalhado.

És um Verme? imagem da fragilidade, és apenas um Verme?
Vejo-te como uma criança envolta nas pétalas do Lírio.
Ah! não chores, débil voz, podes não falar, mas chorar podes.
É isso um Verme? Vejo-te indefeso & nu, chorando,
E ninguém para acudir, ninguém para confortá-lo com sorrisos maternos.

Ouvindo a voz do Verme, o Torrão de Terra ergueu a cabeça, compassivo;
Inclinou-se sobre o pequeno plangente, e sua vida exalou
Em branda ternura, e então em Thel fixou os olhos humildes.

Ó beleza dos vales de Har. Não vivemos para nós mesmos.
Vês em mim a mais vil das criaturas, e na verdade o sou;
Meu peito em si é frio, e em si é escuro,
Mas quem ama o humilde deita seu óleo sobre minha cabeça,
E me beija, e enlaça meu peito com laços nupciais,
E diz: A ti, mãe de meus filhos, amei,
E a ti ofereci uma coroa que ninguém pode usurpar.
Mas por que assim é, doce donzela, não sei, e saber não posso,
Pondero e ponderar não posso; todavia, vivo e amo.

The daughter of beauty wip'd her pitying tears with her white veil,
And said. Alas! I knew not this, and therefore did I weep:
That God would love a Worm I knew, and punish the evil foot
That wilful, bruis'd its helpless form: but that he cherish'd it
With milk and oil, I never knew; and therefore did I weep,
And I complaind in the mild air, because I fade away,
And lay me down in thy cold bed, and leave my shining lot.
Queen of the vales, the matron Clay answerd; I heard thy sighs.
And all thy moans flew o'er my roof. but I have call'd them down:
Wilt thou O Queen enter my house. 'tis given thee to enter,
And to return; fear nothing. enter with thy virgin feet.

IV

The eternal gates terrific porter lifted the northern bar:
Thel enter'd in & saw the secrets of the land unknown;
She saw the couches of the dead, & where the fibrous roots
Of every heart on earth infixes deep its restless twists:
A land of sorrows & of tears where never smile was seen.

She wanderd in the land of clouds thro' valleys dark, listning
Dolours & lamentations: waiting oft beside a dewy grave
She stood in silence. listning to the voices of the ground,
Till to her own grave plot she came, & there she sat down.
And heard this voice of sorrow breathed from the hollow pit.

Why cannot the Ear be closed to its own destruction?
Or the glistning Eye to the poison of a smile!
Why are Eyelids stord with arrows ready drawn,
Where a thousand fighting men in ambush lie?
Or an Eye of gifts & graces, show'ring fruits & coined gold!

A filha da beleza enxugou as lágrimas compassivas com seu véu branco,
E disse: Ai! disso eu não sabia, e então chorei.
Que Deus pode amar um Verme eu sabia, e punir o pé maligno
Que de propósito fira seu corpo indefeso; mas que o acarinhava
Com leite e óleo eu nunca soube, e então chorei;
E lamentei no ar ameno, porque esvaeço,
E me deito em teu leito frio, e abandono meu destino brilhante.
Rainha dos vales, respondeu a Terra matrona, ouvi teus suspiros,
E todos os teus queixumes voaram sobre meu teto, mas mandei que baixassem.
Queres, Ó Rainha, entrar em minha casa? A ti é dado entrar
E retornar; nada temas, entra com teus pés virginais.

IV

O terrível guardião dos portões eternos ergueu a trava do norte:
Thel entrou & viu os segredos do reino desconhecido.
Viu os leitos dos mortos & o lugar onde as raízes fibrosas
De cada coração na terra cravam fundo suas irrequietas torceduras:
Um reino de tristezas & lágrimas onde jamais se viu um sorriso.

Vagueou pelo reino das nuvens através da escuridão dos vales, ouvindo
Pesares & lamentos; esperando muitas vezes junto a uma sepultura orvalhada,
Permanecia em silêncio, ouvindo as vozes da terra,
Até que chegou ao local de sua sepultura, & ali sentou,
E ouviu esta voz de lamento soprada da cova vazia:

Por que não podem os Ouvidos à própria destruição se fechar?
Ou os Olhos brilhantes ao veneno de um sorriso!
Por que estão as Pálpebras providas de setas prontas para o disparo,
Onde milhares de guerreiros estão emboscados?
Ou Olhos de dons & graças derramando frutos & moedas de ouro!

Why a Tongue impress'd with honey from every wind?
Why an Ear, a whirlpool fierce to draw creations in?
Why a Nostril wide inhaling terror trembling & affright.
Why a tender curb upon the youthful burning boy!
Why a little curtain of flesh on the bed of our desire?

The Virgin started from her seat, & with a shriek.
Fled back unhinderd till she came into the vales of Har

The End

Por que uma Língua marcada com mel de cada vento?
Por que uns Ouvidos, ferozes sorvedouros para sugar criações?
Por que umas Narinas amplas inalando terror, trêmulas & atemorizadas?
Por que um terno freio no vigoroso jovem ardente!
Por que uma pequena cortina de carne no leito de nosso desejo?

A Virgem deixou o assento em sobressalto, & com um guincho
Fugiu dali velozmente até entrar nos vales de Har.

Fim

VISIONS OF THE DAUGHTERS OF ALBION
The Eye sees more than the Heart knows
(1793)

VISÕES DAS FILHAS DE ÁLBION

Os Olhos veem mais do que o Coração sabe
(1793)

The Argument

I loved Theotormon
And I was not ashamed
I trembled in my virgin fears
And I hid in Leutha's vale!

I plucked Leutha's flower,
And I rose up from the vale;
But the terrible thunders tore
My virgin mantle in twain.

Visions

ENSLAV'D, the Daughters of Albion weep: a trembling lamentation
Upon their mountains; in their valleys. sighs toward America.

For the soft soul of America, Oothoon wanderd in woe,
Along the vales of Leutha seeking flowers to comfort her;
And thus she spoke to the bright Marygold of Leutha's vale

Art thou a flower! art thou a nymph! I see thee now a flower;
Now a nymph! I dare not pluck thee from thy dewy bed!

The Golden nymph replied; pluck thou my flower Oothoon the mild
Another flower shall spring, because the soul of sweet delight
Can never pass away. she ceas'd & closd her golden shrine.

Then Oothoon pluck'd the flower saying, I pluck thee from thy bed
Sweet flower. and put thee here to glow between my breasts
And thus I turn my face to where my whole soul seeks.

O Argumento

Amava Theotormon
    E não me envergonhava;
  Tremi com os meus temores de virgem
    E me escondi no vale de Leutha!

    Colhi uma flor de Leutha
    E do vale saí;
    Mas os terríveis trovões rasgaram
    O meu manto de virgem em dois.

Visões

Escravizadas, as Filhas de Álbion choram: uma lamentação trêmula
Sobre suas montanhas; em seus vales, suspiros em direção à América.

Pois a alma amena da América, Oothoon, percorria com pesar
Os vales de Leutha em busca de flores que a confortassem;
E assim falou à radiante margarida-dourada do vale de Leutha:

    És uma flor? és uma ninfa? vejo-te ora como flor,
    Ora como ninfa! não me atrevo a te arrancar do leito orvalhado!

    A ninfa Dourada replicou: Arranca a minha flor, meiga Oothoon!
    Outra flor irá brotar, porque a alma de doce deleite
    Jamais fenece. Cessou de falar & cerrou o santuário dourado.

A seguir Oothoon arrancou a flor, dizendo: Arranco-te do leito,
Doce flor, e te ponho aqui para luzir entre os meus seios,
E assim volto o meu rosto para onde a minha alma toda busca.

Over the waves she went in wing'd exulting swift delight;
And over Theotormons reign, took her impetuous course.

Bromion rent her with his thunders. on his stormy bed
Lay the faint maid, and soon her woes appalld his thunders hoarse

Bromion spoke. behold this harlot here on Bromions bed,
And let the jealous dolphins sport around the lovely maid;
Thy soft American plains are mine, and mine thy north & south:
Stampt with my signet are the swarthy children of the sun:
They are obedient, they resist not, they obey the scourge:
Their daughters worship terrors and obey the violent:
Now thou maist marry Bromions harlot, and protect the child
Of Bromions rage, that Oothoon shall put forth in nine moons time

Then storms rent Theotormons limbs; he rolld his waves around.
And folded his black jealous waters round the adulterate pair
Bound back to back in Bromions caves terror & meekness dwell

At entrance Theotormon sits wearing the threshold hard
With secret tears; beneath him sound like waves on a desart shore
The voice of slaves beneath the sun, and children bought with money.
That shiver in religious caves beneath the burning fires
Of lust, that belch incessant from the summits of the earth

Oothoon weeps not: she cannot weep! her tears are locked up;
But she can howl incessant writhing her soft snowy limbs.
And calling Theotormons Eagles to prey upon her flesh.

I call with holy voice! kings of the sounding air,
Rend away this defiled bosom that I may reflect.
The image of Theotormon on my pure transparent breast.

Sobre as ondas ela se foi em alado e veloz deleite exultante;
E sobre o reino de Theotormon seguiu seu curso impetuoso.

Bromion a dilacerou com seus trovões; em seu leito tormentoso
Jazia a donzela desfalecida, e logo as aflições dela lhe abafaram os roucos trovões.

Bromion disse: Eis aqui esta meretriz no leito de Bromion,
E que os delfins ciumentos folguem em redor da adorável donzela;
As tuas amenas campinas americanas são minhas, e meus o teu norte & sul:
Marcados com o meu sinete estão os filhos morenos do sol;
São obedientes, não resistem, obedecem o açoite;
As suas filhas veneram terrores e obedecem o violento.
Agora deves contrair matrimônio com a meretriz de Bromion, e proteger
Contra a fúria de Bromion o filho que Oothoon irá gerar dentro de nove luas.

Então tormentas dilaceraram os membros de Theotormon; ele rolou as ondas em redor
E com ciumentas águas escuras rodeou o par adúltero.
Atados costas com costas nas grutas de Bromion, terror & mansidão permanecem:

À entrada Theotormon fica, hesitando relutante no limiar
Com lágrimas secretas; sob ele soava como ondas em praia deserta
A voz de escravos sob o sol, e crianças compradas com dinheiro,
Que tiritam em cavernas religiosas sob as ardentes chamas
De lascívia, que irrompem sem cessar dos sumos da terra.

Oothoon não chora: não pode chorar! as lágrimas estão encerradas;
Mas pode gritar sem cessar contorcendo os macios membros níveos
E chamando as Águias de Theotormon para que se alimentem de sua carne.

Chamo com voz sagrada! reis do ar sonoro,
Dilacerai este peito desonrado para que eu possa refletir
A imagem de Theotormon no meu seio puro transparente.

The Eagles at her call descend & rend their bleeding prey;
Theotormon severely smiles. her soul reflects the smile;
As the clear spring mudded with feet of beasts grows pure & smiles.

The Daughters of Albion hear her woes. & eccho back her sighs.

Why does my Theotormon sit weeping upon the threshold;
And Oothoon hovers by his side, perswading him in vain:
I cry arise O Theotormon for the village dog
Barks at the breaking day. the nightingale has done lamenting.
The lark does rustle in the ripe corn, and the Eagle returns
From nightly prey, and lifts his golden beak to the pure east;
Shaking the dust from his immortal pinions to awake
The sun that sleeps too long. Arise my Theotormon I am pure.
Because the night is gone that clos'd me in its deadly black.
They told me that the night & day were all that I could see;
They told me that I had five senses to inclose me up.
And they inclos'd my infinite brain into a narrow circle,
And sunk my heart into the Abyss, a red round globe hot burning
Till all from life I was obliterated and erased.
Instead of morn arises a bright shadow, like an eye
In the eastern cloud: instead of night a sickly charnel house;
That Theotormon hears me not! to him the night and morn
Are both alike: a night of sighs, a morning of fresh tears;
And none but Bromion can hear my lamentations.

With what sense is it that the chicken shuns the ravenous hawk?
With what sense does the tame pigeon measure out the expanse?
With what sense does the bee form cells? have not the mouse & frog
Eyes and ears and sense of touch? yet are their habitations.
And their pursuits, as different as their forms and as their joys:
Ask the wild ass why he refuses burdens: and the meek camel
Why he loves man: is it because of eye ear mouth or skin

A seu chamado as Águias baixam & dilaceram a presa sangrenta;
Theotormon sorri severamente; a alma dela reflete o sorriso,
Enquanto a fonte límpida, suja de lodo com patas de feras, torna-se pura & sorri.

As Filhas de Álbion ouvem suas aflições, & devolvem o eco de seus suspiros.

Por que o meu Theotormon fica a prantear no umbral,
E Oothoon paira ao seu lado, persuadindo-o em vão?
Suplico: levanta-te, Ó Theotormon! pois o cão do vilarejo
Ladra ao raiar do dia; o rouxinol já emitiu o lamento;
A cotovia rufla no trigal maduro, e a Águia retorna
Da preia de cada noite e ergue o bico dourado rumo ao leste puro,
Sacudindo a poeira das asas imortais para despertar
O sol que dorme em demasia. Levanta-te, meu Theotormon, pura sou,
Porque se foi a noite que me cercou com o negror implacável.
Disseram-me que a noite & o dia eram tudo o que eu podia ver;
Disseram-me que eu tinha cinco sentidos para me encerrar,
E encerraram o meu cérebro infinito num círculo estreito,
E submergiram o meu coração no Abismo, um globo vermelho, ebuliente,
Até de tudo da vida eu ser obliterada e apagada.
Em vez da manhã surge uma sombra brilhante, como um olho
Na nuvem do leste; em vez da noite um ossário repulsivo;
Pois Theotormon não me ouve! para ele a noite e a manhã
São iguais: uma noite de suspiros, uma manhã de novas lágrimas,
E ninguém senão Bromion pode ouvir as minhas lamentações.

Com que sentido o frango foge ao falcão faminto?
Com que sentido o pombo dócil mede a extensão?
Com que sentido a abelha forma celas? não têm o ratinho & a rã
Olhos e ouvidos e o sentido do tato? todavia são as suas moradas
E ocupações tão diferentes quanto as suas formas e alegrias.
Pergunta ao jumento montês por que recusa cargas, e ao camelo manso
Por que adora o homem: é por causa dos olhos, dos ouvidos, da boca, ou pele,

Or breathing nostrils? No. for these the wolf and tyger have.
Ask the blind worm the secrets of the grave, and why her spires
Love to curl round the bones of death; and ask the rav'nous snake
Where she gets poison: & the wing'd eagle why he loves the sun
And then tell me the thoughts of man, that have been hid of old.

Silent I hover all the night, and all day could be silent.
If Theotormon once would turn his loved eyes upon me;
How can I be defild when I reflect thy image pure?
Sweetest the fruit that the worm feeds on. & the soul prey'd on by woe
The new wash'd lamb ting'd with the village smoke & the bright swan
By the red earth of our immortal river: I bathe my wings.
And I am white and pure to hover round Theotormons breast.

Then Theotormon broke his silence. and he answered.

Tell me what is the night or day to one o'erflowd with woe?
Tell me what is a thought? & of what substance is it made?
Tell me what is a joy? & in what gardens do joys grow?
And in what rivers swim the sorrows? and upon what mountains
Wave shadows of discontent? and in what houses dwell the wretched
Drunken with woe forgotten. and shut up from cold despair.

Tell me where dwell the thoughts forgotten till thou call them forth
Tell me where dwell the joys of old! & where the ancient loves?
And when will they renew again & the night of oblivion past?
That I might traverse times & spaces far remote and bring
Comforts into a present sorrow and a night of pain
Where goest thou O thought? to what remote land is thy flight?
If thou returnest to the present moment of affliction
Wilt thou bring comforts on thy wings. and dews and honey and balm;
Or poison from the desart wilds, from the eyes of the envier.

Ou das narinas que respiram? Não, pois estes o lobo e o tigre têm.
Pergunta ao verme cego sobre os segredos da sepultura, e por que as suas espiras
Adoram se enrolar em torno dos ossos da morte; e pergunta à serpente faminta
Onde obtém veneno, & à águia alada por que adora o sol;
E depois me fale dos pensamentos do homem, há muito ocultos.

Silenciosa pairo a noite inteira, e o dia inteiro poderia ser silenciosa
Se Theotormon uma vez voltasse os olhos adorados para mim.
Como posso ser desonrada quando reflito a tua imagem pura?
Dulcíssimo é o fruto do qual o verme se nutre, & a alma consumida por aflição,
O novo lavado cordeiro tingido com matizes da fumaça da vila, & o cisne luzente
Junto à terra vermelha do nosso rio imortal. Banho as minhas asas,
E sou branca e pura para pairar em redor do peito de Theotormon.

Então Theotormon rompeu o silêncio, e respondeu:

Diga-me o que é a noite ou o dia para quem está imerso em aflições?
Diga-me o que é um pensamento, & de que substância é feito?
Diga-me o que é uma alegria, & em que jardim alegrias crescem?
E em que rios flutuam os sofrimentos? e sobre que montanhas
Oscilam sombras de dissabor? e em que casas habitam os desditosos,
Embriagados com aflições esquecidas, e barrados do frio desespero?

Diga-me onde ficam os pensamentos esquecidos até que os invoques?
Diga-me onde ficam as alegrias de antanho? & onde os amores antigos?
E quando irão se renovar outra vez & a noite de olvido tiver passado,
Para que eu possa atravessar tempos & espaços mais longínquos, e trazer
Consolos para um sofrimento presente e uma noite de dor?
Aonde vais, Ó pensamento? para que terra remota é o teu voo?
Se retornares ao momento presente de aflição,
Trarás consolos nas tuas asas, e gotas de orvalho e mel e bálsamo,
Ou veneno das regiões ermas, dos olhos do invejoso?

Then Bromion said: and shook the cavern with his lamentation

Thou knowest that the ancient trees seen by thine eyes have fruit;
But knowest thou that trees and fruits flourish upon the earth
To gratify senses unknown? trees beasts and birds unknown:
Unknown, not unpercievd, spread in the infinite microscope,
In places yet unvisited by the voyager. and in worlds
Over another kind of seas, and in atmospheres unknown:
Ah! are there other wars, beside the wars of sword and fire!
And are there other sorrows, beside the sorrows of poverty!
And are there other joys, beside the joys of riches and ease?
And is there not one law for both the lion and the ox?
And is there not eternal fire, and eternal chains?
To bind the phantoms of existence from eternal life?

Then Oothoon waited silent all the day. and all the night,
But when the morn arose, her lamentation renewd,
The Daughters of Albion hear her woes, & eccho back her sighs.

O Urizen! Creator of men! Mistaken Demon of heaven:
Thy joys are tears! thy labour vain, to form men to thine image.
How can one joy absorb another? are not different joys
Holy, eternal, infinite! and each joy is a Love.

Does not the great mouth laugh at a gift? & the narrow eyelids mock
At the labour that is above payment, and wilt thou take the ape
For thy councellor? or the dog, for a schoolmaster to thy children?
Does he who contemns poverty, and he who turns with abhorrence
From usury: feel the same passion or are they moved alike?
How can the giver of gifts experience the delights of the merchant?
How the industrious citizen the pains of the husbandman.
How different far the fat fed hireling with hollow drum;
Who buys whole corn fields into wastes, and sings upon the heath:

Então Bromion disse, sacudindo a caverna com seu lamento:

Sabes que as árvores antigas que os teus olhos veem dão frutos,
Mas sabes que árvores e frutos vicejam sobre a terra
Para satisfazer sentidos desconhecidos? árvores, animais e aves desconhecidos;
O desconhecido, não despercebido, propagado no microscópio infinito,
Em lugares ainda não visitados pelo viajante, e em mundos
Além de outros tipos de mares, e em atmosferas desconhecidas:
Ah! há outras guerras além das guerras de espada e fogo?
E há outros sofrimentos além dos sofrimentos da pobreza?
E há outras alegrias além das alegrias das riquezas e do conforto?
E não há uma lei tanto para o leão como para o boi?
E não há fogo eterno e grilhões eternos
Para amarrar os fantasmas da existência da vida eterna?

Então Oothoon aguardou silenciosa o dia inteiro, e a noite inteira;
Mas quando raiou a manhã seu lamento se renovou.
As Filhas de Álbion ouvem suas aflições, & devolvem o eco de seus suspiros.

Ó Urizen! Criador de homens! equivocado Demônio do céu:
As tuas alegrias são lágrimas! trabalhas em vão para formar homens à tua imagem.
Como pode uma alegria absorver outra? não há diferentes alegrias
Sagradas, eternas, infinitas? e cada alegria é um Amor.

Não ri a boca enorme ante um regalo, & não zombam as pálpebras estreitas
Do trabalho que está acima de pagamento? e levarás tu o macaco
Para o teu conselheiro, ou o cão do mestre-escola para os teus filhos?
Quem despreza a pobreza e quem se desvia com repulsa
Da usura sentem a mesma paixão ou se comovem de modo semelhante?
Como pode o doador de regalos experimentar os deleites do comerciante?
Como o cidadão diligente a labuta do agricultor?
Quão diferente o mercenário nutrido com gordura com barril vazio,
Que adquire trigais inteiros em terras incultas, e canta na charneca;

How different their eye and ear! how different the world to them!
With what sense does the parson claim the labour of the farmer?
What are his nets & gins & traps. & how does he surround him
With cold floods of abstraction, and with forests of solitude,
To build him castles and high spires. where kings & priests may dwell.
Till she who burns with youth. and knows no fixed lot; is bound
In spells of law to one she loaths: and must she drag the chain
Of life, in weary lust! must chilling murderous thoughts. obscure
The clear heaven of her eternal spring? to bear the wintry rage
Of a harsh terror driv'n to madness, bound to hold a rod
Over her shrinking shoulders all the day; & all the night
To turn the wheel of false desire: and longings that wake her womb
To the abhorred birth of cherubs in the human form
That live a pestilence & die a meteor & are no more.
Till the child dwell with one he hates. and do the deed he loaths
And the impure scourge force his seed into its unripe birth
E'er yet his eyelids can behold the arrows of the day.

Does the whale worship at thy footsteps as the hungry dog?
Or does he scent the mountain prey, because his nostrils wide
Draw in the ocean? does his eye discern the flying cloud35
As the ravens eye? or does he measure the expanse like the vulture?
Does the still spider view the cliffs where eagles hide their young?
Or does the fly rejoice. because the harvest is brought in?
Does not the eagle scorn the earth & despise the treasures beneath?
But the mole knoweth what is there, & the worm shall tell it thee.
Does not the worm erect a pillar in the mouldering church yard?
And a palace of eternity in the jaws of the hungry grave
Over his porch these words are written. Take thy bliss O Man!
And sweet shall be thy taste & sweet thy infant joys renew!

Infancy, fearless, lustful, happy! nestling for delight
In laps of pleasure; Innocence! honest, open, seeking

Quão diferentes os seus olhos e ouvidos! quão diferente o mundo para eles!
Com que sentido o vigário reivindica o trabalho do lavrador?
Quais são as suas redes & os seus laços & trapas; & como se cerca ele
Com frias torrentes de abstração, e com florestas de solidão,
Para erigir para si castelos e cúspides elevadas, onde reis & padres possam morar;
Até que ela que arde de juventude, e não conhece fado fixo, é atada
Em fórmulas de lei àquele que ela odeia? e deve ela arrastar a corrente
Da vida em tediosa lascívia? devem frios pensamentos medonhos obscurecer
O céu claro da sua primavera eterna? suportar a fúria invernal
Dum terror cruel, levada à loucura, fadada a carregar uma vara
Sobre os ombros encolhidos o dia inteiro, & a noite inteira
Girar a roda do falso desejo, e anelos que despertam o seu ventre
Para o abominável nascimento de querubins na forma humana,
Que vivem uma pestilência & morrem um meteoro, & deixam de existir;
Até que o filho more com quem ele odeia, e pratique as ações que detesta,
E o flagelo impuro force a sua semente em seu nascimento imaturo
Antes ainda que as pálpebras possam contemplar os raios do dia?

Venera a baleia aos teus pés como o cão faminto?
Ou fareja a presa montês porque as narinas largas
Inalam no oceano? discernem os seus olhos a nuvem volante
Como os olhos do corvo? ou mede ela a extensão como o abutre?
Vê a aranha imóvel os penhascos onde águias escondem os filhotes?
Ou rejubila a mosca porque a colheita é trazida?
A águia não desdenha a terra & despreza os tesouros abaixo?
Mas a toupeira sabe o que lá está, & o verme a ti dirá.
Não erige o verme uma coluna no adro reduzido a pó
E um palácio de eternidade na boca da sepultura esfaimada?
Acima do pórtico estas palavras estão escritas: Toma a tua felicidade, Ó Homem!
E doce será o teu gosto, & doces as tuas alegrias infantis renovam!

Infância! destemida, lasciva, feliz! aconchego para deleite
Em regaços de prazer; Inocência! honesta, aberta, buscando

The vigorous joys of morning light; open to virgin bliss.
Who taught thee modesty, subtil modesty! child of night & sleep
When thou awakest, wilt thou dissemble all thy secret joys
Or wert thou not awake when all this mystery was disclos'd!
Then com'st thou forth a modest virgin knowing to dissemble
With nets found under thy night pillow, to catch virgin joy,
And brand it with the name of whore; & sell it in the night,
In silence. ev'n without a whisper, and in seeming sleep:
Religious dreams and holy vespers, light thy smoky fires:
Once were thy fires lighted by the eyes of honest morn
And does my Theotormon seek this hypocrite modesty!
This knowing, artful, secret, fearful, cautious, trembling hypocrite.
Then is Oothoon a whore indeed! and all the virgin joys
Of life are harlots: and Theotormon is a sick mans dream
And Oothoon is the crafty slave of selfish holiness.

But Oothoon is not so, a virgin fill'd with virgin fancies
Open to joy and to delight where ever beauty appears
If in the morning sun I find it: there my eyes are fix'd
In happy copulation; if in evening mild. wearied with work;
Sit on a bank and draw the pleasures of this free born joy.

The moment of desire! the moment of desire! The virgin
That pines for man; shall awaken her womb to enormous joys
In the secret shadows of her chamber; the youth shut up from
The lustful joy. shall forget to generate. & create an amorous image
In the shadows of his curtains and in the folds of his silent pillow.
Are not these the places of religion? the rewards of continence?
The self enjoyings of self denial? Why dost thou seek religion?
Is it because acts are not lovely, that thou seekest solitude,
Where the horrible darkness is impressed with reflections of desire.

As alegrias vigorosas da luz da manhã; aberta para a felicidade virgem.
Quem te ensinou decoro, decoro sutil! filha da noite & do sono?
Quando despertares irás dissimular todas as tuas alegrias secretas,
Ou não estavas desperta quando todo este mistério foi revelado?
Então te sais uma virgem decorosa, sabendo dissimular,
Com redes sob o travesseiro noturno, para apanhar alegria virgem
E a marcar com o nome de prostituta, & e vendê-la na noite,
Em silêncio, sem sequer um sussurro, e em aparente sono:
Sonhos religiosos e vésperas sagradas acendem os teus fogos fumegantes:
Outrora eram os teus fogos acesos pelos olhos da aurora honesta.
E busca o meu Theotormon este recato de hipócrita,
Este consciente, astuto, secreto, temeroso, cauteloso, vacilante hipócrita?
Então Oothoon é de fato uma prostituta! e todas as alegrias virgens
Da vida são meretrizes, e Theotormon é o sonho dum homem enfermo;
E Oothoon é a escrava ladina da santidade egoísta.

Mas Oothoon não é assim: uma virgem cheia de fantasias virgens,
Aberta à alegria e ao deleite onde quer que a beleza apareça;
Se no sol da manhã eu os encontro, neles os meus olhos fixam
Em feliz cópula; se na tarde amena, cansada do trabalho,
Sento junto à margem e sorvo os prazeres dessa alegria nascida livre.

O momento de desejo! o momento de desejo! A virgem
Que anela por homem despertará o ventre para alegrias enormes
Nas sombras secretas da sua alcova; a juventude barrada
Da alegria lasciva esquecerá de gerar & criar uma imagem amorosa
Nas sombras das cortinas e nas dobras do travesseiro silencioso dele.
Não são estes os lugares de religião, as recompensas da continência,
As satisfações pessoais da abnegação? Por que deves buscar religião?
É porque atos não são graciosos que buscas solidão
Onde a escuridão horrível é estampada com reflexos de desejo?

Father of jealousy. be thou accursed from the earth!
Why hast thou taught my Theotormon this accursed thing?
Till beauty fades from off my shoulders darken'd and cast out,
A solitary shadow wailing on the margin of non-entity.

I cry, Love! Love! Love! happy happy Love! free as the mountain wind!
Can that be Love, that drinks another as a sponge drinks water?
That clouds with jealousy his nights, with weepings all the day:
To spin a web of age around him. grey and hoary! dark!
Till his eyes sicken at the fruit that hangs before his sight.
Such is self-love that envies all! a creeping skeleton
With lamplike eyes watching around the frozen marriage bed.

But silken nets and traps of adamant will Oothoon spread,
And catch for thee girls of mild silver, or of furious gold;
I'll lie beside thee on a bank & view their wanton play
In lovely copulation bliss on bliss with Theotormon:
Red as the rosy morning, lustful as the first born beam,
Oothoon shall view his dear delight, nor e'er with jealous cloud
Come in the heaven of generous love; nor selfish blightings bring.

Does the sun walk in glorious raiment. on the secret floor
Where the cold miser spreads his gold? or does the bright cloud drop
On his stone threshold? does his eye behold the beam that brings
Expansion to the eye of pity? or will he bind himself
Beside the ox to thy hard furrow? does not that mild beam blot
The bat, the owl, the glowing tyger, and the king of night.
The sea fowl takes the wintry blast. for a cov'ring to her limbs:
And the wild snake, the pestilence to adorn him with gems & gold.
And trees. & birds. & beasts. & men. behold their eternal joy.
Arise you little glancing wings, and sing your infant joy!
Arise and drink your bliss, for every thing that lives is holy!

Pai do Ciúme, que sejas banido da terra!
Por que ensinaste ao meu Theotormon esta coisa execrável?
Até a beleza desaparecer dos meus ombros, escurecida e expulsa,
Uma sombra solitária lastimando à margem da não-entidade.

Clamo: Amor! Amor! Amor! feliz feliz Amor! livre como o vento da montanha!
Pode ser este o Amor que sorve outro como a esponja sorve água,
Que obscurece com ciúme as noites, com prantos o dia inteiro,
Tecer uma teia de idade em seu redor, gris e grisalho! pardacento!
Até os olhos se enfadarem do fruto que pende ante a sua vista?
Tal é o egoísmo que inveja tudo, um esqueleto arrepiante
Com olhos como candeias vigiando o leito congelado do matrimônio.

Mas redes de seda e armadilhas de firme vontade Oothoon espalhou,
E apanha para ti moças de prata amena, ou de furioso ouro.
Vou me deitar ao teu lado numa margem & observar os levianos folguedos delas
Em graciosa cópula, felicidade sobre felicidade, com Theotormon:
Rubra como a rósea manhã, lasciva como o primeiro raio nascido,
Oothoon verá o seu ardente deleite, sem jamais com nuvem ciumenta
Vir no céu do amor generoso, nem pragas egoístas trazer.

Caminha o sol com roupas gloriosas no chão secreto
Onde o frio avaro espalha o seu ouro? ou cai a nuvem brilhante
Sobre o seu limiar de pedra? contemplam os seus olhos o raio que traz
Expansão aos olhos da piedade? ou irá ele se amarrar
Ao lado do boi ao teu sulco duro? não oblitera aquele ameno raio
O morcego, a coruja, o tigre esbraseado e o rei da noite?
A ave marinha toma a rajada invernal como coberta para seus membros,
E a serpente silvestre, a pestilência para adorná-la com gemas & ouro;
E árvores & aves & feras & homens contemplam a sua alegria eterna.
Levantai, pequenas asas oblíquas, e cantai vossa alegria de criança!
Levantai e bebei vossa felicidade, pois tudo o que vive é sagrado!

Thus every morning wails Oothoon. but Theotormon sits
Upon the margind ocean conversing with shadows dire.

The Daughters of Albion hear her woes, & eccho back her sighs.

The End

Assim todas as manhãs lamenta Oothoon; mas Theotormon senta
Sobre o oceano orlado conversando com sombras funestas.

As Filhas de Álbion ouvem suas aflições, & devolvem em eco seus suspiros.

Fim

AMERICA, A PROPHECY
(1793)

AMÉRICA, UMA PROFECIA
(1793)

PRELUDIUM

The shadowy daughter of Urthona stood before red Orc.
When fourteen suns had faintly journey'd o'er his dark abode;
His food she brought in iron baskets, his drink in cups of iron;
Crown'd with a helmet & dark hair the nameless female stood;
A quiver with its burning stores, a bow like that of night,
When pestilence is shot from heaven; no other arms she need:
Invulnerable tho' naked, save where clouds roll round her loins,
Their awful folds in the dark air; silent she stood as night;
For never from her iron tongue could voice or sound arise;
But dumb till that dread day when Orc assay'd his fierce embrace.

Dark virgin; said the hairy youth, thy father stern abhorr'd;
Rivets my tenfold chains while still on high my spirit soars;
Sometimes an eagle screaming in the sky, sometimes a lion,
Stalking upon the mountains, & sometimes a whale I lash
The raging fathomless abyss, anon a serpent folding
Around the pillars of Urthona, and round thy dark limbs,
On the Canadian wilds I fold, feeble my spirit folds.
For chaind beneath I rend these caverns; when thou bringest food
I howl my joy! and my red eyes seek to behold thy face
In vain! these clouds roll to & fro, & hide thee from my sight.

Silent as despairing love, and strong as jealousy,
The hairy shoulders rend the links, free are the wrists of fire;
Round the terrific loins he siez'd the panting struggling womb;
It joy'd: she put aside her clouds & smiled her first-born smile;
As when a black cloud shews its lightnings to the silent deep.

PRELÚDIO

A obscura filha de Urthona estava diante do vermelho Orc,
Quando catorze sóis haviam passado tenuemente sobre a escura morada dele:
Sua comida ela trouxera em cesta de ferro, sua bebida, em copas de ferro;
Coroada com elmo & cabeleira negra, a fêmea sem nome ali ficou;
Aljava com provisões ardentes, arco igual ao da noite,
Quando a pestilência é disparada do céu: de outra arma não precisava:
Invulnerável, embora nua, exceto onde nuvens lhe circundavam os membros
Com formidáveis dobras no ar escuro; silenciosa permanecia como a noite;
Pois nunca de sua língua de ferro voz ou som podia surgir,
Salvo mudez, até aquele medonho dia em que Orc testou seu fogoso abraço.

Virgem escura, disse o jovem hirsuto, o teu pai severo, aborrecido,
Rebita os meus grilhões décuplos enquanto nas alturas se eleva o meu espírito;
Às vezes uma águia a guinchar no céu, às vezes um leão,
A caçar nas montanhas, & às vezes uma baleia, açoito
O furioso abismo insondável; sem tardar, uma serpente se enrolando
Em torno das colunas de Urthona, e os teus membros escuros
Nas regiões incultas canadenses envolvo; débil o meu espírito envolve,
Pois encadeado abaixo fendo estas cavernas: quando me trazes comida
Grito de júbilo, e os meus olhos vermelhos procuram contemplar o teu rosto —
Em vão! estas nuvens rolam dum lado para outro & te ocultam da minha vista.

Silenciosos como amor desesperado, e fortes como ciúme,
Os ombros hirsutos rompem os elos; livres estão os pulsos de fogo;
Em torno ao dorso formidável ele tomou o ventre arquejante e relutante;
Este apreciou: ela pôs de lado as nuvens & sorriu o primeiro sorriso,
Como quando uma nuvem negra mostra os raios ao abismo silencioso.

Soon as she saw the terrible boy then burst the virgin cry.

I know thee, I have found thee, & I will not let thee go;
Thou art the image of God who dwells in darkness of Africa;
And thou art fall'n to give me life in regions of dark death.
On my American plains I feel the struggling afflictions
Endur'd by roots that writhe their arms into the nether deep:
I see a serpent in Canada, who courts me to his love;
In Mexico an Eagle, and a Lion in Peru;
I see a Whale in the South-sea, drinking my soul away.
O what limb rending pains I feel. thy fire & my frost
Mingle in howling pains, in furrows by thy lightnings rent;
This is eternal death; and this the torment long foretold.

The stern Bard ceas'd, asham'd of his own song; enrag'd he swung
His harp aloft sounding, then dash'd its shining frame against
A ruin'd pillar in glittring fragments; silent he turn'd away,
And wander'd down the vales of Kent in sick & drear lamentings.

Assim que viu o moço terrível, irrompeu o grito de virgem:

Conheço-te, encontrei-te, & não te deixarei ir:
És a imagem de Deus que reside nas trevas na África,
E caíste para me dar vida em regiões de morte escura.
Nas minhas planícies americanas sinto as aflições conflitantes
Suportadas por raízes que torcem os ramos abismo ínfero adentro;
Vejo uma Serpente no Canadá que me corteja pelo seu amor;
No México uma Águia, e um Leão no Peru;
Vejo uma Baleia nos Mares do Sul, sorvendo a minha alma.
Oh que membro dolorido eu sinto! o teu fogo & o meu gelo
Se misturam em dores uivantes, em sulcos rasgados pelos teus raios.
Isso é morte eterna, e isso o tormento há muito vaticinado.

O severo Bardo cessou, envergonhado da própria canção; enfurecido brandiu
A harpa a soar no ar, em seguida espatifou a brilhante armação contra
Uma coluna arruinada em fragmentos rutilantes; calado ele se voltou
E percorreu os vales de Kent em lamentos angustiados & melancólicos.

A PROPHECY

The Guardian Prince of Albion burns in his nightly tent,
Sullen fires across the Atlantic glow to America's shore:
Piercing the souls of warlike men, who rise in silent night,
Washington, Franklin, Paine & Warren, Gates, Hancock & Green;
Meet on the coast glowing with blood from Albions fiery Prince.

Washington spoke; Friends of America look over the Atlantic sea;
A bended bow is lifted in heaven, & a heavy iron chain
Descends link by link from Albions cliffs across the sea to bind
Brothers & sons of America, till our faces pale and yellow;
Heads deprest, voices weak, eyes downcast, hands work-bruis'd,
Feet bleeding on the sultry sands, and the furrows of the whip
Descend to generations that in future times forget.—

The strong voice ceas'd; for a terrible blast swept over the heaving sea;
The eastern cloud rent; on his cliffs stood Albions wrathful Prince
A dragon form clashing his scales at midnight he arose,
And flam'd red meteors round the land of Albion beneath
His voice, his locks, his awful shoulders, and his glowing eyes,
Appear to the Americans upon the cloudy night.

Solemn heave the Atlantic waves between the gloomy nations,
Swelling, belching from its deeps red clouds & raging Fires!
Albion is sick. America faints! enrag'd the Zenith grew.
As human blood shooting its veins all round the orbed heaven
Red rose the clouds from the Atlantic in vast wheels of blood
And in the red clouds rose a Wonder o'er the Atlantic sea;
Intense! naked! a Human fire fierce glowing, as the wedge

UMA PROFECIA

O Príncipe Guardião de Álbion arde em sua tenda noturna:
Fogos soturnos através do Atlântico fulguram até as costas da América,
Penetrando as almas de homens belicosos que se erguem no silêncio da noite.
Washington, Franklin, Paine & Warren, Gates, Hancock & Green
Encontram-se na costa que fulgura com sangue do irascível Príncipe de Álbion.

Washington disse: Amigos da América, atentem para o Atlântico:
Um arco tenso levantado no céu, & uma pesada corrente de ferro
Desce, elo a elo, dos penhascos de Álbion cruzando o mar para aprisionar
Irmãos & filhos da América até que os nossos rostos fiquem pálidos e amarelos,
Cabeças abatidas, vozes fracas, olhos tristes, mãos calejadas pelo trabalho,
Pés ensanguentados nas areias calcinadas, e as marcas do látego
Descem até gerações que em tempos futuros esqueçam.

A voz forte cessou, pois uma terrível explosão varreu o mar agitado:
A nuvem do leste se fendeu: em seus penhascos estava o irado Príncipe de Álbion,
Uma forma de dragão golpeando suas escamas: à meia-noite se ergueu,
E flamejou meteoros vermelhos em redor da terra de Álbion a seus pés;
Sua voz, sua cabeleira, seus ombros formidáveis e seus olhos brilhantes
Aparecem aos americanos na noite nublada.

Solenes se movem as ondas do Atlântico entre as nações sombrias,
Engrossando, expelindo das entranhas nuvens vermelhas & chamas furiosas!
Álbion está enferma! América desfalece! furioso o Zênite cresceu.
Como sangue humano que lança suas veias em redor de toda a órbita do céu,
Vermelhas se ergueram as nuvens do Atlântico sobre vastas rodas de sangue,
E nas nuvens vermelhas se ergueu um Prodígio sobre o mar Atlântico,
Intenso! nu! um fogo Humano, fulgurando com fúria, qual a cunha

Of iron heated in the furnace; his terrible limbs were fire
With myriads of cloudy terrors banners dark & towers
Surrounded; heat but not light went thro' the murky atmosphere

The King of England looking westward trembles at the vision

Albions Angel stood beside the Stone of night, and saw
The terror like a comet, or more like the planet red
That once inclos'd the terrible wandering comets in its sphere.
Then Mars thou wast our center, & the planets three flew round
Thy crimson disk; so e'er the Sun was rent from thy red sphere;
The Spectre glowd his horrid length staining the temple long
With beams of blood; & thus a voice came forth, and shook the temple

The morning comes, the night decays, the watchmen leave their stations;
The grave is burst, the spices shed, the linen wrapped up;
The bones of death, the cov'ring clay, the sinews shrunk & dry'd.
Reviving shake, inspiring move, breathing! awakening!
Spring like redeemed captives when their bonds & bars are burst;
Let the slave grinding at the mill, run out into the field:
Let him look up into the heavens & laugh in the bright air;
Let the inchained soul shut up in darkness and in sighing,
Whose face has never seen a smile in thirty weary years;
Rise and look out, his chains are loose, his dungeon doors are open.
And let his wife and children return from the opressors scourge;
They look behind at every step & believe it is a dream.
Singing. The Sun has left his blackness, & has found a fresher morning
And the fair Moon rejoices in the clear & cloudless night;

For Empire is no more, and now the Lion & Wolf shall cease.

In thunders ends the voice. Then Albions Angel wrathful burnt
Beside the Stone of Night; and like the Eternal Lions howl

De ferro aquecida na fornalha: seus membros terríveis eram fogo
Que miríades de terrores nublados, pendões escuros & torres
Circundavam: calor, mas não luz, atravessava a atmosfera turva.

O Rei da Inglaterra, olhando para o oeste, estremece ante a visão.

O Anjo de Álbion permaneceu ao lado da Pedra da Noite, e viu
O terror como um cometa, ou mais provável como o planeta vermelho
Que uma vez conteve os terríveis cometas errantes em sua esfera.
Então, Marte, eras nosso centro, & os planetas, os três, giravam em torno
Do teu disco escarlate: sempre, até que o Sol foi arrancado de tua esfera vermelha.
O Espectro fulgurou, sua horrenda extensão manchando o longo templo
Com raios de sangue; & então uma voz se ouviu, e estremeceu o templo:

A manhã chega, a noite declina, os vigias deixam os postos:
A tumba é aberta, as especiarias são espalhadas, o lençol embrulhado;
Os ossos dos mortos, a terra que os cobre, os tendões contraídos & ressequidos
Revivendo vibram, inspirando se movem, respirando, despertando,
Surgem como cativos redimidos quando os grilhões & vergalhões são rebentados.
Deixa o escravo que tritura no moinho correr para o campo,
Deixa-o erguer os olhos para o céu & rir no ar luminoso;
Deixa a alma acorrentada, prisioneira em trevas e suspiros,
Cujo rosto não viu um sorriso em trinta anos dolorosos,
Levantar-se e olhar; os grilhões estão soltos, as portas do calabouço, abertas;
E deixa a mulher e os filhos se libertarem do chicote do opressor.
Olham para trás a cada passo & creem que é um sonho,
Cantando: O Sol deixou seu negrume & encontrou uma manhã mais fresca,
E a imaculada Lua se deleita na noite luminosa & límpida;

Porque o Império caiu, e agora o Leão & o Lobo terão fim.

Em estrondos termina a voz. Então o irado Anjo de Álbion ardeu
Junto à Pedra da Noite, e, como o rugir do Leão Eterno

In famine & war, reply'd. Art thou not Orc, who serpent-form'd
Stands at the gate of Enitharmon to devour her children;
Blasphemous Demon, Antichrist, hater of Dignities;
Lover of wild rebellion, and transgresser of Gods Law;
Why dost thou come to Angels eyes in this terrific form?

The terror answerd: I am Orc, wreath'd round the accursed tree:
The times are ended; shadows pass the morning gins to break;
The fiery joy, that Urizen perverted to ten commands,
What night he led the starry hosts thro' the wide wilderness:
That stony law I stamp to dust: and scatter religion abroad
To the four winds as a torn book, & none shall gather the leaves;
But they shall rot on desart sands, & consume in bottomless deeps;
To make the desarts blossom, & the deeps shrink to their fountains,
And to renew the fiery joy, and burst the stony roof.
That pale religious letchery, seeking Virginity,
May find it in a harlot, and in coarse-clad honesty
The undefil'd tho' ravish'd in her cradle night and morn:
For every thing that lives is holy, life delights in life;
Because the soul of sweet delight can never be defil'd.
Fires inwrap the earthly globe, yet man is not consumd;
Amidst the lustful fires he walks: his feet become like brass,
His knees and thighs like silver, & his breast and head like gold.

Sound! sound! my loud war-trumpets & alarm my Thirteen Angels!
Loud howls the eternal Wolf! the eternal Lion lashes his tail!
America is darkned; and my punishing Demons terrified
Crouch howling before their caverns deep like skins dry'd in the wind.
They cannot smite the wheat, nor quench the fatness of the earth.
They cannot smite with sorrows, nor, subdue the plow and spade.
They cannot wall the city, nor moat round the castle of princes.
They cannot bring the stubbed oak to overgrow the hills.

Em tempo de fome & guerra, respondeu: Não és Orc, que serpentiforme
Permanece nos portais de Enitharmon para devorar seus filhos?
Demônio blasfemo, Anticristo, inimigo das Dignidades,
Amante da rebelião selvagem e transgressor da Lei de Deus,
Por que te mostras aos olhos do Anjo sob essa forma terrível?

O terror respondeu: Sou Orc, rodeando a árvore amaldiçoada:
Os tempos acabaram; as sombras passam, a manhã se rompe;
A alegria ardente, que Urizen deturpou em dez mandamentos,
Naquela noite em que conduziu hostes de estrelas pelo amplo ermo,
Esta lei de pedra eu reduzi a pó; e espalhei a religião por toda parte
Aos quatro ventos como um livro rasgado, & cujas folhas ninguém irá recolher;
Mas irão se decompor nas areias do deserto, & se consumir em abismos insondáveis,
Para fazer os desertos florescerem, & os abismos voltarem às suas fontes,
E renovar a alegria ardente, e destruir o telhado de pedra;
Para que a pálida luxúria religiosa, em busca de Virgindade,
Possa encontrá-la numa meretriz, e na honestidade de roupas grosseiras
O imaculado, embora violado no berço noite e dia;
E como tudo o que vive é sagrado, a vida se deleita com a vida;
Porque a alma de doce deleite não pode jamais ser maculada.
Chamas envolvem o globo da terra, contudo o homem não é consumido;
Em meio aos fogos do desejo, ele caminha; os pés se tornam bronze,
Os joelhos e coxas, prata, & o peito e a cabeça, ouro.

Soai! soai! estridentes trombetas de guerra, & alertai os Treze Anjos!
Alto uiva o Lobo eterno! o Leão eterno chicoteia com a cauda!
A América escureceu; e os meus Demônios punitivos, aterrorizados,
Agacham-se uivando ante as cavernas profundas, como peles secas ao vento.
Não podem destruir o trigo nem extinguir a fecundidade da terra;
Não podem castigar com tristezas nem sujeitar o arado e a pá;
Não podem cercar a cidade com muros, nem de fosso o castelo dos príncipes;
Não podem trazer o carvalho decepado para que cubra as colinas;

For terrible men stand on the shores, &,in their robes I see
Children take shelter from the lightnings, there stands Washington
And Paine and Warren with their foreheads reard toward the east
But clouds obscure my aged sight. A vision from afar!
Sound! sound! my loud war-trumpets & alarm my thirteen Angels:
Ah vision from afar! Ah rebel form that rent the ancient
Heavens; Eternal Viper self-renew'd, rolling in clouds
I see thee in thick clouds and darkness on America's shore.
Writhing in pangs of abhorred birth; red flames the crest rebellious
And eyes of death; the harlot womb oft opened in vain
Heaves in enormous circles, now the times are return'd upon thee,
Devourer of thy parent, now thy unutterable torment renews.
Sound! sound! my loud war trumpets & alarm my thirteen Angels!
Ah terrible birth! a young one bursting! where is the weeping mouth?
And where the mothers milk? instead those ever-hissing jaws
And parched lips drop with fresh gore; now roll thou in the clouds
Thy mother lays her length outstretch'd upon the shore beneath.
Sound! sound! my loud war-trumpets & alarm my thirteen Angels!
Loud howls the eternal Wolf: the eternal Lion lashes his tail!

Thus wept the Angel voice & as he wept the terrible blasts
Of trumpets, blew a loud alarm across the Atlantic deep.
No trumpets answer; no reply of clarions or of fifes,
Silent the Colonies remain and refuse the loud alarm.

On those vast shady hills between America & Albions shore;
Now barr'd out by the Atlantic sea: call'd Atlantean hills:
Because from their bright summits you may pass to the Golden world
An ancient palace, archetype of mighty Emperies,
Rears its immortal pinnacles, built in the forest of God
By Ariston the king of beauty for his stolen bride,

Here on their magic seats the thirteen Angels sat perturb'd

Porque homens terríveis se erguem nas praias, & sob as suas roupas vejo
Crianças que se protegem dos raios: ali estão Washington
E Paine e Warren com as frontes erguidas em direção ao leste.
Mas nuvens me obscurecem a vista envelhecida. Uma visão vinda de longe!
Soai! soai! estridentes trombetas de guerra, & alertai os Treze Anjos!
Uma visão vinda de longe! Ah forma rebelde que rasgou os antigos
Céus! Víbora eterna, de si mesma renascida, rolando em nuvens,
Vejo-te em nuvens densas e trevas nas praias da América,
Torcendo-se de dores dum nascimento abominável; chamas vermelhas a crista rebelde
E olhos de morte; o ventre da meretriz, amiúde aberto em vão,
Arqueja em círculos enormes: agora os tempos retornam a ti,
Devorador do teu pai, agora o teu tormento indizível se renova.
Soai! soai! estridentes trombetas de guerra, & alertai os Treze Anjos!
Ah terrível nascimento! um jovem rompendo! onde está a boca que chora?
E onde o leite materno? no seu lugar, essas mandíbulas que sibilam
E os lábios ressequidos destilam sangue fresco: agora sigas rolando nas nuvens;
A tua mãe jaz estirada na praia aos teus pés.
Soai! soai! estridentes trombetas de guerra, & alertai os Treze Anjos!
Alto uiva o Lobo eterno! o Leão eterno chicoteia com a cauda!

Assim lamentava a voz do Anjo & enquanto lamentava os terríveis sopros
Das trombetas carregaram um forte alerta pelas profundezas do Atlântico.
Nenhuma trombeta respondeu; nenhuma resposta de clarins ou pífaros:
Silenciosas as Colônias permanece e recusam o sonoro alerta.

Naquelas vastas colinas umbrosas entre as costas da América & Álbion,
Agora separadas pelo mar Atlântico, chamadas de colinas Atlanteias,
Porque a partir dos cimos brilhantes se pode passar para o mundo de Ouro,
Um antigo palácio, arquétipo de Impérios poderosos,
Erige os pináculos imortais, edificados na floresta de Deus
Por Ariston, o rei da beleza, para a sua noiva raptada.

Ali, em mágicos tronos, os Treze Anjos se sentavam inquietos,

For clouds from the Atlantic hover o'er the solemn roof.
Fiery the Angels rose, & as they rose deep thunder roll'd

Around their shores: indignant burning with the fires of Orc
And Bostons Angel cried aloud as they flew thro' the dark night.

He cried: Why trembles honesty and like a murderer,
Why seeks he refuge from the frowns of his immortal station!
Must the generous tremble & leave his joy, to the idle: to the pestilence!
That mock him? who commanded this? what God? what Angel!
To keep the gen'rous from experience till the ungenerous
Are unrestraind performers of the energies of nature;
Till pity is become a trade, and generosity a science,
That men get rich by, & the sandy desart is giv'n to the strong
What God is he, writes laws of peace, & clothes him in a tempest
What pitying Angel lusts for tears, and fans himself with sighs
What crawling villain preaches abstinence & wraps himself
In fat of lambs? no more I follow, no more obedience pay.

So cried he, rending off his robe & throwing down his scepter.
In sight of Albions Guardian, and all the thirteen Angels
Rent off their robes to the hungry wind, & threw their golden scepters
Down on the land of America. indignant they descended
Headlong from out their heav'nly heights, descending swift as fires
Over the land; naked & flaming are their lineaments seen
In the deep gloom, by Washington & Paine & Warren they stood
And the flame folded roaring fierce within the pitchy night
Before the Demon red, who burnt towards America,
In black smoke thunders and loud winds rejoicing in its terror
Breaking in smoky wreaths from the wild deep, & gath'ring thick
In flames as of a furnace on the land from North to South
What time the thirteen Governors that England sent convene
In Bernards house; the flames coverd the land, they rouze they cry

Pois as nuvens do Atlântico pairavam sobre o telhado solene.
Ardentes os Anjos se alçaram, & ao se alçarem um estrondo profundo rolou

Pelas costas, ardendo indignados com os fogos de Orc;
E o Anjo de Boston clamava enquanto voavam através da noite escura.

Ele clamava: Por que treme a honestidade, e como assassino
Por que busca ele refúgio contra os rigores do seu posto imortal?
Deve o generoso tremer & deixar a alegria para o indolente, para a pestilência,
Que dele mofam? quem impôs isso? que Deus? que Anjo?
Apartar o generoso da experiência até que os mesquinhos
Sejam os executores imoderados das energias da natureza;
Até que a piedade se torne um comércio, e a generosidade uma ciência
Pela qual os homens enriquecem; & o deserto arenoso é dado ao forte?
Que Deus escreve leis de paz & se veste com tempestade?
Que Anjo compassivo anseia por lágrimas e se areja com suspiros?
Que ser desprezível canalha preconiza abstinência & se cobre
Com gordura de cordeiros? não sigo mais, obediência compensa não mais!

Assim clamou ele, rasgando a túnica & arrojando o cetro
À vista do Guardião de Álbion; e os Treze Anjos
Rasgaram suas túnicas ao vento ávido, & arrojaram seus cetros dourados
Sobre a terra da América; indignados baixaram
Precipitados das alturas celestes, baixando velozes como fogo
Sobre a terra; nus & em chamas seus lineamentos se veem
Na escuridão profunda; do lado de Washington & Paine & Warren ficaram;
E a chama se dobrou, rugindo ferozmente dentro da noite de azeviche
Ante o Demônio vermelho, que ardia em direção à América,
Entre fumaça negra, estrondos e ventos uivantes, jubilando em seu terror,
Irrompendo em torvelinhos de fumaça do abismo selvagem, & se adensando
Em chamas como as duma fornalha sobre a terra de Norte a Sul,
Enquanto os treze Governadores enviados pela Inglaterra se reúnem
Na casa de Bernard; as chamas cobriam a terra, levantaram-se e gritaram;

Shaking their mental chains they rush in fury to the sea
To quench their anguish; at the feet of Washington down fall'n
They grovel on the sand and writhing lie, while all
The British soldiers thro' the thirteen states sent up a howl
Of anguish: threw their swords & muskets to the earth & ran
From their encampments and dark castles seeking where to hide
From the grim flames; and from the visions of Orc; in sight
Of Albions Angel; who enrag'd his secret clouds open'd
From north to south, and burnt outstretchd on wings of wrath cov'ring
The eastern sky, spreading his awful wings across the heavens;
Beneath him roll'd his num'rous hosts, all Albions Angels camp'd
Darkend the Atlantic mountains & their trumpets shook the valleys
Arm'd with diseases of the earth to cast upon the Abyss,
Their numbers forty millions, must'ring in the eastern sky.

In the flames stood & view'd the armies drawn out in the sky
Washington Franklin Paine & Warren Allen Gates & Lee:
And heard the voice of Albions Angel give the thunderous command:
His plagues obedient to his voice flew forth out of their clouds
Falling upon America, as a storm to cut them off
As a blight cuts the tender corn when it begins to appear.
Dark is the heaven above, & cold & hard the earth beneath;
And as a plague wind fill'd with insects cuts off man & beast;
And as a sea o'erwhelms a land in the day of an earthquake;

Fury! rage! madness! in a wind swept through America
And the red flames of Orc that folded roaring fierce around
The angry shores, and the fierce rushing of th'inhabitants together:
The citizens of New-York close their books & lock their chests;
The mariners of Boston drop their anchors and unlade;
The scribe of Pensylvania casts his pen upon the earth;
The builder of Virginia throws his hammer down in fear.

Sacudindo os grilhões mentais, precipitaram-se com fúria para o mar
Para aplacar as angústias; aos pés de Washington prosternados
Rastejaram na areia e se torcendo jazeram, enquanto todos
Os soldados britânicos nos treze estados lançaram um grito
De angústia, arrojaram espadas & mosquetes ao chão, & fugiram
Dos acampamentos e castelos escuros, buscando se esconder
Das chamas ferozes e das visões de Orc, à vista
Do Anjo de Álbion; que, encolerizado, suas nuvens secretas abria
De norte a sul e ardia estirado em asas de ira, cobrindo
O céu do leste, estendendo as asas formidáveis pelo firmamento.
Abaixo dele se moviam as numerosas hostes, os Anjos de Álbion acampados
Escureciam as montanhas Atlânticas; & suas trombetas estremeciam os vales,
Armados com as enfermidades da terra para lançá-las sobre o abismo,
Em número de quarenta milhões, reunindo-se no céu do leste.

Nas chamas permaneceram & viram os exércitos dispostos no céu,
Washington, Franklin, Paine & Warren, Allen, Gates, & Lee,
E escutaram a voz do Anjo de Álbion dar as ordens estrondosas;
Suas pragas, obedientes a sua voz, surgiram das nuvens,
Caindo sobre a América como uma tormenta que os intercepta,
Como uma peste sega o trigo tenro quando este começa a brotar.
Escuro está o céu acima, & fria & dura a terra abaixo:
E assim como um vento infestado de insetos intercepta homens & feras,
E assim como um mar submerge as terras no dia dum terremoto;

Fúria! ira! loucura! como vento varreram a América;
E as chamas vermelhas de Orc, que envolveram rugindo, furiosas,
As costas coléricas; e a precipitada fuga dos habitantes:
Os cidadãos de Nova York fecham livros & trancam cofres;
Os marinheiros de Boston jogam âncoras & descarregam;
O escriba da Pensilvânia arroja a pena à terra;
O construtor da Virgínia, assustado, larga o martelo.

Then had America been lost, o'erwhelm'd by the Atlantic,
And Earth had lost another portion of the infinite,
But all rush together in the night in wrath and raging fire
The red fires rag'd! the plagues recoil'd! then rolld they back with fury
On Albions Angels; then the Pestilence began in streaks of red
Across the limbs of Albions Guardian, the spotted plague smote Bristols
And the Leprosy Londons Spirit, sickening all their bands:
The millions sent up a howl of anguish and threw off their hammerd mail,
And cast their swords & spears to earth, & stood a naked multitude.
Albions Guardian writhed in torment on the eastern sky
Pale quivring toward the brain his glimmering eyes, teeth chattering
Howling & shuddering his legs quivering; convuls'd each muscle & sinew
Sick'ning lay Londons Guardian, and the ancient miter'd York
Their heads on snowy hills, their ensigns sick'ning in the sky
The plagues creep on the burning winds driven by flames of Orc,
And by the fierce Americans rushing together in the night
Driven o'er the Guardians of Ireland and Scotland and Wales
They spotted with plagues forsook the frontiers & their banners seard
With fires of hell, deform their ancient heavens with shame & woe.
Hid in his eaves the Bard of Albion felt the enormous plagues.
And a cowl of flesh grew o'er his head & scales on his back & ribs;
And rough with black scales all his Angels fright their ancient heavens
The doors of marriage are open, and the Priests in rustling scales
Rush into reptile coverts, hiding from the fires of Orc,
That play around the golden roofs in wreaths of fierce desire,
Leaving the females naked and glowing with the lusts of youth

For the female spirits of the dead pining in bonds of religion;
Run from their fetters reddening, & in long drawn arches sitting:
They feel the nerves of youth renew, and desires of ancient times,
Over their pale limbs as a vine when the tender grape appears
Over the hills, the vales, the cities, rage the red flames fierce;
The Heavens melted from north to south; and Urizen who sat

Então a América tinha sido perdida, submergida pelo Atlântico,
E a Terra tinha perdido outra porção do infinito,
Mas todos se precipitaram juntos na noite em ira e furor devastador.
Os fogos vermelhos vociferavam! as pragas recuaram, depois se voltaram furiosas
Contra os Anjos de Álbion: então a Pestilência invadiu em faixas vermelhas
Os membros do Guardião de Álbion; a praga pintalgada atingiu o Espírito
De Bristol e a Lepra o de Londres, adoecendo todas as suas legiões:
A multidão emitiu um grito de angústia e arrancou as armaduras forjadas,
E arrojou espadas & lanças à terra, & assim permaneceu, uma multidão nua.
O Guardião de Álbion se torceu atormentado sobre o céu do leste,
Pálido, girando os olhos lampejantes para cima, os dentes batendo,
Gemendo & tremendo, as pernas trepidando, cada músculo & tendão convulsados:
Adoecidos jaziam o Guardião de Londres e o venerável mitrado de York,
As cabeças sobre colinas nevadas, as insígnias empalidecendo no céu.
As pragas se insinuaram nos ventos ardentes levados pelas chamas de Orc
E pelos impetuosos americanos que juntos se precipitavam na noite,
Levados até os Guardiães da Irlanda, da Escócia e do País de Gales.
Eles, marcados pelas pragas, abandonaram as fronteiras; & os pendões, queimados
Pelos fogos do inferno, desformam os céus antigos com vergonha & dor.
Escondido em suas cavernas o Bardo de Álbion sentiu as pragas perversas,
E um capelo de carne cresceu na cabeça, & escamas nas costas & costelas;
E, rugosos de escamas negras, todos os seus Anjos espantam os céus antigos.
As portas do matrimônio estão abertas, e os Sacerdotes cobertos de escamas farfalhantes
Precipitam-se em guaridas de répteis, escondendo-se dos fogos de Orc,
Que brincam em redor dos telhados dourados em torvelinhos de desejo impetuoso,
Deixando as fêmeas nuas e abrasadas com a lascívia da juventude.

Pois os espíritos femininos dos mortos, languescendo em laços de religião,
Libertam-se dos grilhões ruborizados, & sentados em longos arcos imensos
Sentem a energia da juventude renovar, e os desejos de tempos antigos
Nos membros pálidos como uma videira quando as uvas tenras aparecem.
Sobre as colinas, os vales, as cidades, bramam ferozes as chamas vermelhas:
Os Céus se dissolveram de norte a sul; e Urizen, sentado

Above all heavens in thunders wrap'd, emerg'd his leprous head
From out his holy shrine, his tears in deluge piteous
Falling into the deep sublime! flag'd with grey-brow'd snows
And thunderous visages, his jealous wings wav'd over the deep;
Weeping in dismal howling woe he dark descended howling
Around the smitten bands, clothed in tears & trembling shudd'ring cold.
His stored snows he poured forth, and his icy magazines
He open'd on the deep, and on the Atlantic sea white shiv'ring.
Leprous his limbs, all over white, and hoary was his visage.
Weeping in dismal howlings before the stern Americans
Hiding the Demon red with clouds & cold mists from the earth;
Till Angels & weak men twelve years should govern o'er the strong:
And then their end should come, when France reciev'd the Demons light.

Stiff shudderings shook the heav'nly thrones! France Spain & Italy,
In terror view'd the bands of Albion, and the ancient Guardians
Fainting upon the elements, smitten with their own plagues
They slow advance to shut the five gates of their law-built heaven
Filled with blasting fancies and with mildews of despair
With fierce disease and lust, unable to stem the fires of Orc;
But the five gates were consum'd, & their bolts and hinges melted
And the fierce flames burnt round the heavens, & round the abodes of men

FINIS

Acima de todos os céus, envolto em estrondos, emergiu a cabeça leprosa
Do santuário sagrado, as lágrimas em dilúvio doloroso
Caindo nas profundezas sublimes; cobertas com neves encanecidas
E rostos estrondosos, as asas ciumentas se batiam sobre o abismo;
Pranteando com horrível pesar uivante, sombrio ele desceu, uivando
Em torno das legiões vencidas, ataviadas de lágrimas & estremecidas, tremendo de frio.
As neves guardadas ele entornou, e as reservas de gelo
Abriu sobre o abismo, e sobre o mar Atlântico, com os membros
Leprosos trêmulos, totalmente brancos, e esbranquiçado era o rosto,
Pranteando com gritos lastimosos ante os americanos severos,
Ocultando o Demônio vermelho com nuvens & névoas frias da terra;
Até que Anjos & homens fracos por doze anos governassem sobre os fortes,
E então viesse seu fim, quando a França recebesse a luz do Demônio.

Tensos tremores abalaram os tronos celestes! França, Espanha & Itália
Aterradas viram as legiões de Álbion e os antigos Guardiães
Desfalecerem sobre os elementos, vencidos por suas próprias pragas.
Devagar avançam para fechar os cinco portões do céu edificado por suas leis,
Repleto de fantasias destruidoras e mofos de desespero,
De enfermidades e luxúrias atrozes, incapaz de deter os fogos de Orc.
Mas os cinco portões foram consumidos, & os ferrolhos e gonzos fundidos;
E as chamas ferozes arderam envolvendo os céus & as moradas dos homens.

FIM

EUROPE, A PROPHECY
(1794)

EUROPA, UMA PROFECIA
(1794)

Five windows light the cavern'd Man; thro' one he breathes the air;
Thro' one, hears music of the spheres; thro' one, the eternal vine
Flourishes, that he may recieve the grapes; thro' one can look.
And see small portions of the eternal world that ever groweth;
Thro' one, himself pass out what time he please, but he will not;
For stolen joys are sweet, & bread eaten in secret pleasant.

So sang a Fairy mocking as he sat on a streak'd Tulip,
Thinking none saw him: when he ceas'd I started from the trees!
And caught him in my hat as boys knock down a butterfly.
How know you this said I small Sir? where did you learn this song?
Seeing himself in my possession thus he answered me:
My master, I am yours. command me, for I must obey.

Then tell me, what is the material world, and is it dead?
He laughing answer'd: I will write a book on leaves of flowers,
If you will feed me on love-thoughts, & give me now and then
A cup of sparkling poetic fancies; so when I am tipsie,
I'll sing to you to this soft lute; and shew you all alive
The world, when every particle of dust breathes forth its joy.

I took him home in my warm bosom: as we went along
Wild flowers I gatherd; & he shew'd me each eternal flower:
He laugh'd aloud to see them whimper because they were pluck'd.
They hover'd round me like a cloud of incense: when I came
Into my parlour and sat down, and took my pen to write:
My Fairy sat upon the table, and dictated EUROPE.

Cinco janelas iluminam o Homem encavernado: por uma ele respira o ar;
Por uma ouve música das esferas; por uma a videira eterna
Floresce, para ele poder receber as uvas; por uma pode olhar
E ver pequenas porções do mundo eterno que sempre cresce;
Por uma ele mesmo distribui o tempo que lhe apraz; mas não irá,
Pois alegrias roubadas são doces, & pão comido às ocultas suave.

Assim cantava um Duende, a zombar, sentado numa Tulipa listrada,
Achando que ninguém o vira: quando cessou, saltei das árvores
E o apanhei em meu chapéu, como garotos derrubam uma borboleta.
Como a conheceu, senhorinho?, perguntei, onde aprendeu essa canção?
Vendo-se em minha posse, assim me respondeu:
Meu amo, sou teu! manda-me, pois devo obedecer.

Dize-me então, o que é o mundo material, e está ele morto?
Rindo, respondeu: Escreverei um livro em pétalas de flores
Se me deres de comer pensamentos de amor & de vez em quando
Uma taça de fantasias poéticas espirituosas; então, quando ébrio,
Cantarei para ti ao som deste agradável alaúde, e te mostrarei todo vivo
O mundo, quando cada partícula de pó exala alegria.

Levei-o a casa em meu peito quente: enquanto seguíamos
Flores silvestres colhi, & ele me mostrou cada flor eterna:
Ria alto ao vê-las choramingar porque eram arrancadas.
Pairavam em meu redor como nuvem de incenso: quando entrei
Em minha sala e sentei e peguei uma pena para escrever,
Meu Duende sentou à mesa e ditou EUROPA.

PRELUDIUM

The nameless shadowy female rose from out the breast of Orc:
Her snaky hair brandishing in the winds of Enitharmon,
And thus her voice arose.

O mother Enitharmon wilt thou bring forth other sons?
To cause my name to vanish, that my place may not be found.
For I am faint with travel!
Like the dark cloud disburdend in the day of dismal thunder.

My roots are brandish'd in the heavens. my fruits in earth beneath
Surge, foam, and labour into life, first born & first consum'd!
Consumed and consuming!
Then why shouldst thou accursed mother bring me into life?

I wrap my turban of thick clouds around my lab'ring head;
And fold the sheety waters as a mantle round my limbs.
Yet the red sun and moon,
And all the overflowing stars rain down prolific pains.

Unwilling I look up to heaven! unwilling count the stars!
Sitting in fathomless abyss of my immortal shrine.
I sieze their burning power
And bring forth howling terrors, all devouring fiery kings.

Devouring & devoured roaming on dark and desolate mountains
In forests of eternal death, shrieking in hollow trees.
Ah mother Enitharmon!
Stamp not with solid form this vig'rous progeny of fires.

PRELÚDIO

A obscura fêmea sem nome se ergueu saída do peito de Orc,
O cabelo serpeante se agitando aos ventos de Enitharmon;
E assim sua voz se elevou:

Ó mãe Enitharmon, darás à luz outros filhos?
Para que o meu nome esvaeça, que o meu lugar não seja encontrado,
Pois estou fraca do trabalho!
Como a nuvem escura descarregada no dia de funesto trovão.

As minhas raízes são agitadas nos céus, os meus frutos na terra abaixo
Crescem, espumam e laboram em vida, primeiro filho & primeiro consumido!
Consumido e consumidor!
Então por que tinhas, amaldiçoada mãe, que me trazer à vida?

Enrolo o meu turbante de nuvens espessas na cabeça sofrida
E dobro as águas em camadas como um manto envolvendo os membros.
Contudo o sol rubro e a lua
E todas as estrelas transbordantes chovem dores prolíficas.

Relutante olho para o céu, relutante conto as estrelas!
Sentada no abismo insondável do meu santuário imortal,
Me apodero do seu poder abrasador
E dou à luz terrores uivantes, irascíveis reis devoradores,

Devoradores & devorados errando em montanhas escuras e desoladas,
Em florestas de morte eterna, estridulando em árvores ocas.
Ah mãe Enitharmon!
Que não marques com forma sólida esta vigorosa progênie de fogos.

I bring forth from my teeming bosom myriads of flames.
And thou dost stamp them with a signet, then they roam abroad
And leave me void as death:
Ah! I am drown'd in shady woe, and visionary joy.

And who shall bind the infinite with an eternal band?
To compass it with swaddling bands? and who shall cherish it
With milk and honey?
I see it smile & I roll inward & my voice is past.

She ceast & rolld her shady clouds
Into the secret place.

A PROPHECY

The deep of winter came;
What time the secret child,
Descended thro' the orient gates of the eternal day:
War ceas'd, & all the troops like shadows fled to their abodes.

Then Enitharmon saw her sons & daughters rise around.
Like pearly clouds they meet together in the crystal house:
And Los, possessor of the moon, joy'd in the peaceful night:
Thus speaking while his num'rous sons shook their bright fiery wings

Again the night is come
That strong Urthona takes his rest,
And Urizen unloos'd from chains
Glows like a meteor in the distant north
Stretch forth your hands and strike the elemental strings!
Awake the thunders of the deep.

Do meu peito abundante dou miríades de chamas,
E tu as marca com um sinete; depois elas cruzam outras terras
E me deixam vazia como a morte.
Ah! me afogo em desgosto sombrio e alegria visionária.

E quem atará o infinito com uma fita eterna?
Circundá-lo com cueiros? e quem o nutrirá
Com leite e mel?
Vejo-o sorrir & me volto para dentro & a minha voz é passado.

Ela cessou de falar & levou as nuvens sombrias
Lugar secreto adentro.

UMA PROFECIA

O inverno pleno chegou;
Tempo em que o filho secreto
Baixou através dos portões orientais do dia eterno:
A guerra cessou, & todas as tropas feito sombras fugiram para suas moradas.

Então Enitharmon viu os filhos & filhas aparecerem.
Como nuvens peroladas se reúnem na casa de cristal:
E Los, possuidor da lua, apreciava a noite pacífica,
Assim falando, enquanto os muitos filhos batiam as brilhantes asas ardentes:

Mais uma vez a noite chegou
Em que o forte Urthona repousa;
E Urizen, liberto de grilhões,
Fulgura feito meteoro no norte distante.
Estendei as mãos e tocai as cordas elementares!
Despertai os trovões do abismo!

The shrill winds wake
Till all the sons of Urizen look out and envy Los:
Sieze all the spirits of life and bind
Their warbling joys to our loud strings
Bind all the nourishing sweets of earth
To give us bliss, that we may drink the sparkling wine of Los
And let us laugh at war,
Despising toil and care,
Because the days and nights of joy, in lucky hours renew.

Arise O Orc from thy deep den,
First born of Enitharmon rise!
And we will crown thy head with garlands of the ruddy vine;
For now thou art bound;
And I may see thee in the hour of bliss, my eldest born.

The horrent Demon rose, surrounded with red stars of fire,
Whirling about in furious circles round the immortal fiend.

Then Enitharmon down descended into his red light,
And thus her voice rose to her children, the distant heavens reply.

Now comes the night of Enitharmons joy!
Who shall I call? Who shall I send?
That Woman, lovely Woman! may have dominion?
Arise O Rintrah thee I call! & Palamabron thee!
Go! tell the human race that Womans love is Sin!
That an Eternal life awaits the worms of sixty winters
In an allegorical abode where existence hath never come:
Forbid all joy, & from her childhood shall the little female
Spread nets in every secret path.

Os ventos estrídulos despertam,
Até que todos os filhos de Urizen voltam os olhos e invejam Los:
Apodera-te de todos os espíritos da vida, e ata
Os regozijos gorjeadores às nossas cordas sonoras,
Ata todos os nutritivos doces da terra
Para nos dar felicidade, para podermos beber do vinho espumante de Los,
E deixa que zombemos da guerra,
Desprezando labuta e cuidado,
Porque os dias e as noites de alegria em momentos de sorte se renovam.

Ergue-te, Ó Orc, do teu covil profundo,
Primogênito de Enitharmon, levanta-te!
E coroaremos a tua cabeça com guirlandas de videira rosada;
Pois agora estás atado,
E poderei te ver na hora da felicidade, meu filho mais velho.

O horrível Demônio se ergueu cercado de cinco estrelas rubras de fogo
Remoinhando em furiosos círculos em volta do diabo imortal.

Então Enitharmon desceu e adentrou na luz vermelha da criatura,
E assim sua voz chegou aos filhos: os céus distantes respondem:

Agora chega a noite de alegria de Enitharmon!
Quem devo chamar? Quem devo enviar?
Aquela Mulher, amável Mulher, talvez tenha domínio?
Ergue-te, Ó Rintrah, a ti chamo! & Palamabron, a ti!
Vão! dizei à raça Humana que o amor da Mulher é Pecado!
Que uma vida Eterna aguarda os vermes de sessenta invernos
Numa morada alegórica a que a experiência jamais chegou.
Proibi toda alegria, & que da infância a pequena fêmea
Espalhe redes em cada caminho secreto.

My weary eyelids draw towards the evening, my bliss is yet but new.
Arise O Rintrah eldest born: second to none but Orc:
O lion Rintrah raise thy fury from thy forests black:
Bring Palamabron horned priest, skipping upon the mountains:
And silent Elynittria the silver bowed queen:
Rintrah where hast thou hid thy bride!
Weeps she in desart shades?
Alas my Rintrah! bring the lovely jealous Ocalythron.

Arise my son! bring all thy brethren O thou king of fire.
Prince of the sun I see thee with thy innumerable race:
Thick as the summer stars:
But each ramping his golden mane shakes,
And thine eyes rejoice because of strength O Rintrah furious king.

Enitharmon slept,
Eighteen hundred years: Man was a Dream!
The night of Nature and their harps unstrung:
She slept in middle of her nightly song,

Eighteen hundred years, a female dream!

Shadows of men in fleeting bands upon the winds:
Divide the heavens of Europe:
Till Albions Angel smitten with his own plagues fled with his bands
The cloud bears hard on Albions shore:
Fill'd with immortal demons of futurity:
In council gather the smitten Angels of Albion
The cloud bears hard upon the council house; down rushing
On the heads of Albions Angels.

One hour they lay buried beneath the ruins of that hall;
But as the stars rise from the salt lake they arise in pain,

As minhas pálpebras cansadas se voltam à noite; a minha felicidade ainda é nova.
Ergue-te! Ó Rintrah, o filho mais velho, apenas por Orc superado!
Ó leão Rintrah, levanta a tua fúria do negror das tuas florestas!
Traze Palamabron, sacerdote cornífero, saltando sobre as montanhas,
E a silenciosa Elynittria, a rainha de arco dourado.
Rintrah, onde escondeste a tua noiva?
Pranteia ela em sombras do deserto?
Ai! meu Rintrah, traze a amável Ocalythron ciumenta.

Ergue-te, meu filho! traze todos os teus irmãos, Ó tu, rei do fogo!
Príncipe do sol! vejo-te com a tua raça inumerável,
Denso como as estrelas do verão;
Mas cada um, a esbravejar, a cabeleira dourada agita,
E os teus olhos jubilam por causa da força, Ó Rintrah, rei furioso!

Enitharmon dormiu
Mil e oitocentos anos: o Homem era um sonho!
A noite da Natureza e suas harpas desencordoadas:
Ela dormiu no meio de sua canção noturna

Mil e oitocentos anos, um sonho feminino!

Sombras de homens em bandos fugidios sobre os ventos
Dividem os céus da Europa
Até que o Anjo de Álbion, infligido por suas pestes, fugiu com seus bandos.
A nuvem paira pesada sobre a costa de Álbion,
Repleta de demônios imortais do futuro:
Em conselho se reúnem os infligidos Anjos de Álbion;
A nuvem paira densa sobre a casa do conselho, precipitando-se
Sobre a cabeça dos Anjos de Álbion.

Por uma hora ficaram soterrados nas ruínas desse salão;
Mas, como as estrelas se levantam do lago salgado, erguem-se com dores,

In troubled mists o'erclouded by the terrors of strugling times.
In thoughts perturb'd, they rose from the bright ruins silent following
The fiery King, who sought his ancient temple serpent-form'd
That stretches out its shady length along the Island white.
Round him roll'd his clouds of war; silent the Angel went,
Along the infinite shores of Thames to golden Verulam.
There stand the venerable porches that high-towering rear
Their oak-surrounded pillars, form'd of massy stones, uncut
With tool; stones precious; such eternal in the heavens,
Of colours twelve, few known on earth, give light in the opake,
Plac'd in the order of the stars, when the five senses whelm'd
In deluge o'er the earth-born man; then turn'd the fluxile eyes
Into two stationary orbs, concentrating all things.
The ever-varying spiral ascents to the heavens of heavens
Were bended downward; and the nostrils golden gates shut
Turn'd outward, barr'd and petrify'd against the infinite.

Thought chang'd the infinite to a serpent; that which pitieth:
To a devouring flame; and man fled from its face and hid
In forests of night; then all the eternal forests were divided
Into earths rolling in circles of space, that like an ocean rush'd
And overwhelmed all except this finite wall of flesh.
Then was the serpent temple form'd, image of infinite
Shut up in finite revolutions, and man became an Angel;
Heaven a mighty circle turning; God a tyrant crown'd.

Now arriv'd the ancient Guardian at the southern porch,
That planted thick with trees of blackest leaf, & in a vale
Obscure, inclos'd the Stone of Night; oblique it stood, o'erhung
With purple flowers and berries red; image of that sweet south,
Once open to the heavens and elevated on the human neck,
Now overgrown with hair and coverd with a stony roof,
Downward 'tis sunk beneath th' attractive north, that round the feet

Em névoas turvas, toldados pelos terrores de tempos de atribulação.
Transtornados se ergueram das ruínas brilhantes, em silêncio seguindo
O Rei belicoso, que buscou o antigo templo serpentiforme
Cuja extensão sombria se estende ao longo da Ilha branca.
Em redor dele rolavam suas nuvens de guerra; em silêncio os Anjos foram
Ao longo das margens infinitas do Tâmisa à Verulam dourada.
Lá se erguiam os veneráveis pórticos que altaneiros elevavam
As colunas cercadas de carvalho, formadas de pedras maciças, não cortadas
Com ferramentas, preciosas pedras, de tal modo eternas nos céus,
De doze cores, poucas conhecidas na terra, dão luz no opaco,
Postas na ordem das estrelas, quando os cinco sentidos submergiram
Em dilúvio o homem nascido da terra; depois tornaram os olhos fluidos
Em dois orbes estacionários, concentrando todas as coisas:
As sempre inconstantes ascensões em espiral aos céus dos céus
Foram voltadas para baixo, e os portões dourados das narinas fechados,
Voltados para fora, barrados e petrificados contra o infinito.

O pensamento transformou o infinito numa serpente, aquela que se apieda
Duma chama devoradora; e o homem fugiu de sua face e se escondeu
Nas florestas da noite: então todas as florestas eternas foram divididas
Em terras que rolavam em círculos de espaço, que como um oceano corriam
E dominavam tudo exceto esta muralha finita de carne.
Então o templo da serpente se formou, imagem do infinito
Encerrado em revoluções finitas, e o homem se tornou um Anjo,
Céu um possante círculo torneando, Deus um tirano coroado.

Agora chegava o antigo Guardião ao pórtico do sul
Que assentado com abundantes árvores das folhas mais negras, & num vale
Obscuro, encerrava a Pedra da Noite; oblíqua se erguia, sobrepairando
Com flores púrpuras e bagas vermelhas, imagem daquele doce sul
Outrora aberto para os céus, e elevado no pescoço humano,
Agora demasiado crescido com cabelo e coberto por um telhado de pedra.
Para baixo se afunda no norte atraente, que em torno dos pés

A raging whirlpool draws the dizzy enquirer to his grave:

Albions Angel rose upon the Stone of Night.
He saw Urizen on the Atlantic;
And his brazen Book,
That Kings & Priests had copied on Earth
Expanded from North to South.

And the clouds & fires pale rolld round in the night of Enitharmon
Round Albions cliffs & Londons walls; still Enitharmon slept!
Rolling volumes of grey mist involve Churches, Palaces, Towers:
For Urizen unclaspd his Book: feeding his soul with pity
The youth of England hid in gloom curse the paind heavens; compell'd
Into the deadly night to see the form of Albions Angel
Their parents brought them forth & aged ignorance preaches canting,
On a vast rock, perciev'd by those senses that are clos'd from thought:
Bleak, dark, abrupt, it stands & overshadows London city
They saw his boney feet on the rock, the flesh consum'd in flames:
They saw the Serpent temple lifted above, shadowing the Island white:
They heard the voice of Albions Angel howling in flames of Orc,
Seeking the trump of the last doom

Above the rest the howl was heard from Westminster louder & louder:
The Guardian of the secret codes forsook his ancient mansion,
Driven out by the flames of Orc; his furr'd robes & false locks
Adhered and grew one with his flesh, and nerves & veins shot thro' them

With dismal torment sick hanging upon the wind: he fled
Groveling along Great George Street thro' the Park gate; all the soldiers
Fled from his sight; he drag'd his torments to the wilderness.

Thus was the howl thro Europe!
For Orc rejoic'd to hear the howling shadows

Um vórtice vociferante arrasta o aturdido inquiridor para a sepultura:

O Anjo de Álbion subiu na Pedra da Noite.
Viu Urizen no Atlântico;
E seu Livro de bronze
Que Reis & Sacerdotes copiaram na Terra,
Expandido de Norte a Sul.

E as nuvens & os fogos pálidos rolaram em redor na noite de Enitharmon,
Em redor dos rochedos de Álbion & muros de Londres: Enitharmon ainda dormia!
Volutas rolantes de névoa cinza envolvem Igrejas, Palácios, Torres;
Pois Urizen desprendeu o Livro, nutrindo a alma com piedade.
Os moços da Inglaterra, ocultos em tristeza, amaldiçoam os céus aflitos, compelidos
À noite mortífera para ver a forma do Anjo de Álbion.
Os pais a eles deram à luz, & a velha ignorância preconiza, hipocritamente,
Numa rocha imensa, percebida por aqueles sentidos fechados ao pensamento:
Desolada, escura, abrupta, ergue-se & obscurece a cidade de Londres.
Viram seus pés ossudos na rocha, a carne consumida em chamas;
Viram o templo da Serpente erguido acima, toldando a Ilha branca;
Ouviram a voz do Anjo de Álbion gritando nas chamas de Orc,
Buscando a trombeta do juízo final.

Acima do resto os gritos foram ouvidos de Westminster mais & mais altos:
O Guardião dos códigos secretos deixou a antiga mansão,
Forçado a sair pelas chamas de Orc; seus roupões de pele & a falsa cabeleira
Aderiram e se uniram à carne, e nervos & veias os atravessaram.

Com horrível tormento aflito, suspenso no vento, ele fugiu
Rastejando pela rua Great George e pelo portão do Parque: os soldados
Sumiram de vista: ele arrastou seus tormentos para o ermo.

Assim foi o uivo por toda a Europa!
Pois Orc jubilou ao ouvir as sombras uivantes;

But Palamabron shot his lightnings trenching down his wide back
And Rintrah hung with all his legions in the nether deep

Enitharmon laugh'd in her sleep to see (O womans triumph)
Every house a den, every man bound; the shadows are filld
With spectres, and the windows wove over with curses of iron:
Over the doors Thou shalt not; & over the chimneys Fear is written:
With bands of iron round their necks fasten'd into the walls
The citizens: in leaden gyves the inhabitants of suburbs
Walk heavy: soft and bent are the bones of villagers

Between the clouds of Urizen the flames of Orc roll heavy
Around the limbs of Albions Guardian, his flesh consuming.
Howlings & hissings, shrieks & groans, & voices of despair
Arise around him in the cloudy
Heavens of Albion, Furious
The red limb'd Angel siez'd, in horror and torment;
The Trump of the last doom; but he could not blow the iron tube!
Thrice he assay'd presumptuous to awake the dead to Judgment.

A mighty Spirit leap'd from the land of Albion,
Nam'd Newton; he siez'd the Trump, & blow'd the enormous blast!
Yellow as leaves of Autumn the myriads of Angelic hosts,
Fell thro' the wintry skies seeking their graves;
Rattling their hollow bones in howling and lamentation.

Then Enitharmon woke, nor knew that she had slept
And eighteen hundred years were fled
As if they had not been
She calld her sons & daughters

Mas Palamabron disparou raios, entrincheirando as amplas costas;
E Rintrah pairou com todas as legiões no abismo ínfero.

Enitharmon riu no sono ao ver (Oh triunfo de mulher!)
Cada casa um covil, cada homem atado: as sombras estão cheias
De espectros, e as janelas entrelaçadas com maldições de ferro:
Sobre as portas está escrito Tu não..., & sobre as chaminés, Teme:
Com argolas de ferro em torno do pescoço fixados às paredes
Os cidadãos, em grilhões plúmbeos os habitantes das periferias
Andam pesadamente; fracos e tortos são os ossos dos aldeões.

Entre as nuvens de Urizen as chamas de Orc rolam densas
Em redor dos membros do Guardião de Álbion, sua carne consumindo.
Uivos & silvos, guinchos & gemidos, & vozes de desespero
Se erguem em redor dele nos céus
Nebulosos de Álbion. Furioso,
O Anjo de membros vermelhos tomou com horror e tormento
A Trombeta do juízo final, mas não conseguiu soprar o tubo de ferro!
Três vezes tentou presunçosamente despertar os mortos para o Juízo Final.

Um Espírito poderoso saltou da terra de Álbion,
Chamado Newton: tomou a Trombeta & soprou o enorme canglor!
Amarelas como folhas do Outono, as miríades de hostes angélicas
Caíram pelos céus invernais em busca das sepulturas,
Chocalhando os ossos ocos em gritos e lamentações.

Então Enitharmon despertou, sem saber que tinha dormido;
E mil e oitocentos anos tinham passado
Como se não tivessem existido.
Ela chamou os filhos & as filhas

To the sports of night,
Within her crystal house;
And thus her song proceeds.

Arise Ethinthus! tho' the earth-worm call;
Let him call in vain;
Till the night of holy shadows
And human solitude is past!
Ethinthus queen of waters, how thou shinest in the sky:
My daughter how do I rejoice! for thy children flock around
Like the gay fishes on the wave, when the cold moon drinks the dew.
Ethinthus! thou art sweet as comforts to my fainting soul:
For now thy waters warble round the feet of Enitharmon.

Manathu-Vorcyon! I behold thee flaming in my halls,
Light of thy mothers soul! I see thy lovely eagles round;
Thy golden wings are my delight, & thy flames of soft delusion.

Where is my lureing bird of Eden! Leutha silent love!
Leutha, the many colourd bow delights upon thy wings:
Soft soul of flowers Leutha!
Sweet smiling pestilence! I see thy blushing light:
Thy daughters many changing,
Revolve like sweet perfumes ascending O Leutha silken queen!

Where is the youthful Antamon. prince of the pearly dew,
O Antamon, why wilt thou leave thy mother Enitharmon?
Alone I see thee crystal form,
Floting upon the bosomd air:
With lineaments of gratified desire.
My Antamon the seven churches of Leutha seek thy love.

Para as recreações da noite
Dentro de sua casa de cristal,
E assim começa sua canção:

Ergue-te, Ethinthus! embora a minhoca chame,
Que ela chame em vão,
Até que a noite de sombras sagradas
E solidão humana tenha passado!
Ethinthus, rainha das águas, que brilhante és no céu!
Filha minha, como me jubilo! pois os meus filhos se reúnem em volta
Como os peixes alegres na onda, quando a lua fria sorve o sereno.
Ethinthus! és doce como consolos para a minha alma desmaiada,
Pois agora as tuas águas gorjeiam em redor dos pés de Enitharmon.

Manathu-Vorcyon! observo-te flamejando nos meus salões,
Luz da alma da tua mãe! vejo as tuas graciosas águias em redor;
As tuas asas douradas são o meu deleite, & as tuas chamas de serena delusão.

Onde está a minha atraente ave do Éden? Leutha, amor silencioso!
Leutha, o arco multicolorido se deleita sobre as tuas asas:
Meiga alma de flores, Leutha!
Doce pestilência sorridente! vejo-te enrubescer de leve;
As tuas filhas, muitas em mutação,
Dão voltas como doces perfumes ascendentes, Ó Leutha, rainha sedosa!

Onde está o jovial Antamon, príncipe do sereno perolado?
Ó Antamon! por que deixarás a tua mãe Enitharmon?
Sozinho te vejo, forma cristalina,
Flutuando no ar afetuoso
Com lineamentos de desejo satisfeito.
O meu Antamon, as sete igrejas de Leutha buscam o teu amor.

I hear the soft Oothoon in Enitharmons tents:
Why wilt thou give up womans secrecy my melancholy child?
Between two moments bliss is ripe:
O Theotormon robb'd of joy, I see thy salt tears flow

Down the steps of my crystal house.

Sotha & Thiralatha, secret dwellers of dreamful caves,
Arise and please the horrent fiend with your melodious songs.
Still all your thunders golden hoofd, & bind your horses black.
Orc! smile upon my children!
Smile son of my afflictions.
Arise O Orc and give our mountains joy of thy red light.

She ceas'd, for All were forth at sport beneath the solemn moon
Waking the stars of Urizen with their immortal songs,
That nature felt thro' all her pores the enormous revelry,
Till morning ope'd the eastern gate.
Then every one fled to his station, & Enitharmon wept.

But terrible Orc, when he beheld the morning in the east,
Shot from the heights of Enitharmon;
And in the vineyards of red France appear'd the light of his fury.

The sun glow'd fiery red!
The furious terrors flew around!
On golden chariots raging, with red wheels dropping with blood;
The Lions lash their wrathful tails!
The Tigers couch upon the prey & suck the ruddy tide:
And Enitharmon groans & cries in anguish and dismay.

Ouço a doce Oothoon nas tendas de Enitharmon;
Por que abandonarás o sigilo da mulher, melancólica filha?
Entre dois momentos a felicidade está madura.
Ó Theotormon! privado de alegria, vejo as tuas lágrimas salgadas correrem

Nos degraus da minha casa de cristal.

Sotha & Thiralata! moradores secretos de cavernas sonhadoras,
Levantai-vos e distraí o horrendo demônio com as vossas canções melodiosas;
Silenciai os vossos trovões, casco-dourados, & amarrai os vossos cavalos negros.
Orc! anima os meus filhos!
Sorri, filho das minhas aflições.
Levanta-te, Ó Orc, e às nossas montanhas dá a alegria da tua luz vermelha!

Ela parou de cantar; pois Todos se entretinham sob a lua solene
Despertando os astros de Urizen com canções imortais,
Que a natureza sentiu em todos os poros dela o enorme folguedo
Até que a manhã abriu o portão do leste;
Então cada um se retirou para seu posto, & Enitharmon chorou.

Mas o terrível Orc, ao contemplar a manhã no leste,
Disparou das alturas de Enitharmon,
E nas vinhas da França vermelha surgiu a luz de sua fúria.

O inflamável vermelho do sol fulgurou!
Os furiosos terrores voaram em redor!
Em carros dourados vociferando, com rodas vermelhas gotejando sangue!
Os Leões chicoteiam com a cauda colérica!
Os Tigres se deitam sobre a presa & sugam a maré avermelhada:
E Enitharmon geme & chora de angústia e desalento.

Then Los arose his head he reard in snaky thunders clad:
And with a cry that shook all nature to the utmost pole,
Call'd all his sons to the strife of blood.

FINIS

Então Los se levantou: a cabeça ergueu com serpeantes trovões coberta:
E com um grito que abalou toda a natureza até o mais extremo polo
Convocou todos os filhos para a contenda sangrenta.

FIM

THE SONG OF LOS
(1795)

A CANÇÃO DE LOS
(1795)

AFRICA

I will sing you a song of Los. the Eternal Prophet:
He sung it to four harps at the tables of Eternity.
In heart-formed Africa.
Urizen faded! Ariston shudderd!
And thus the Song began

Adam stood in the garden of Eden:
And Noah on the mountains of Ararat;
They saw Urizen give his Laws to the Nations
By the hands of the children of Los.

Adam shudderd! Noah faded! black grew the sunny African
When Rintrah gave Abstract Philosophy to Brama in the East:
(Night spoke to the Cloud!
Lo these Human form'd spirits in smiling hipocrisy. War
Against one another; so let them War on; slaves to the eternal Elements)
Noah shrunk, beneath the waters;
Abram fled in fires from Chaldea;
Moses beheld upon Mount Sinai forms of dark delusion:

To Trismegistus. Palamabron gave an abstract Law:
To Pythagoras Socrates & Plato.

Times rolled on o'er all the sons of Har, time after time
Orc on Mount Atlas howld, chain'd down with the Chain of Jealousy
Then Oothoon hoverd over Judah & Jerusalem
And Jesus heard her voice (a man of sorrows) he recievd
A Gospel from wretched Theotormon.

ÁFRICA

Vou te cantar uma canção de Los, o Profeta Eterno:
Ele a cantou acompanhado a quatro harpas às mesas da Eternidade.
Na cordiforme África.
Urizen fraquejou! Ariston estremeceu!
E assim começava a Canção:

Adão estava no jardim do Éden
E Noé nos montes do Arará;
Viram Urizen dar suas Leis às Nações
Pelas mãos dos filhos de Los.

Adão estremeceu! Noé fraquejou! anegrou-se o africano luminoso
Quando Rintrah deu Filosofia Abstrata a Brama no Leste.
(A Noite disse à Nuvem:
Vê! estes espíritos em forma Humana, em risonha hipocrisia, combatem
Uns aos outros; pois que combatam; escravos dos Elementos eternos.)
Noé se encolheu sob as águas;
Abrão fugiu em fogos da Caldeia;
Moisés viu no Monte Sinai formas de escura delusão:

A Trismegisto Palamabron deu uma Lei abstrata:
A Pitágoras, Sócrates & Platão.

Os tempos passaram sobre todos os filhos de Har, o tempo todo
Orc no Monte Atlas gritou, encadeado com o Grilhão da Inveja;
Então Oothoon pairou sobre Judá & Jerusalém,
E Jesus ouviu sua voz (um homem de dores) ele recebeu
Um Evangelho do desditoso Theotormon.

The human race began to wither, for the healthy built
Secluded places, fearing the joys of Love
And the disease'd only propagated:
So Antamon call'd up Leutha from her valleys of delight:
And to Mahomet a loose Bible gave.
But in the North, to Odin, Sotha gave a Code of War,
Because of Diralada thinking to reclaim his joy.

These were the Churches: Hospitals: Castles: Palaces:
Like nets & gins & traps to catch the joys of Eternity
And all the rest a desart;
Till like a dream Eternity was obliterated & erased.

Since that dread day when Har and Heva fled.
Because their brethren & sisters liv'd in War & Lust;
And as they fled they shrunk
Into two narrow doleful forms:
Creeping in reptile flesh upon
The bosom of the ground:
And all the vast of Nature shrunk
Before their shrunken eyes.

Thus the terrible race of Los & Enitharmon gave
Laws & Religions to the sons of Har binding them more
And more to Earth: closing and restraining:
Till a Philosophy of Five Senses was complete
Urizen wept & gave it into the hands of Newton & Locke

Clouds roll heavy upon the Alps round Rousseau & Voltaire:
And on the mountains of Lebanon round the deceased Gods
Of Asia; & on the desarts of Africa round the Fallen Angels
The Guardian Prince of Albion burns in his nightly tent

A raça humana começou a esmorecer, pois os sadios edificaram
Lugares retirados, receando as alegrias do Amor,
E os doentes somente se propagaram.
Assim, Antamon chamou Leutha dos vales de deleite
E a Maomé deu uma Bíblia de folhas soltas.
Mas no Norte, a Odin, Sotha deu um Código de Guerra,
Por causa de Diralada, pensando em reaver sua alegria.

Estes eram as Igrejas, os Hospitais, Castelos, Palácios:
Como redes & laços & trapas para apanhar as alegrias da Eternidade,
E todo o resto um deserto;
Até que, como um sonho, a Eternidade foi obliterada & apagada.

Desde aquele temido dia em que Har e Heva fugiram
Porque seus irmãos & irmãs viviam em Guerra & Lascívia;
E enquanto fugiam se reduziram
A duas lúgubres formas estreitas
Rastejando em carne réptil sobre
A superfície da terra;
E toda a vastidão da Natureza se reduziu
Ante seus olhos reduzidos.

Assim a terrível raça de Los & Enitharmon deu
Leis & Religiões aos filhos de Har, prendendo-os mais
E mais à Terra, encerrando e restringindo,
Até que uma Filosofia dos Cinco Sentidos se completou.
Urizen chorou & e a pôs nas mãos de Newton & Locke.

Nuvens densas passam sobre os Alpes em redor de Rousseau & Voltaire,
E nas montanhas do Líbano em redor dos Deuses mortos
Da Ásia, & nos desertos da África em redor dos Anjos Caídos
O Príncipe Guardião de Álbion arde em sua tenda noturna.

ASIA

The Kings of Asia heard
The howl rise up from Europe!
And each ran out from his Web;
From his ancient woven Den;
For the darkness of Asia was startled
At the thick-flaming, thought-creating fires of Orc.

And the Kings of Asia stood
And cried in bitterness of soul.

Shall not the King call for Famine from the heath?
Nor the Priest, for Pestilence from the fen?
To restrain! to dismay! to thin!
The inhabitants of mountain and plain;
In the day, of full-feeding prosperity;
And the night of delicious songs.

Shall not the Councellor throw his curb
Of Poverty on the laborious?
To fix the price of labour;
To invent allegoric riches:

And the privy admonishers of men
Call for fires in the City
For heaps of smoking ruins,
In the night of prosperity & wantonness

To turn man from his path,

ÁSIA

Os Reis da Ásia ouviram
O uivo soar da Europa,
E cada um saiu correndo de sua Teia,
De seu antigo Covil tecido;
Porque as trevas da Ásia se sobressaltaram
Com os fogos intensos e criadores de pensamentos de Orc.

E os Reis da Ásia se ergueram
E clamaram com amargor de alma:

Não deve o Rei exigir a Fome da charneca?
Ou o Sacerdote a Pestilência do pântano?
Para restringir! intimidar! diminuir!
Os habitantes das montanhas e planícies;
No dia de prosperidade alimentar;
E na noite de canções deliciosas?

Não deve o Conselheiro pôr freio
À Pobreza do trabalhador?
Fixar o preço da mão de obra;
Inventar riquezas alegóricas?

E os secretos censores de homens
Exigir incêndios na Cidade,
Pilhas de ruínas fumegantes
Na noite de prosperidade & devassidão?

Desviar o homem de seu caminho,

To restrain the child from the womb,
To cut off the bread from the city,
That the remnant may learn to obey.

That the pride of the heart may fail;
That the lust of the eyes may be quench'd:
That the delicate ear in its infancy
May be dull'd; and the nostrils clos'd up;
To teach mortal worms the path
That leads from the gates of the Grave.

Urizen heard them cry!
And his shudd'ring waving wings
Went enormous above the red flames
Drawing clouds of despair thro' the heavens
Of Europe as he went:
And his Books of brass iron & gold
Melted over the land as he flew,
Heavy-waving, howling, weeping.

And he stood over Judea:
And stay'd in his ancient place:
And stretch'd his clouds over Jerusalem;

For Adam, a mouldering skeleton
Lay bleach'd on the garden of Eden;
And Noah as white as snow
On the mountains of Ararat.

Then the thunders of Urizen bellow'd aloud
From his woven darkness above.

Orc raging in European darkness

Reprimir a criança já do útero,
Suprimir o pão da cidade,
Para que os restantes aprendam a obedecer.

Para que o orgulho do coração fracasse;
Para que a lascívia dos olhos seja saciada:
Para que o delicado ouvido na infância
Seja embotado, e as narinas fechadas,
Para ensinar a vermes mortais o caminho
Que conduz dos portões da Sepultura?

Urizen os ouviu clamar,
E suas asas agitadas e trêmulas
Assomaram enormes sobre as chamas rubras,
Arrastando nuvens de desespero pelos céus
Da Europa enquanto avançava:
E seus Livros de bronze, ferro & ouro
Derretiam sobre a terra enquanto ele fugia,
Adejando pesadamente, gemendo, pranteando.

E se deteve sobre a Judeia:
E ficou no antigo palácio,
E estendeu suas nuvens sobre Jerusalém;

Pois Adão, esqueleto a se pulverizar,
Jazia alvejado no jardim do Éden;
E Noé, alvo como neve,
Nos montes do Arará.

Então os trovões de Urizen ribombaram
Das trevas tecidas nas alturas.

Orc, rugindo em trevas europeias,

Arose like a pillar of fire above the Alps
Like a serpent of fiery flame!
The sullen Earth
Shrunk!

Forth from the dead dust rattling bones to bones
Join: shaking convuls'd the shivring clay breathes
And all flesh naked stands: Fathers and Friends;
Mothers & Infants; Kings & Warriors:

The Grave shrieks with delight, & shakes
Her hollow womb, & clasps the solid stem:
Her bosom swells with wild desire:
And milk & blood & glandous wine
In rivers rush & shout & dance,
On mountain, dale and plain.

The SONG of LOS is Ended.
Urizen Wept.

Ergueu-se como coluna de fogo acima dos Alpes,
Como serpente de chama flamante!
A Terra soturna
Se reduziu!

Saídos do solo morto, ossos chocalhantes a ossos
Se unem: tremendo convulsa, a terra tiritante respira
E toda a carne desnuda permanece: Pais e Amigos,
Mães & Filhos, Reis & Guerreiros:

A Sepultura estridula com deleite & estremece
Seu ventre vazio & agarra o ramo sólido:
Seu peito se dilata com ardente desejo,
E leite & sangue & vinho glandular
Em rios correm & bradam & dançam,
Em montanhas, vales e planícies.

A Canção de Los terminou.
Urizen chorou.

THE BOOK OF URIZEN
(1794)

O LIVRO DE URIZEN
(1794)

PRELUDIUM TO THE BOOK OF URIZEN

Of the primeval Priests assum'd power,
When Eternals spurn'd back his religion;
And gave him a place in the north,
Obscure, shadowy, void, solitary.

Eternals I hear your call gladly,
Dictate swift winged words, & fear not
To unfold your dark visions of torment.

Chap: I

1. Lo, a shadow of horror is risen
In Eternity! Unknown, unprolific!
Self-closd, all-repelling: what Demon
Hath form'd this abominable void
This soul-shudd'ring vacuum?—Some said
"It is Urizen", But unknown, abstracted
Brooding secret, the dark power hid.

2. Times on times he divided, & measur'd
Space by space in his ninefold darkness
Unseen, unknown! changes appeard
In his desolate mountains rifted furious
By the black winds of perturbation

3. For he strove in battles dire
In unseen conflictions with shapes

PRELÚDIO AO LIVRO DE URIZEN

Do poder assumido pelo primevo Sacerdote,
Quando os Eternos lhe rejeitaram a religião
E lhe deram um lugar no norte,
Obscuro, sombrio, vazio, solitário.

Eternos, ouço com prazer vosso chamado.
Ditai palavras de asas velozes & não temais
Revelar vossas sombrias visões de tormento.

Cap. I

1. Vê, uma sombra de horror surgiu
Na Eternidade! Incógnita, improdutiva!
Ensimesmada, repelente: que Demônio
Formou este vazio abominável,
Este vácuo que treme as almas? Disseram
"É Urizen". Mas incógnito, abstraído,
Incubado, secreto, o escuro poder se ocultava.

2. Os tempos em tempos dividiu, & mediu
Espaço por espaço nas densas trevas,
Invisível, incógnito! apareceram mutações
Nas ermas montanhas, com fúria destruídas
Pelos ventos sinistros das perturbações.

3. Porque pelejou em medonhas batalhas,
Em conflitos invisíveis com formas

Bred from his forsaken wilderness,
Of beast, bird, fish, serpent & element
Combustion, blast, vapour and cloud.

4. Dark revolving in silent activity:
Unseen in tormenting passions;
An activity unknown and horrible;
A self-contemplating shadow,
In enormous labours occupied

5. But Eternals beheld his vast forests
Age on ages he lay, clos'd, unknown
Brooding shut in the deep; all avoid
The petrific abominable chaos

6. His cold horrors silent, dark Urizen
Prepar'd: his ten thousands of thunders
Rang'd in gloom'd array stretch out across
The dread world, & the rolling of wheels
As of swelling seas, sound in his clouds
In his hills of stor'd snows, in his mountains
Of hail & ice; voices of terror,
Are heard, like thunders of autumn,
When the cloud blazes over the harvests

Chap: II

1. Earth was not: nor globes of attraction
The will of the Immortal expanded
Or contracted his all flexible senses.
Death was not, but eternal life sprung

Nascidas de seu desolado deserto,
De ave, fera, peixe, serpente & elemento,
Combustão, rajada, vapor e nuvem.

4. Sombrio volteava em silente atividade:
Invisível em paixões tormentosas;
Uma atividade incógnita e horrível;
Uma sombra a contemplar a si mesma,
A enormes trabalhos entregue.

5. Mas os Eternos viram suas vastas florestas;
Idades após idades ele jazeu, fechado, incógnito,
Incubado prisioneiro no abismo; todos evitam
O abominável caos petrífico.

6. Os frios horrores silentes o sombrio Urizen
Preparou; seus milhares de trovões
Em tenebrosas formações se estendem
Pelo mundo medonho; & o rolar de rodas,
Qual mares volumosos, ressoa nas nuvens,
Nas colinas de neves guardadas, nas montanhas
De granizo & gelo; ouvem-se vozes
De terror, como trovões de outono
Quando a nuvem arde sobre as colheitas.

Cap. II

1. A terra não existia: nem globos de atração;
A vontade do Imortal dilatou
Ou contraiu os sentidos flexíveis.
A morte não existia, mas a vida eterna brotava.

2. The sound of a trumpet the heavens
Awoke & vast clouds of blood roll'd
Round the dim rocks of Urizen, so nam'd
That solitary one in Immensity

3. Shrill the trumpet: & myriads of Eternity,
Muster around the bleak desarts
Now fill'd with clouds, darkness & waters
That roll'd perplex'd labring & utter'd
Words articulate, bursting in thunders
That roll'd on the tops of his mountains

4: From the depths of dark solitude. From
The eternal abode in my holiness,
Hidden set apart in my stern counsels
Reserv'd for the days of futurity,
I have sought for a joy without pain,
For a solid without fluctuation
Why will you die O Eternals?
Why live in unquenchable burnings?

5 First I fought with the fire; consum'd
Inwards, into a deep world within:
A void immense, wild dark & deep,
Where nothing was: Natures wide womb
And self balanc'd stretch'd o'er the void
I alone, even I! the winds merciless
Bound; but condensing, in torrents
They fall & fall; strong I repell'd
The vast waves, & arose on the waters
A wide world of solid obstruction

2. O som duma trombeta os céus
Despertou & vastas nuvens de sangue rodearam
As rochas opacas de Urizen, tal o nome
Desse solitário na Imensidão.

3. Estridula a trombeta: & miríades de Eternidade
Se juntam em redor dos tristes desertos,
Agora cobertos de nuvens, trevas & águas
Que rolavam perplexas num afã & proferiam
Palavras articuladas, estourando em trovões
Que reboavam nos cimos das montanhas:

4. Das profundas da escura solidão, da
Morada eterna em minha beatitude
Oculta, retirado em deliberações austeras
Reservadas para dias do futuro,
Busquei uma alegria sem dor,
Uma solidez sem flutuação.
Por que morrereis, Ó Eternos?
Por que vivereis em chamas inextinguíveis?

5. Primeiro lutei com o fogo, consumi
Entranhas, num mundo insondável em mim:
Um vazio imenso, ermo escuro & fundo,
Onde nada existia: vasto ventre da Natureza;
E equilibrado em mim me estendia sobre
O vazio, só, eu só! os ventos inclementes
Aprisionava; mas, condensando-se, em torrentes
Caíam & caíam; impetuoso rechacei
As grandes ondas, & ergui sobre as águas
Um vasto mundo de sólido obstáculo.

6. *Here alone I in books formd of metals*
Have written the secrets of wisdom
The secrets of dark contemplation
By fightings and conflicts dire,
With terrible monsters Sin-bred:
Which the bosoms of all inhabit;
Seven deadly Sins of the soul.

7. *Lo! I unfold my darkness: and on*
This rock, place with strong hand the Book
Of eternal brass, written in my solitude.

8. *Laws of peace, of love, of unity:*
Of pity, compassion, forgiveness.
Let each chuse one habitation:
His ancient infinite mansion:
One command, one joy, one desire,
One curse, one weight, one measure
One King, one God, one Law.

Chap: III

1. *The voice ended, they saw his pale visage*
Emerge from the darkness; his hand
On the rock of eternity unclasping
The Book of brass. Rage siez'd the strong

2. *Rage, fury, intense indignation*
In cataracts of fire blood & gall
In whirlwinds of sulphurous smoke:
And enormous forms of energy;
All the seven deadly sins of the soul

6. Aqui, só, em livros formados de metal
Escrevi os segredos da sabedoria,
Os segredos da contemplação escura
Em lutas e conflitos horrendos
Com monstros nascidos do Pecado:
Que o peito de todos habitam;
Sete Pecados mortais da alma.

7. Vê! Desdobro minhas trevas: e nesta
Rocha ponho com mão firme o Livro
De bronze eterno, escrito na solidão:

8. Leis de paz, de amor, de unidade:
De piedade, compaixão, perdão:
Que cada um escolha sua morada,
Sua antiga mansão infinita:
Uma ordem, uma alegria, um desejo,
Uma maldição, um peso, uma medida,
Um rei, um Deus, uma Lei.

Cap. III

1. A voz se calou: viram seu rosto pálido
Emergir das trevas, sua mão
Na rocha da eternidade abrindo
O Livro de Bronze. A raiva tomou os fortes.

2. Raiva, fúria, intensa indignação
Em cataratas de fogo, sangue & bile
Em torvelinhos de fumo sulfuroso:
E enormes formas de energia;
Os sete pecados mortais da alma

In living creations appear'd
In the flames of eternal fury.

3. Sund'ring, dark'ning, thund'ring!
Rent away with a terrible crash
Eternity roll'd wide apart
Wide asunder rolling
Mountainous all around
Departing; departing; departing:
Leaving ruinous fragments of life
Hanging frowning cliffs & all between
An ocean of voidness unfathomable.

4. The roaring fires ran o'er the heav'ns
In whirlwinds & cataracts of blood
And o'er the dark desarts of Urizen
Fires pour thro' the void on all sides
On Urizens self-begotten armies.

5. But no light from the fires. all was darkness
In the flames of Eternal fury

6. In fierce anguish & quenchless flames
To the desarts and rocks He ran raging
To hide, but He could not: combining
He dug mountains & hills in vast strength,
He piled them in incessant labour,
In howlings & pangs & fierce madness
Long periods in burning fires labouring
Till hoary, and age-broke, and aged,
In despair and the shadows of death.

Em criações viventes apareceram
Nas chamas da fúria eterna.

3. Dividia-se, escurecia, estrondava!
Dilacerada com terrível estrépido
A eternidade rompeu em partes amplas,
Amplamente dividida a rolar;
Montanhosas em todo o redor
A se afastarem, se afastarem, se afastarem,
Deixando ruinosos fragmentos de vida
Suspensos, penhascos torvos & no meio
Um oceano de vazio insondável.

4. As chamas rugindo encheram os céus
Em torvelinhos & cataratas de sangue,
E sobre os escuros desertos de Urizen
Chamas caíram através de todo o vazio
Sobre os exércitos gerados por Urizen.

5. Mas as chamas não emitiam luz: tudo era treva
Nos fogos da fúria Eterna.

6. Em feroz angústia & chamas inextinguíveis
Para os desertos e rochas Ele correu rugindo
Para se esconder; não conseguiu: compondo-se,
Levantou montanhas & colinas com imensa força,
Amontoou-as numa labuta incessante,
Aos uivos & com dores & feroz loucura,
Por longas eras em fogos ardentes a labutar,
Até que encanecido, enfraquecido, e avelhantado,
Em desespero e nas sombras da morte.

7. And a roof, vast petrific around,
On all sides He fram'd: like a womb;
Where thousands of rivers in veins
Of blood pour down the mountains to cool
The eternal fires beating without
From Eternals; & like a black globe
View'd by sons of Eternity, standing
On the shore of the infinite ocean
Like a human heart strugling & beating
The vast world of Urizen appear'd.

8. And Los round the dark globe of Urizen,
Kept watch for Eternals to confine,
The obscure separation alone;
For Eternity stood wide apart,
As the stars are apart from the earth

9. Los wept howling around the dark Demon:
And cursing his lot; for in anguish,
Urizen was rent from his side;
And a fathomless void for his feet;
And intense fires for his dwelling.

10. But Urizen laid in a stony sleep
Unorganiz'd, rent from Eternity

11. The Eternals said: What is this? Death
Urizen is a clod of clay.

12: Los howld in a dismal stupor,
Groaning! gnashing! groaning!
Till the wrenching apart was healed

7. E um vasto telhado petrífico em toda
A volta ele levantou, como um útero,
Onde milhares de rios em veias
De sangue vertiam pelas montanhas para esfriar
Os fogos eternos, que ferem desde fora
Os Eternos; & como um globo negro
Visto pelos filhos da Eternidade, erguido
Na costa do oceano infinito,
Qual coração humano, debatendo-se & batendo,
O vasto mundo de Urizen apareceu.

8. E Los, em torno do globo negro de Urizen,
Vigiou que os Eternos confinassem
A obscura separação;
Pois a Eternidade permaneceu separada,
Como as estrelas estão separadas da terra.

9. Los chorou, uivando em torno do escuro Demônio:
E maldizendo o destino; pois, angustiado,
Urizen foi desgarrado de sua vertente,
E teve um vazio insondável por pés,
E fogos intensos por morada.

10. Mas Urizen jazeu em sono pétreo,
Inorganizado, desgarrado da Eternidade.

11. Os Eternos disseram: O que é isto? Morte.
Urizen é um torrão de terra.

12. Los uivou num triste estupor,
Gemendo! rangendo os dentes! gemendo!
Até que a dolorosa separação foi sarada.

13: But the wrenching of Urizen heal'd not
Cold, featureless, flesh or clay,
Rifted with direful changes
He lay in a dreamless night

14: Till Los rouz'd his fires, affrighted
At the formless unmeasurable death.

Chap: IV: [a]

1: Los smitten with astonishment
Frightend at the hurtling bones

2: And at the surging sulphureous
Perturbed Immortal mad raging

3: In whirlwinds & pitch & nitre
Round the furious limbs of Los

4: And Los formed nets & gins
And threw the nets round about

5: He watch'd in shuddring fear
The dark changes & bound every change
With rivets of iron & brass;

6. And these were the changes of Urizen.

13. Mas a dor de Urizen não foi sarada.
Frio, sem caráter, carne ou terra,
Desgarrado em terríveis mutações,
Jazia numa noite sem sonhos.

14. Até que Los avivou os fogos, aterrado
Ante a imensurável morte informe.

Cap. IV [a]

1. Los, tomado de assombro,
Aterrado pelos ossos em colisão

2. E pela onda que engrossava sulfurosa,
Convulsionada, Imortal, em fúria louca

3. Em torvelinhos & breu & nitro
Em torno dos furiosos membros de Los.

4. E Los formou redes & laços
E lançou as redes em redor.

5. Ele observou trêmulo de medo
As mutações escuras & fixou cada mutação
Com rebites de ferro & bronze.

6. E estas eram as mutações de Urizen:

Chap: IV. [b]

1. Ages on ages roll'd over him!
In stony sleep ages roll'd over him!
Like a dark waste stretching chang'able
By earthquakes riv'n, belching sullen fires
On ages roll'd ages in ghastly
Sick torment; around him in whirlwinds
Of darkness the eternal Prophet howl'd
Beating still on his rivets of iron
Pouring sodor of iron; dividing
The horrible night into watches.

2. And Urizen (so his eternal name)
His prolific delight obscurd more & more
In dark secresy hiding in surgeing
Sulphureous fluid his phantasies.
The Eternal Prophet heavd the dark bellows,
And turn'd restless the tongs; and the hammer
Incessant beat; forging chains new & new
Numb'ring with links. hours, days & years

3. The eternal mind bounded began to roll
Eddies of wrath ceaseless round & round,
And the sulphureous foam surgeing thick
Settled, a lake, bright, & shining clear:
White as the snow on the mountains cold.

4. Forgetfulness, dumbness, necessity!
In chains of the mind locked up,
Like fetters of ice shrinking together
Disorganiz'd, rent from Eternity,
Los beat on his fetters of iron;

Cap. IV [b]

1. Idades após idades passaram por ele!
Em sono pétreo idades passaram por ele!
Como ermo escuro extenso, mutável,
Rasgado por terremotos, expelindo fogos soturnos,
Idades passaram por idades em terríveis
Tormentos; a seu redor em torvelinhos
De trevas o Profeta Eterno uivava,
Ainda golpeando os rebites de ferro;
Vertendo suor de ferro; dividindo
A horrível noite em vigílias.

2. E Urizen (tal é seu nome eterno)
O prolífico deleite escureceu mais & mais
Em sombrio segredo, ocultando em engrossado
Fluido sulfuroso suas fantasias.
O Profeta Eterno levantou os escuros foles
E inquieto girou as tenazes, e incessante
Bateu o malho, forjando novos & novos grilhões,
Numerando com elos horas, dias & anos.

3. A mente eterna aprisionada fez girar
E girar remoinhos de ira sem cessar,
E a espuma sulfúrea, engrossando,
Firmou-se, um lago, claro, brilhante & límpido:
Branco feito a neve nas montanhas frias.

4. Olvido, mudez, necessidade!
Em grilhões da mente aprisionado,
Como cadeias de gelo que se contraem,
Desorganizados, desgarrados da Eternidade,
Los golpeou as cadeias de ferro

And heated his furnaces & pour'd
Iron sodor and sodor of brass

5. Restless turnd the immortal inchain'd
Heaving dolorous! anguish'd! unbearable
Till a roof shaggy wild inclos'd
In an orb, his fountain of thought.

6. In a horrible dreamful slumber;
Like the linked infernal chain;
A vast Spine writh'd in torment
Upon the winds; shooting pain'd
Ribs, like a bending cavern
And bones of solidness, froze
Over all his nerves of joy.
And a first Age passed over,
And a state of dismal woe.

7. From the caverns of his jointed Spine,
Down sunk with fright a red
Round globe hot burning deep
Deep down into the Abyss:
Panting: Conglobing, Trembling
Shooting out ten thousand branches
Around his solid bones.
And a second Age passed over,
And a state of dismal woe.

8. In harrowing fear rolling round;
His nervous brain shot branches
Round the branches of his heart.
On high into two little orbs
And fixed in two little eaves

E esquentou as fornalhas & verteu
Suor de ferro e suor de bronze.

5. Inquieto girou o encadeado Imortal,
Suspirando de dor! em angústia insuportável!
Até que um telhado confuso & revolto conteve
Num orbe sua fonte de pensamento.

6. Numa horrível modorra sonhadora,
Como a cadeia infernal ligada,
Uma imensa Espinha se torcia atormentada
Nos ventos, arrojando costelas
Doloridas, como caverna encurvada;
E sólidos ossos se congelaram
Sobre todos os nervos de alegria.
E uma primeira Idade passou,
E um estado de infortúnio funesto.

7. Das cavernas da Espinha nodosa
Caiu ao fundo com espanto um Globo
Vermelho, abrasando no fundo,
No mais fundo do Abismo:
Arfante, Conglobado, Trêmulo,
Lançando milhares de fibras
Em torno dos sólidos ossos.
E uma segunda Idade passou,
E um estado de infortúnio funesto.

8. Por angustiante medo rodeando,
O cérebro nervoso fibras lançou
Em redor das fibras do coração,
No alto, em dois pequenos orbes,
E fixos em duas pequenas covas,

Hiding carefully from the wind,
His Eyes beheld the deep,
And a third Age passed over:
And a state of dismal woe.

9. The pangs of hope began,
In heavy pain striving, struggling.
Two Ears in close volutions.
From beneath his orbs of vision
Shot spiring out and petrified
As they grew. And a fourth Age passed
And a state of dismal woe.

10. In ghastly torment sick;
Hanging upon the wind;
Two Nostrils bent down to the deep.
And a fifth Age passed over;
And a state of dismal woe.

11. In ghastly torment sick;
Within his ribs bloated round,
A craving Hungry Cavern;
Thence arose his channeld Throat,
And like a red flame a Tongue
Of thirst & of hunger appeard.
And a sixth Age passed over:
And a state of dismal woe.

12. Enraged & stifled with torment
He threw his right Arm to the north
His left Arm to the south
Shooting out in anguish deep,
And his Feet stampd the nether Abyss

Escondidos do vento com cuidado,
Contemplaram os Olhos o abismo,
E uma terceira Idade passou,
E um estado de infortúnio funesto.

9. As agonias da esperança começaram,
Com dores intensas lutando, relutando.
Duas Orelhas de espiras fechadas,
Debaixo dos orbes de visão,
Em espiral se abriram e se petrificaram
Ao crescer. E uma quarta Idade passou,
E um estado de infortúnio funesto.

10. Aflito com penosos tormentos,
Suspensas no vento
Duas Narinas viraram para o abismo.
E uma quinta Idade passou,
E um estado de infortúnio funesto.

11. Aflito com penosos tormentos,
Dentro as costelas dilataram,
Uma voraz Caverna Faminta;
Dela surgiu o canal da Garganta,
E como chama rubra uma Língua
De sede & de fome apareceu.
E uma sexta Idade passou,
E um estado de infortúnio funesto.

12. Enfurecido & sufocado com tormento,
Lançou o Braço direito para o norte,
O Braço esquerdo para o sul,
Projetando-se com profunda angústia,
E os Pés pisaram o Abismo ínfero,

In trembling & howling & dismay.
And a seventh Age passed over:
And a state of dismal woe.

Chap: V

I. In terrors Los shrunk from his task:
His great hammer fell from his hand:
His fires beheld, and sickening,
Hid their strong limbs in smoke.
For with noises ruinous loud;
With hurtlings & clashings & groans
The Immortal endur'd his chains,
Tho' bound in a deadly sleep.

2. All the myriads of Eternity:
All the wisdom & joy of life:
Roll like a sea around him,
Except what his little orbs
Of sight by degrees unfold.

3. And now his eternal life
Like a dream was obliterated

4. Shudd'ring, the Eternal Prophet smote
With a stroke, from his north to south region
The bellows & hammer are silent now
A nerveless silence, his prophetic voice
Siez'd; a cold solitude & dark void
The Eternal Prophet & Urizen clos'd

Trêmulo & plangente & assustado.
E uma sétima Idade passou,
E um estado de infortúnio funesto.

Cap. V

1. Aterrado, Los fugiu à tarefa:
O grande malho caiu da mão:
Os fogos contemplou, e nauseado
Escondeu os membros fortes em fumaça.
Porque entre ruinosos ruídos sonoros,
Com saltos & choques & gemidos
O Imortal suportou os grilhões,
Ainda que prisioneiro num sono fatal.

2. Todas as miríades de Eternidade,
Toda a sabedoria & alegria da vida
Rolaram como um mar em seu redor,
Exceto o que os pequenos orbes
Da vista pouco a pouco revelaram.

3. E então sua vida eterna
Como um sonho foi obliterada.

4. Estremecendo, o Profeta Eterno desferiu
Um golpe da região norte a sul.
Os foles & malhos estão silenciosos agora;
Um silêncio débil sua voz profética
Tomou; uma solidão fria & um vazio escuro
O Profeta Eterno & Urizen encerraram.

5. Ages on ages rolld over them
Cut off from life & light frozen
Into horrible forms of deformity
Los suffer'd his fires to decay
Then he look'd back with anxious desire
But the space undivided by existence
Struck horror into his soul.

6. Los wept obscur'd with mourning:
His bosom earthquak'd with sighs;
He saw Urizen deadly black,
In his chains bound, & Pity began,

7. In anguish dividing & dividing
For pity divides the soul
In pangs eternity on eternity
Life in cataracts pourd down his cliffs
The void shrunk the lymph into Nerves
Wand'ring wide on the bosom of night
And left a round globe of blood
Trembling upon the Void
Thus the Eternal Prophet was divided
Before the death-image of Urizen
For in changeable clouds and darkness
In a winterly night beneath,
The Abyss of Los stretch'd immense:
And now seen, now obscur'd, to the eyes
Of Eternals, the visions remote
Of the dark seperation appear'd.
As glasses discover Worlds
In the endless Abyss of space,
So the expanding eyes of Immortals

5. Idades após idades passaram por eles,
Privados de vida & luz, congelados
Em horríveis formas de desfigurações.
Los deixou que seus fogos diminuíssem;
Então olhou para trás com ansioso desejo,
Mas o espaço, não dividido pela existência,
Encheu de horror sua alma.

6. Los chorou, obscurecido pelo pesar:
Suspiros lhe tremiam o peito;
Viu Urizen negro como a morte,
Com grilhões atado, & a Piedade começou.

7. Em angústia se dividindo & se dividindo,
Porque a piedade divide a alma
Torturada, eternidade após eternidade,
A vida em cataratas brota de seus penhascos.
O vazio contraiu a linfa em Nervos
Que flutuavam no seio da noite
E deixou um globo de sangue
Trêmulo sobre o Vazio.
Assim o Profeta Eterno foi dividido
Ante a imagem de Urizen morto;
Porque em nuvens e trevas mutáveis,
Numa noite invernal abaixo,
O Abismo de Los se estendeu imenso;
E ora vistas, ora obscurecidas aos olhos
Dos Eternos, as visões remotas
Da separação sombria apareceram.
Assim como lentes descobrem Mundos
No infindo Abismo do espaço,
Assim os olhos expansíveis dos Imortais

Beheld the dark visions of Los,
And the globe of life blood trembling

8. The globe of life blood trembled
Branching out into roots;
Fib'rous, writhing upon the winds;
Fibres of blood, milk and tears;
In pangs, eternity on eternity.
At length in tears & cries imbodied
A female form trembling and pale
Waves before his deathy face

9. All Eternity shudderd at sight
Of the first female now separate
Pale as a cloud of snow
Waving before the face of Los

10. Wonder, awe, fear, astonishment,
Petrify the eternal myriads;
At the first female form now separate
They call'd her Pity, and fled

11. "Spread a Tent, with strong curtains around them
"Let cords & stakes bind in the Void
That Eternals may no more behold them"

12. They began to weave curtains of darkness
They erected large pillars round the Void
With golden hooks fastend in the pillars
With infinite labour the Eternals
A woof wove, and called it Science

Contemplavam as escuras visões de Los
E o trêmulo globo de sangue vital.

8. O globo de sangue vital tremeu,
Ramificando-se em raízes
Fibrosas, torcendo-se nos ventos,
Fibras de sangue, leite e lágrimas,
Em dores, eternidade após eternidade.
Ao fim, em lágrimas & gemidos encarnada,
Uma forma feminina, pálida e trêmula,
Ondeia ante seu rosto cadavérico.

9. Toda a Eternidade estremeceu ante a visão
Da primeira fêmea agora separada,
Pálida como uma nuvem de neve
Flutuando ante o rosto de Los.

10. Assombro, reverência, temor, surpresa
Petrificaram as miríades eternas
Ante a primeira forma feminina agora separada.
Chamaram-na Piedade, e fugiram.

11. "Cercai-os com uma Tenda e pesadas cortinas,
Que cordas & estacas se fixem no Vazio,
Para que os Eternos não possam vê-los mais."

12. Começaram a tecer cortinas de trevas,
Erigiram enormes colunas em redor do Vazio,
Com ganchos de ouro fixados nas colunas;
Em labuta infinita, os Eternos
Uma trama teceram, e a chamaram Ciência.

Chap: VI

1. But Los saw the Female & pitied
He embrac'd her, she wept, she refus'd
In perverse and cruel delight
She fled from his arms, yet he followd

2. Eternity shudder'd when they saw,
Man begetting his likeness,
On his own divided image.

3. A time passed over, the Eternals
Began to erect the tent;
When Enitharmon sick,
Felt a Worm within her womb.

4. Yet helpless it lay like a Worm
In the trembling womb
To be moulded into existence

5. All day the worm lay on her bosom
All night within her womb
The worm lay till it grew to a serpent
With dolorous hissings & poisons
Round Enitharmons loins folding,

6. Coild within Enitharmons womb
The serpent grew casting its scales,
With sharp pangs the hissings began
To change to a grating cry,
Many sorrows and dismal throes,
Many forms of fish, bird & beast,

Cap. VI

1. Mas Los viu a Fêmea & se apiedou;
Abraçou-a; ela chorou, recusou;
Com perverso e cruel deleite
Fugiu de seus braços, mas ele a seguiu.

2. A Eternidade estremeceu quando viu
O homem procriando sua imagem
De sua própria imagem dividida.

3. O tempo passou, os Eternos
Começaram a erigir a tenda
Quando Enitharmon, enferma,
Sentiu um Verme no ventre.

4. Contudo, inerme jazia como
Um Verme no trêmulo Ventre
Para ser modelado em existência.

5. O dia todo jazeu o verme em seu peito;
A noite toda no Ventre jazeu
O verme, até que se tornou uma serpente,
Com dolorosos sibilos & venenos
Cingindo os rins de Enitharmon.

6. Enrolada no ventre de Enitharmon,
A serpente cresceu soltando escamas;
Com dores agudas, os sibilos começaram
A passar a gemidos ásperos.
Muitas aflições e terríveis estertores,
Muitas formas de peixe, ave & fera

Brought forth an Infant form
Where was a worm before.

7. The Eternals their tent finished
Alarm'd with these gloomy visions
When Enitharmon groaning
Produc'd a man Child to the light.

8. A shriek ran thro' Eternity:
And a paralytic stroke;
At the birth of the Human shadow.

9. Delving earth in his resistless way;
Howling, the Child with fierce flames
Issu'd from Enitharmon.

10. The Eternals, closed the tent
They beat down the stakes the cords
Stretch'd for a work of eternity;
No more Los beheld Eternity.

11. In his hands he siez'd the infant
He bathed him in springs of sorrow
He gave him to Enitharmon.

Chap. VII

1. They named the child Orc, he grew
Fed with milk of Enitharmon

2. Los awoke her; O sorrow & pain!
A tight'ning girdle grew,

Produziram uma forma de Criança
Onde antes estivera um verme.

7. Os Eternos terminaram a tenda
Alarmados ante essas visões sombrias,
Quando Enitharmon, gemendo,
Deu à luz um Filho varão.

8. Um guincho trespassou a Eternidade,
E uma paralisia ocorreu
Ante o nascimento duma sombra Humana.

9. Penetrando a terra dum modo irresistível,
Berrando, o Menino, entre chamas furiosas,
Saiu de Enitharmon.

10. Os Eternos fecharam a tenda,
Bateram as estacas, estenderam
As cordas numa obra de eternidade.
Los jamais contemplou a Eternidade.

11. Nas mãos tomou o menino,
Banhou-o em nascentes de pesar,
Entregou-o a Enitharmon.

Cap. VII

1. Ao menino chamaram Orc; nutrido
Com o leite de Enitharmon cresceu.

2. Los a despertou; Oh pesar & dor!
Uma faixa mais retesa cresceu

Around his bosom. In sobbings
He burst the girdle in twain,
But still another girdle
Opressd his bosom, In sobbings
Again he burst it. Again
Another girdle succeeds
The girdle was form'd by day;
By night was burst in twain.

3. These falling down on the rock
Into an iron Chain
In each other link by link lock'd

4. They took Orc to the top of a mountain.
O how Enitharmon wept!
They chain'd his young limbs to the rock
With the Chain of Jealousy
Beneath Urizens deathful shadow

5. The dead heard the voice of the child
And began to awake from sleep
All things. heard the voice of the child
And began to awake to life.

6. And Urizen craving with hunger
Stung with the odours of Nature
Explor'd his dens around

7. He form'd a line & a plummet
To divide the Abyss beneath.
He form'd a dividing rule:

Em volta do peito. Aos soluços
Rompeu a faixa em dois;
Mas outra faixa ainda
Oprimia o peito. Aos soluços
Também a rompeu. De novo
Outra faixa a sucedeu.
A faixa se formava de dia,
De noite era rompida em dois.

3. E foram caindo sobre a rocha
Numa Corrente de ferro,
Um a um os elos unidos.

4. Levaram Orc ao cimo duma montanha.
Oh como Enitharmon chorou!
Encadearam seus membros tenros à rocha
Com a Corrente do Ciúme
Sob a sombra mortal de Urizen.

5. Os mortos ouviram a voz do menino
E começaram a despertar do sono;
Todas as coisas ouviram a voz do menino
E começaram a despertar para a vida.

6. E Urizen, ávido de fome,
Estimulado pelos aromas da Natureza,
Explorou as cavernas próximas.

7. Formou uma linha & um prumo
Para dividir o Abismo abaixo;
Formou uma regra para dividir;

8. He formed scales to weigh;
He formed massy weights;
He formed a brazen quadrant;
He formed golden compasses
And began to explore the Abyss
And he planted a garden of fruits

9. But Los encircled Enitharmon
With fires of Prophecy
From the sight of Urizen & Orc.

10. And she bore an enormous race

Chap. VIII

1. Urizen explor'd his dens
Mountain, moor, & wilderness,
With a globe of fire lighting his journey
A fearful journey, annoy'd
By cruel enormities: forms
Of life on his forsaken mountains

2. And his world teemd vast enormities
Frightning; faithless; fawning
Portions of life; similitudes
Of a foot, or a hand, or a head
Or a heart, or an eye, they swam mischevous
Dread terrors! delighting in blood

3. Most Urizen sicken'd to see
His eternal creations appear
Sons & daughters of sorrow on mountains

8. Formou balanças para pesar,
Formou pesos maciços;
Formou um quadrante de bronze;
Formou bússolas de ouro,
E começou a explorar o Abismo;
E plantou um pomar.

9. Mas Los ocultou Enitharmon
Com fogos de Profecia
Da vista de Urizen & Orc.

10. E ela procriou uma raça enorme.

Cap. VIII

1. Urizen explorou suas cavernas,
Montanha, planalto & deserto,
Com um globo de fogo a iluminar o trajeto,
Um temível trajeto, perturbado
Por enormidades cruéis, formas
De vida em suas montanhas desoladas.

2. E seu mundo gerava enormidades,
Pavorosas, infiéis, aduladoras
Porções de vida, parecenças
De um pé, ou uma mão, ou uma cabeça,
Ou um coração, ou um olho; nadavam nocivos,
Horrendos terrores, deleitando-se em sangue.

3. Urizen sentiu náusea ao ver
Suas criações eternas aparecerem,
Filhos & filhas do pesar nas montanhas

Weeping! wailing! first Thiriel appear'd
Astonish'd at his own existence
Like a man from a cloud born, & Utha
From the waters emerging, laments!
Grodna rent the deep earth howling
Amaz'd! his heavens immense cracks
Like the ground parch'd with heat; then Fuzon
Flam'd out! first begotten, last born.
All his eternal sons in like manner
His daughters from green herbs & cattle
From monsters, & worms of the pit.

4. He in darkness clos'd, view'd all his race,
And his soul sicken'd! he curs'd
Both sons & daughters; for he saw
That no flesh nor spirit could keep
His iron laws one moment.

5. For he saw that life liv'd upon death
The Ox in the slaughter house moans
The Dog at the wintry door
And he wept, & he called it Pity
And his tears flowed down on the winds

6. Cold he wander'd on high, over their cities
In weeping & pain & woe!
And where-ever he wanderd in sorrows
Upon the aged heavens
A cold shadow follow'd behind him
Like a spiders web, moist, cold, & dim
Drawing out from his sorrowing soul
The dungeon-like heaven dividing.

Chorando! lamentando! primeiro Thiriel,
Pasmo com sua própria existência,
Como homem de nuvem nascido; & Utha,
Das águas emergindo, lamenta!
Grodna rasgou a terra profunda, uivando
Pasmo! seus céus imensos racham
Como solo calcinado; e saiu Fuzon
Feito chama! primeiro concebido, último nascido.
Todos os filhos eternos do mesmo modo;
As filhas vindas de ervas verdes & do gado,
De monstros & vermes do abismo.

4. Ele, em trevas preso, viu toda a sua raça,
E sua alma desfaleceu! amaldiçoou
Filhos & filhas; porque viu
Que nem carne nem espírito observariam
Suas leis de ferro por um momento.

5. Porque viu que a vida vivia da morte:
O Boi no matadouro geme,
O Cão à porta invernal.
E chorou & a isso chamou Piedade,
E suas lágrimas fluíram pelos ventos.

6. Frio, vagueou no alto, sobre suas cidades,
Entre prantos & dores & pesares!
E por onde vagueou em pesares
Sobre os céus envelhecidos
Uma sombra fria seguia atrás
Como teia de aranha, úmida, fria & tênue
Saindo de sua alma contrita,
O céu qual masmorra dividindo,

Where ever the footsteps of Urizen
Walk'd over the cities in sorrow.

7. Till a Web dark & cold, throughout all
The tormented element stretch'd
From the sorrows of Urizens soul
And the Web is a Female in embrio
None could break the Web, no wings of fire.

8. So twisted the cords, & so knotted
The meshes: twisted like to the human brain

9. And all calld it, The Net of Religion

Chap: IX

1. Then the Inhabitants of those Cities:
Felt their Nerves change into Marrow
And hardening Bones began
In swift diseases and torments,
In throbbings & shootings & grindings
Thro' all the coasts; till weaken'd
The Senses inward rush'd shrinking,
Beneath the dark net of infection.

2. Till the shrunken eyes clouded over
Discernd not the woven hipocrisy
But the streaky slime in their heavens
Brought together by narrowing perceptions
Appeard transparent air; for their eyes
Grew small like the eyes of a man

Por onde os passos de Urizen
Pisaram as cidades pesarosas.

7. Até que uma Teia, escura & fria, pelo
Elemento atormentado se estendeu
Vinda dos pesares da alma de Urizen.
E a Teia é uma fêmea embrionária.
Nada podia romper a Teia, nem asas de fogo.

8. Tão torcidas as fibras, & tão tecidas
As malhas: torcidas como se para o cérebro humano.

9. E todos a chamaram Rede da Religião.

Cap. IX

1. Então os Habitantes daquelas Cidades
Sentiram os Nervos mudarem em Medula
E a endurecer os Ossos começaram
Entre súbitos males e tormentos,
Em pulsações & dores agudas & rangidos
Por todas as costas; até que, debilitados,
Os Sentidos se contraíram para dentro
Sob a rede sombria da infecção.

2. Até que os olhos contraídos, empanados,
Não discerniam a hipocrisia tecida;
Mas o limo raiado em seus céus,
Acumulado por percepções estreitas,
Apareceu ar diáfano; porque seus olhos
Se apequenaram como os olhos dum homem

And in reptile forms shrinking together
Of seven feet stature they remain

3. Six days they shrunk up from existence
And on the seventh day they rested
And they bless'd the seventh day, in sick hope:
And forgot their eternal life

4. And their thirty cities divided
In form of a human heart
No more could they rise at will
In the infinite void, but bound down
To earth by their narrowing perceptions
They lived a period of years
Then left a noisom body
To the jaws of devouring darkness

5. And their children wept, & built
Tombs in the desolate places,
And form'd laws of prudence, and call'd them
The eternal laws of God

6. And the thirty cities remain
Surrounded by salt floods, now call'd
Africa: its name was then Egypt.

7. The remaining sons of Urizen
Beheld their brethren shrink together
Beneath the Net of Urizen;
Perswasion was in vain;
For the ears of the inhabitants,
Were wither'd, & deafen'd, & cold:

E, em formas de répteis se contraindo,
De sete pés de altura permaneceram.

3. Durante seis dias se retiraram da existência
E no sétimo dia descansaram,
E bendisseram o sétimo dia, com parca esperança:
E esqueceram a vida eterna.

4. E suas trinta cidades dividiram
Em forma de coração humano.
Não podiam mais se elevar à vontade
No vazio infinito, mas prisioneiros
Da terra por suas estreitas percepções
Viveram um período de anos;
Depois deixaram um corpo repulsivo
Para as mandíbulas de trevas vorazes.

5. E seus filhos choraram, & edificaram
Tumbas nos lugares desolados,
E formaram leis de prudência, e as chamaram
Leis eternas de Deus.

6. E as trinta cidades permaneceram
Cercadas de águas salgadas, hoje chamadas
África: seu nome era então Egito.

7. Os outros filhos de Urizen
Viram os irmãos se contraírem
Sob a Rede de Urizen.
A persuasão foi vã,
Porque os ouvidos dos habitantes
Estavam secos & surdos & frios:

And their eyes could not discern,
Their brethren of other cities.

8. So Fuzon call'd all together
The remaining children of Urizen:
And they left the pendulous earth:
They called it Egypt, & left it.

9. And the salt ocean rolled englob'd

The End of the book of Urizen

E os olhos não podiam discernir
Seus irmãos de outras cidades.

8. Então Fuzon convocou todos
Os outros filhos de Urizen:
E eles deixaram a terra pendente:
Chamaram-na Egito, & a deixaram.

9. E o Oceano salgado rolava englobado.

Fim do Livro de Urizen

THE BOOK OF AHANIA
(1795)

O LIVRO DE AHANIA
(1795)

AHANIA

Chap: I st

1: Fuzon, on a chariot iron-wing'd
On spiked flames rose; his hot visage
Flam'd furious! sparkles his hair & beard
Shot down his wide bosom and shoulders.
On clouds of smoke rages his chariot
And his right hand burns red in its cloud
Moulding into a vast globe, his wrath
As the thunder-stone is moulded.
Son of Urizens silent burnings

2: Shall we worship this Demon of smoke,
Said Fuzon, this abstract non-entity
This cloudy God seated on waters
Now seen, now obscur'd; King of sorrow?

3: So he spoke, in a fiery flame,
On Urizen frowning indignant,
The Globe of wrath shaking on high
Roaring with fury, he threw
The howling Globe: burning it flew
Lengthning into a hungry beam. Swiftly

4: Oppos'd to the exulting flam'd beam
The broad Disk of Urizen upheav'd
Across the Void many a mile.

AHANIA

Cap. I

1. Fuzon num carro com asas de ferro
Sobre chamas pontiagudas surgiu; o rosto quente
Flamejava com fúria; chispas o cabelo & a barba
Alvejavam o peito e os ombros largos.
Em nuvens de fumaça ruge o carro
E sua mão direita arde rubra na nuvem
Moldando em vasto globo sua ira,
Enquanto a pedra de trovão é moldada.
Ardores silenciosos do filho de Urizen:

2. Devemos adorar este Demônio de fumaça,
Disse Fuzon, esta não-entidade abstrata,
Este Deus nebuloso sentado em águas,
Ora visível, ora obscurecido, Rei da dor?

3. Assim falou ele, numa chama flamante,
Reprovando Urizen indignado,
O Globo de ira a vibrar nas alturas;
Rugindo com fúria, ele arremessou
O Globo uivante; ardendo passou
Alongado num feixe voraz. Rápido

4. Opôs-se ao exultante feixe inflamado
O largo Disco de Urizen sublevado
Através do Vazio por muitas milhas.

5: It was forg'd in mills where the winter
Beats incessant; ten winters the disk
Unremitting endur'd the cold hammer.

6: But the strong arm that sent it, remember'd
The sounding beam; laughing it tore through
That beaten mass: keeping its direction
The cold loins of Urizen dividing.

7: Dire shriek'd his invisible Lust
Deep groan'd Urizen! stretching his awful hand
Ahania (so name his parted soul)
He siez'd on his mountains of jealousy.
He groand anguishd & called her Sin,
Kissing her and weeping over her;
Then hid her in darkness in silence;
Jealous tho' she was invisible.

8: She fell down a faint shadow wandring
In chaos and circling dark Urizen,
As the moon anguishd circles the earth;
Hopeless! abhorrd! a death-shadow,
Unseen, unbodied, unknown,
The mother of Pestilence.

9: But the fiery beam of Fuzon
Was a pillar of fire to Egypt
Five hundred years wandring on earth
Till Los siezd it and beat in a mass
With the body of the sun.

5. Fora forjado em moinhos onde o inverno
Bate sem cessar; dez invernos o disco
Infatigável resistiu ao malho frio.

6. Mas o braço forte que o lançou se lembrou
Do feixe sonoro; rindo, rompeu
A massa batida: mantendo o rumo,
Os frios lombos de Urizen dividiu.

7. Lúgubre guinchou a Lascívia invisível;
Fundo gemeu Urizen! estendendo a medonha mão,
De Ahania (tal o nome da alma separada)
Se apossou em suas montanhas de ciúme.
Gemeu angustiado & a chamou Pecado,
Beijando-a e sobre ela chorando;
Depois a escondeu em trevas, em silêncio,
Ciumento, embora ela fosse invisível.

8. Ela lançou uma tênue sombra ao vagar
No caos e rodear o escuro Urizen,
Como a ansiosa lua rodeia a terra;
Desolada! enojada! uma sombra de morte,
Invisível, incorpórea, incógnita,
A mãe da Pestilência.

9. Mas o feixe flamante de Fuzon
Era uma coluna de fogo do Egito
Por quinhentos anos vagando na terra,
Até que Los o tomou e tornou em massa
Batendo com o corpo do sol.

Chap: II: d

1: But the forehead of Urizen gathering,
And his eyes pale with anguish, his lips
Blue & changing; in tears and bitter
Contrition he prepar'd his Bow,

2: Form'd of Ribs: that in his dark solitude
When obscur'd in his forests fell monsters,
Arose. For his dire Contemplations
Rush'd down like floods from his mountains
In torrents of mud settling thick
With Eggs of unnatural production
Forthwith hatching; some howl'd on his hills
Some in vales; some aloft flew in air

3: Of these: an enormous dread Serpent
Scaled and poisonous horned
Approach'd Urizen even to his knees
As he sat on his dark rooted Oak.

4: With his horns he push'd furious.
Great the conflict & great the jealousy
In cold poisons: but Urizen smote him

5: First he poison'd the rocks with his blood
Then polish'd his ribs, and his sinews
Dried; laid them apart till winter;
Then a Bow black prepar'd; on this Bow,
A poisoned rock plac'd in silence:
He utter'd these words to the Bow.

Cap. II

1. Mas, franzida a fronte de Urizen,
E os olhos pálidos de angústia, os lábios
Azuis & cambiantes, em pranto e amarga
Contrição, ele preparou o Arco

2. Formado de Costelas: que na escura solidão,
Quando oculto nas florestas, monstros quedos
Surgiram. Pois as tristes Contemplações
Caíram feito cheias das montanhas
Em torrentes de lama que assentavam espessas
Com Ovos de produção inatural
Logo chocando; alguns uivaram nas colinas,
Alguns em vales, alguns alçaram voo.

3. Destes, uma enorme Serpente horrenda,
Escamada e de cornos venenosos,
Acercou-se de Urizen paralela a seus joelhos,
Ele sentado no escuro Carvalho enraizado.

4. Com os cornos ela investiu furiosa:
Grande o conflito & grande o ciúme
Em venenos frios: mas Urizen a golpeou.

5. Primeiro envenenou as rochas com seu sangue,
Depois poliu as costelas e os tendões
Secou, separando-os até o inverno;
Então um Arco negro preparou; nesse Arco,
Uma rocha envenenada posta em silêncio.
Ele proferiu estas palavras ao Arco:

6: O Bow of the clouds of secresy!
O nerve of that lust form'd monster!
Send this rock swift, invisible thro'
The black clouds, on the bosom of Fuzon

7: So saying, In torment of his wounds,
He bent the enormous ribs slowly;
A circle of darkness! then fixed
The sinew in its rest: then the Rock
Poisonous source! plac'd with art, lifting difficult
Its weighty bulk: silent the rock lay.

8: While Fuzon his tygers unloosing
Thought Urizen slain by his wrath.
I am God. said he, eldest of things!

9: Sudden sings the rock, swift & invisible
On Fuzon flew, enter'd his bosom;
His beautiful visage, his tresses,
That gave light to the mornings of heaven
Were smitten with darkness, deform'd
And outstretch'd on the edge of the forest

10: But the rock fell upon the Earth,
Mount Sinai, in Arabia.

Chap: III

I: The Globe shook; and Urizen seated
On black clouds his sore wound anointed
The ointment flow'd down on the void
Mix'd with blood; here the snake gets her poison

6. Ó Arco das nuvens do sigilo!
Ó nervo desse monstro de lascívia formado!
Envia depressa esta rocha, invisível através
Das nuvens negras, ao peito de Fuzon.

7. Assim dizendo, no suplício das feridas,
Ele curvou devagar as enormes costelas;
Um círculo de trevas! depois fixou
Os tendões ao resto; depois a Rocha,
Fonte venenosa! posta com arte, alçando penosamente
A massa pesada: em silêncio a rocha ficou,

8. Enquanto isso Fuzon, os tigres soltando,
Pensou em Urizen morto por sua ira.
Sou Deus!, disse, o mais antigo das coisas!

9. Súbito canta a rocha; veloz & invisível
Sobre Fuzon voou, penetrou seu peito;
O belo rosto, os cachos de cabelo
Que davam luz às manhãs do céu
Foram golpeados pelas trevas, deformados
E estirados na borda da floresta.

10. Mas a rocha caiu sobre a Terra,
Monte Sinai, na Arábia.

Cap. III

1. O Globo tremeu, e Urizen, sentado
Em nuvens negras, a ferida inflamada untou;
O unguento escorreu no vazio misturado
Com sangue; aqui a serpente obtém o veneno.

2: With difficulty & great pain; Urizen
Lifted on high the dead corse:
On his shoulders he bore it to where
A Tree hung over the Immensity

3: For when Urizen shrunk away
From Eternals, he sat on a rock
Barren; a rock which himself
From redounding fancies had petrified
Many tears fell on the rock,
Many sparks of vegetation;
Soon shot the pained root
Of Mystery, under his heel:
It grew a thick tree; he wrote
In silence his book of iron:
Till the horrid plant bending its boughs
Grew to roots when it felt the earth
And again sprung to many a tree.

4: Amaz'd started Urizen! when
He beheld himself compassed round
And high roofed over with trees
He arose but the stems stood so thick
He with difficulty and great pain
Brought his Books, all but the Book
Of iron, from the dismal shade

5: The Tree still grows over the Void
Enrooting itself all around
An endless labyrinth of woe!

6: The corse of his first begotten
On the accursed Tree of MYSTERY:

2. Com dificuldade & grande dor, Urizen
Ergueu no alto o corpo morto:
Nos ombros o carregou até onde
Uma Árvore pendia sobre a Imensidão.

3. Pois quando Urizen se afastou
Dos Eternos, sentou numa rocha
Árida; uma rocha que ele mesmo
De fantasias redundantes petrificara.
Muitas lágrimas caíram sobre a rocha,
Muitos sinais de vegetação;
Logo lançou a raiz dorida
Do Mistério sob o calcanhar:
Medrou árvore frondosa; ele escreveu
Em silêncio o livro de ferro,
Até que a horrível planta, curvando os galhos,
Enraizou onde sentiu a terra,
E de novo brotou muitas árvores.

4. Aturdido Urizen estremeceu!
Quando se viu circundado e sob
A abóbada de altas copas de árvores
Ergueu-se, mas tão grossos eram os troncos
Que ele com dificuldade e intensa dor
Tirou os Livros, todos menos o Livro
De ferro, da sombra desoladora.

5. A Árvore ainda cresce sobre o Vazio
Enraizando-se em redor,
Perpétuo labirinto de infortúnio!

6. O cadáver do primogênito
Na malfadada Árvore do MISTÉRIO:

On the topmost stem of this Tree
Urizen nail'd Fuzons corse.

Chap: IV

1: Forth flew the arrows of pestilence
Round the pale living Corse on the tree

2: For in Urizens slumbers of abstraction
In the infinite ages of Eternity:
When his Nerves of joy melted & flow'd
A white Lake on the dark blue air
In perturb'd pain and dismal torment
Now stretching out, now swift conglobing.

3: Effluvia vapor'd above
In noxious clouds; these hover'd thick
Over the disorganiz'd Immortal,
Till petrific pain scurfd o'er the Lakes
As the bones of man, solid & dark

4: The clouds of disease hover'd wide
Around the Immortal in torment
Perching around the hurtling bones
Disease on disease, shape on shape,
Winged screaming in blood & torment.

5: The Eternal Prophet beat on his anvils
Enrag'd in the desolate darkness
He forg'd nets of iron around
And Los threw them around the bones

No tronco mais alto dessa Árvore
Urizen pregou o cadáver de Furzon.

Cap. IV

1. As flechas da pestilência passaram
Rente ao lívido Cadáver vivo na árvore.

2. Pois nas modorras de abstração de Urizen
Nas idades infinitas da Eternidade,
Os Nervos de Deleite derretidos & fluidos,
Um Lago branco no escuro ar azul
Em dor perturbada e tormento terrível
Ora se estendendo, ora veloz se conglobando,

3. Eflúvios vaporavam no alto
Em nuvens nocivas; estas pairavam densas
Sobre o Imortal desorganizado,
Até que uma dor pétrea se escamou nos Lagos
Como os ossos do homem, sólida & escura.

4. As nuvens da doença pairavam largas
Em redor do Imortal em tormento,
Pousando em redor dos ossos em colisão,
Doença sobre doença, forma sobre forma,
Alados gritando em sangue & tormento.

5. O Profeta Eterno bateu nas bigornas;
Enfurecido nas trevas desoladas
Forjou redes de ferro em redor
E Los as lançou em redor dos ossos.

6: The shapes screaming flutter'd vain
Some combin'd into muscles & glands
Some organs for craving and lust
Most remain'd on the tormented void:
Urizens army of horrors.

7: Round the pale living Corse on the Tree
Forty years flew the arrows of pestilence

8: Wailing and terror and woe
Ran thro' all his dismal world:
Forty years all his sons & daughters
Felt their skulls harden; then Asia
Arose in the pendulous deep.

9: They reptilize upon the Earth.

10: Fuzon groand on the Tree.

Chap: V

1: The lamenting voice of Ahania
Weeping upon the void.
And round the Tree of Fuzon:
Distant in solitary night
Her voice was heard, but no form
Had she: but her tears from clouds
Eternal fell round the Tree

2: And the voice cried: Ah Urizen! Love!
Flower of morning! I weep on the verge

6. As formas estridentes adejavam em vão:
Algumas combinadas em músculos & glandes,
Alguns órgãos para desejo e luxúria;
A maioria ficou no vazio atormentado:
O exército de horrores de Urizen.

7. Em volta do lívido Cadáver vivo na Árvore
Por quarenta anos voaram as flechas da peste.

8. Lamento e terror e sofrimento
Trespassaram seu mundo melancólico:
Por quarenta anos seus filhos & filhas
Sentiram o crânio endurecer; então a Ásia
Se ergueu no abismo pendular.

9. Rastejaram feito répteis sobre a Terra.

10. Fuzon gemia na Árvore.

Cap. V

1. A voz lamentosa de Ahania
Pranteando sobre o Vazio.
E em torno da Árvore de Fuzon:
Distante na noite solitária,
Ouvia-se sua voz, mas forma
Não tinha; mas suas lágrimas das nuvens
Eternas caíam em torno da Árvore.

2. E a voz clamou: Ah, Urizen! Amor!
Flor da manhã! Choro à beira

Of Non-entity; how wide the Abyss
Between Ahania and thee!

3: I lie on the verge of the deep.
I see thy dark clouds ascend,
I see thy black forests and floods,
A horrible waste to my eyes!

4: Weeping I walk over rocks
Over dens & thro' valleys of death
Why didst thou despise Ahania
To cast me from thy bright presence
Into the World of Loneness

5: I cannot touch his hand:
Nor weep on his knees, nor hear
His voice & bow, nor see his eyes
And joy, nor hear his footsteps, and
My heart leap at the lovely sound!
I cannot kiss the place
Whereon his bright feet have trod,
But I wander on the rocks
With hard necessity.

6: Where is my golden palace
Where my ivory bed
Where the joy of my morning hour
Where the sons of eternity, singing

7: To awake bright Urizen my king!
To arise to the mountain sport,
To the bliss of eternal valleys:

Da Não-entidade; quão largo o Abismo
Entre Ahania e ti!

3. Fico à beira do abismo.
Vejo ascenderem tuas escuras nuvens,
Vejo tuas florestas negras e enchentes,
Um ermo horrível para meus olhos!

4. Chorando caminho sobre rochas,
Sobre covis & por vales de morte
Por que desprezaste Ahania
Para me privar de tua radiante presença
E lançar num Mundo de Solidão.

5. Sua mão não posso tocar,
Nem em seus joelhos chorar, nem ouvir
Sua voz & me curvar, nem ver seus olhos
E deleite, nem ouvir seus passos, e meu
Coração salta ao ouvir o adorável som!
Não posso beijar o lugar
Que seus pés radiantes pisaram,
Mas vagueio nas rochas
Com adversa necessidade.

6. Onde está meu palácio dourado
Onde meu leito de marfim
Onde o deleite de minha aurora?
Onde os filhos da eternidade, cantando

7. Para despertar o radiante Urizen, meu rei!
Levantar para o folguedo na montanha,
Para a felicidade dos vales eternos;

8: *To awake my king in the morn!*
To embrace Ahanias joy
On the bredth of his open bosom:
From my soft cloud of dew to fall
In showers of life on his harvests.

9: *When he gave my happy soul*
To the sons of eternal joy:
When he took the daughters of life.
Into my chambers of love:

10: *When I found babes of bliss on my beds.*
And bosoms of milk in my chambers
Fill'd with eternal seed
O! eternal births sung round Ahania
In interchange sweet of their joys.

11: *Swell'd with ripeness & fat with fatness*
Bursting on winds my odors,
My ripe figs and rich pomegranates
In infant joy at thy feet
O Urizen, sported and sang;

12: *Then thou with thy lap full of seed*
With thy band full of generous fire
Walked forth from the clouds of morning
On the virgins of springing joy,
On the human soul to cast
The seed of eternal science.

13: *The sweat poured down thy temples*
To Ahania return'd in evening

8. Para despertar meu rei de manhã!
Para abraçar o deleite de Ahania
Na amplidão de seu peito aberto:
De minha macia nuvem de orvalho cair
Em chuvas de vida sobre suas colheitas,

9. Quando ele deu minha alma feliz
Aos filhos do deleite eterno:
Quando levou as filhas da vida
A meus aposentos de amor:

10. Quando vi crianças de alegria em meus leitos
E peitos de leite em meus aposentos
Cheios de sementes eternas.
Oh! nascimentos eternos cantaram em torno de Ahania
Em doce intercâmbio de seus deleites!

11. Dilatada de madureza & fértil de fertilidade,
Explodindo em ventos, meus aromas,
Meus figos maduros e romãs suculentas
Em alegria de criança a teus pés,
Oh Urizen, diverti-me e cantei.

12. Depois tu, com teu colo cheio de sementes,
Com tua mão cheia de fogo generoso,
Saiu das nuvens da manhã,
Nas virgens de deleite saltitante,
Na alma humana para lançar
A semente da ciência eterna.

13. O suor escorria em tuas têmporas;
A Ahania retornou à tarde,

The moisture awoke to birth
My mothers-joys, sleeping in bliss.

14: But now alone over rocks, mountains
Cast out from thy lovely bosom:
Cruel jealousy! selfish fear!
Self-destroying: how can delight,
Renew in these chains of darkness
Where bones of beasts are strown
On the bleak and snowy mountains
Where bones from the birth are buried
Before they see the light.

FINIS

A umidade despertou para o nascimento
Meus deleites de mãe, dormindo em paz.

14. Mas agora só sobre rochas, montanhas,
Expulsa de teu peito adorável:
Cruel ciúme! temor egoísta!
Autodestrutiva: como pode o deleite
Renovar nestas cadeias de trevas,
Onde ossos de feras são jogados
Nas montanhas sinistras e nevosas,
Onde ossos do nascimento são sepultados
Antes de verem a luz.

FIM

THE BOOK OF LOS
(1795)

O LIVRO DE LOS

(1795)

LOS

Chap. I

1: Eno aged Mother,
Who the chariot of Leutha guides,
Since the day of thunders in old time

2: Sitting beneath the eternal Oak
Trembled and shook the stedfast Earth
And thus her speech broke forth.

3: O Times remote!
When Love & joy were adoration:
And none impure were deem'd.
Not Eyeless Covet
Nor Thin-lip'd Envy
Nor Bristled Wrath
Nor Curled Wantonness

4: But Covet was poured full:
Envy fed with fat of lambs:
Wrath with lions gore:
Wantonness lulld to sleep
With the virgins lute,
Or sated with her love.

5: Till Covet broke his locks & bars,
And slept with open doors:

LOS

Cap. I

1. Eno, Mãe idosa,
A quem o carro de Leutha guia,
Desde o dia de trovões de outrora

2. Sentada sob o Carvalho eterno,
Tremeu e abalou a Terra estável,
E assim seu discurso irrompeu:

3. Oh Tempos remotos!
Quando Amor & Alegria eram cultos
E nenhum impuro se julgava:
Não Cobiça Cega,
Nem Inveja Fingida,
Nem Ira Eriçada,
Nem Volúpia Anelada;

4. Mas a Cobiça foi toda vertida,
A Inveja nutrida com gordura de cordeiros,
A Ira com o sangue do leão,
A Volúpia acalentada
Com o alaúde da virgem
Ou saciada com o amor dela.

5. Até que a Cobiça rompeu cadeias & barras
E dormiu com as portas abertas;

359

Envy sung at the rich mans feast:
Wrath was follow'd up and down
By a little ewe lamb
And Wantonness on his own true love
Begot a giant race:

6: Raging furious the flames of desire
Ran thro' heaven & earth, living flames
Intelligent, organiz'd: arm'd
With destruction & plagues. In the midst
The Eternal Prophet bound in a chain
Compell'd to watch Urizens shadow

7: Rag'd with curses & sparkles of fury
Round the flames roll as Los hurls his chains
Mounting up from his fury, condens'd
Rolling round & round, mounting on high
Into vacuum: into non-entity.
Where nothing was! dash'd wide apart
His feet stamp the eternal fierce-raging
Rivers of wide flame; they roll round
And round on all sides making their way
Into darkness and shadowy obscurity

8: Wide apart stood the fires: Los remain'd
In the void between fire and fire
In trembling and horror they beheld him
They stood wide apart, driv'n by his hands
And his feet which the nether abyss
Stamp'd in fury and hot indignation

9: But no light from the fires all was
Darkness round Los: heat was not; for bound up

A Inveja cantou no banquete do rico;
A Ira foi seguida em toda parte
Por uma cordeirinha,
E a Volúpia em seu verdadeiro amor
Gerou uma raça gigante.

6. Rugindo furiosas, as chamas de desejo
Atravessaram céu & terra, chamas vivas
Inteligentes, organizadas: armadas
Com destruição & pestes. No meio
O Profeta Eterno encadeado
Compelido a observar a sombra de Urizen,

7. Enraivecidas com pragas & chispas de fúria:
As chamas circundam, Los arroja os grilhões,
Avultando com fúria, condensado,
Rolando em rodeio & rodeio, no alto
Entrando no vácuo: na não-identidade
Onde nada existia; apartados,
Seus pés pisam os furiosos rios eternos
De amplas chamas; elas rolam em
Rodeio & rodeio em toda parte, entrando
Nas trevas e na obscuridade sombria.

8. Apartados eram os fogos: Los ficou
No vazio entre fogo e fogo:
Com tremor e horror o observaram;
Apartados eram, guiados por suas mãos
E seus pés, que o abismo ínfero
Esmagou com fúria e ardente indignação.

9. Mas luz não radiavam os fogos; tudo era
Trevas em redor de Los: calor não havia; pois

Into fiery spheres from his fury
The gigantic flames trembled and hid

1O: Coldness, darkness, obstruction, a Solid
Without fluctuation, hard as adamant
Black as marble of Egypt; impenetrable
Bound in the fierce raging Immortal,
And the seperated fires froze in
A vast solid without fluctuation,
Bound in his expanding clear senses

Chap: II

1: The Immortal stood frozen amidst
The vast rock of eternity; times
And times; a night of vast durance:
Impatient, stifled, stiffend, hardned.

2: Till impatience no longer could bear
The hard bondage, rent: rent, the vast solid
With a crash from immense to immense

3: Crack'd across into numberless fragments
The Prophetic wrath, strug'ling for vent
Hurls apart, stamping furious to dust
And crumbling with bursting sobs; heaves
The black marble on high into fragments

4: Hurl'd apart on all sides, as a falling
Rock: the innumerable fragments away
Fell asunder; and horrible vacuum
Beneath him & on all sides round.

Unidas em esferas flamantes de sua fúria
As chamas gigantescas tremeram e se ocultaram.

10. Frio, trevas, obstrução, um Sólido
Sem flutuação, duro como diamante,
Negro como mármore do Egito; impenetrável,
Atado no ardente Imortal furioso;
E os fogos separados congelaram:
Um sólido imenso sem flutuação,
Atado em claros sentidos em expansão.

Cap. II

1. O Imortal ficou congelado em meio
À imensa rocha de eternidade; tempos
E tempos; uma noite de vasta prisão,
Impaciente, contido, enrijecido, endurecido.

2. Até que a impaciência não suportou
O penoso cativeiro: rompeu, rompeu, o vasto sólido,
Com um estrondo de imenso a imenso,

3. Rebentou em inúmeros fragmentos.
A ira Profética, debatendo-se por vazão,
Explode, esmagando com fúria até pulverizar
E se esboroando em soluços prorrompidos, eleva
O mármore negro nas alturas em fragmentos.

4. Apartados em todos os lados, feito rocha
Cadente, os inumeráveis fragmentos caíram
Em pedaços; e o horrível vácuo
Abaixo dele & em todos os lados em redor,

5: Falling, falling! Los fell & fell
Sunk precipitant heavy down down
Times on times, night on night, day on day
Truth has bounds. Error none: falling, falling:
Years on years, and ages on ages
Still he fell thro' the void, still a void
Found for falling day & night without end.
For tho' day or night was not; their spaces
Were measurd by his incessant whirls
In the horrid vacuity bottomless.

6: The Immortal revolving; indignant
First in wrath threw his limbs, like the babe
New born into our world: wrath subsided
And contemplative thoughts first arose
Then aloft his head rear'd in the Abyss
And his downward-borne fall. chang'd oblique

7: Many ages of groans: till there grew
Branchy forms. organizing the Human
Into finite inflexible organs.

8: Till in process from falling he bore
Sidelong on the purple air, wafting
The weak breeze in efforts oerwearied

9: Incessant the falling Mind labour'd
Organizing itself: till the Vacuum
Became element, pliant to rise,
Or to fall, or to swim, or to fly:
With ease searching the dire vacuity

5. Caindo, caindo! Los caiu & caiu,
Afundou precipitante, pesado, abaixo, abaixo,
Tempo após tempo, noite após noite, dia após dia,
A Verdade tem limites, Erro nenhum: caindo, caindo:
Anos após anos, e idades após idades
Ainda caiu através do vazio, ainda um vazio
Restante para cair, dia & noite sem fim;
Posto que dia ou noite não houvesse, os espaços
Medidos pelos incessantes rodopios
Na horrível vacuidade sem fundo.

6. O Imortal em giros, indignado,
Primeiro lançou irado os membros, qual
Bebê ao mundo vindo: a ira cedeu,
E pensamentos contemplativos surgiram;
Depois a cabeça se ergueu no Abismo
E a queda inclinada mudou oblíquas

7. Muitas idades de gemidos: até que brotaram
Formas ramificadas, organizando o Humano
Em órgãos inflexíveis finitos;

8. Até que durante a queda ele caiu
De lado sobre o ar roxo, soprando
A fraca brisa em esforços extenuantes.

9. Incessante a Mente em queda labutou,
Organizando-se, até que o Vácuo
Se tornou elemento, maleável para subir
Ou cair, ou nadar ou voar,
Facilmente buscando a horrível vacuidade.

Chap: III

1: The Lungs heave incessant, dull and heavy
For as yet were all other parts formless
Shiv'ring: clinging around like a cloud
Dim & glutinous as the white Polypus
Driv'n by waves & englob'd on the tide.

2: And the unformed part crav'd repose
Sleep began: the Lungs heave on the wave
Weary overweigh'd, sinking beneath
In a stifling black fluid he woke

3: He arose on the waters, but soon
Heavy falling his organs like roots
Shooting out from the seed, shot beneath,
And a vast world of waters around him
In furious torrents began.

4: Then he sunk, & around his spent Lungs
Began intricate pipes that drew in
The spawn of the waters. Outbranching
An immense Fibrous form, stretching out
Thro' the bottoms of immensity raging.

5: He rose on the floods: then he smote
The wild deep with his terrible wrath,
Seperating the heavy and thin.

6: Down the heavy sunk; cleaving around
To the fragments of solid: up rose
The thin, flowing round the fierce fires
That glow'd furious in the expanse.

Cap. III

1. Os Pulmões arfam incessantes, lentos e pesados;
Pois por ora todas as partes eram informes,
Trêmulas: unindo-se como uma nuvem,
Vagas & glutinosas como o alvo Pólipo
Levado por ondas & englobado na maré.

2. E a parte amorfa ansiava repouso;
O sono veio; os Pulmões arfam na onda:
Exausto, sobrecarregado, afundando
Num sufocante fluido negro, ele acordou.

3. Ergueu-se sobre as águas; mas logo
Caiu pesadamente, os órgãos como raízes
Brotando da semente, rompendo embaixo,
E um vasto mundo de águas em volta dele
Em torrentes furiosas começou.

4. Ele afundou, & em torno dos Pulmões exaustos
Surgiram tubos intricados que trouxeram
As ovas das águas, Propagando
Uma imensa Forma Fibrosa, estirando-se
Nos fundos duma imensidade em fúria.

5. Ele se ergueu nas cheias: depois derrotou
O abismo bravio com ira terrível,
Separando o pesado e o tênue.

6. O pesado afundou, aderindo
Aos fragmentos de sólidos: subiu
O tênue, fluindo em redor dos fogos flamantes
Que furiosos brilhavam na vastidão.

Chap: IV

I: Then Light first began; from the fires
Beams, conducted by fluid so pure .
Flow'd around the Immense: Los beheld
Forthwith writhing upon the dark void
The Back bone of Urizen appear
Hurtling upon the wind
Like a serpent! like an iron chain
Whirling about in the Deep.

2: Upfolding his Fibres together
To a Form of impregnable strength
Los astonish'd and terrified, built
Furnaces; he formed an Anvil
A Hammer of adamant then began
The binding of Urizen day and night

3: Circling round the dark Demon, with howlings
Dismay & sharp blightings; the Prophet
Of Eternity beat on his iron links

4: And first from those infinite fires
The light that flow'd down on the winds
He siez'd; beating incessant, condensing
The subtil particles in an Orb.

5: Roaring indignant the bright sparks
Endur'd the vast Hammer; but unwearied
Los beat on the Anvil; till glorious
An immense Orb of fire be fram'd

Cap. IV

1. Então a primeira Luz surgiu: dos fogos,
Feixes, por fluido puro conduzidos,
Afluíram em redor da Imensidão. Los logo
Viu, torcendo-se sobre o escuro vazio,
A Espinha Dorsal de Urizen aparecer
Lançando-se no vento
Como serpente! como corrente de ferro
Turbilhonando no Abismo.

2. Juntando as Fibras numa
Forma de força invencível,
Los, pasmo e aterrado, construiu
Fornalhas; formou uma Bigorna,
Um Malho de diamante: então começou
A confinar Urizen dia e noite.

3. Circundando o escuro Demônio, entre uivos,
Terror & pragas agudas, o Profeta
Da Eternidade malhou os elos de ferro.

4. E primeira desses fogos infinitos
A luz que fluiu abaixo nos ventos
Ele a tomou, malhando, condensando
As partículas sutis num Orbe.

5. Rugindo indignadas, as chispas brilhantes
Resistiram ao grande malho; mas infatigável
Los bateu na bigorna, até que glorioso
Um imenso Orbe de fogo ele formou.

6: Oft he quench'd it beneath in the Deeps
Then surveyd the all bright mass. Again
Siezing fires from the terrific Orbs
He heated the round Globe, then beat
While roaring his Furnaces endur'd
The chaind Orb in their infinite wombs

7: Nine ages completed their circles
When Los heated the glowing mass, casting
It down into the Deeps: the Deeps fled
Away in redounding smoke; the Sun
Stood self-balanc'd. And Los smild with joy.
He the vast Spine of Urizen siez'd
And bound down to the glowing illusion

8: But no light, for the Deep fled away
On all sides, and left an unform'd
Dark vacuity: here Urizen lay
In fierce torments oil his glowing bed

9: Till his Brain in a rock, & his Heart
In a fleshy slough formed four rivers
Obscuring the immense Orb of fire
Flowing down into night: till a Form
Was completed, a Human Illusion
In darkness and deep clouds involvd.

The End of the Book of LOS

6. Muitas vezes o temperou no Abismo,
E examinava a massa brilhante. De novo
Tomando fogos dos Orbes terríveis,
Aqueceu o Globo, depois malhou
Enquanto, rugindo, as Fornalhas suportavam
O Orbe encadeado nos ventres infinitos.

7. Nove idades completaram círculos
Quando Los aqueceu a massa brilhante,
Lançando-a nos Abismos: os Abismos fugiram
Na fumaça resultante: o Sol permaneceu
Equilibrado. E Los sorriu de alegria.
A enorme Espinha de Urizen tomou
E a atou à ilusão brilhante.

8. Mas não havia luz, pois o Abismo fugiu
Em todos os lados, e deixou uma escura
Vacuidade informe: aqui Urizen jazeu
Em óleo de feros tormentos, o leito brilhante;

9. Até que o Cérebro numa rocha & o Coração
Num carnudo atoleiro formaram quatro rios,
Obscurecendo o imenso Orbe de fogo
Que fluía noite adentro: até que uma Forma
Se completou, uma Ilusão Humana
Em trevas e profundas nuvens envolvida.

Fim do Livro de Los

NOTAS AOS TEXTOS

CANÇÕES DE INOCÊNCIA/*SONGS OF INNOCENCE*

Impresso em 1789, o livro consiste em 23 poemas escritos e ilustrados ao longo de vários anos, num total de 31 estampas. Os poemas "Quinta-Feira Santa", "Canção da Ama" e "O Menininho Perdido" foram transferidos do manuscrito de *An Island in the Moon* [Uma Ilha na Lua]. Em 1794, apareceu num volume combinado com *Canções de Experiência*, com o subtítulo "Mostrando os Dois Estados Contrários da Alma Humana", perfazendo um total de 54 estampas. Um estado é céu, bem, encantamento; o outro, inferno, mal, descontentamento. Mas esta é uma síntese não dialética: como esquecer que "Oposição é amizade"? Os poemas foram compostos também em estilos contrários, um direto, simples e sem polimento; o outro oblíquo, complexo e às vezes abstrato, mas de certo modo se encontram. Poemas são, mas Blake os chamou de canções, um lembrete de que estavam ligados à música, música popular composta por ele mesmo, para sempre perdida.

Introdução/*Introduction* (p. 40)

A figura do flautista pertence ao gênero pastoral. Aqui, ele passa de músico a cantor e a escritor, que, ao tingir a água, sugere a intromissão da experiência. Edward John Ellis define o poema como um breve ensaio sobre poesia: "Em primeiro lugar a intenção, em segundo a melodia, em terceiro as palavras, e finalmente a caneta que faz o registro" (*Songs of Innocence and Experience*, p. viii). Para Simon Foster Damon (1958), Blake vai além disso, afirmando que foi eleito divinamente para escrever, "porque o menino é ao mesmo tempo Jesus e o Espírito da Poesia", uma identificação que se tornaria "o cerne de sua metafísica". A pena ou a caneta "rural", que a tradução mantém de preferência ao adjetivo "rústica", deixa implícitos os contrários cidade/campo. "Introdução" estabelece a musicalidade e a temática de quase todos os poemas, onde figuram crianças, pastores, cordeiros, mães, amas, pais, idosos, padres e elementos da natureza. Mas o elemento pastoral não tem exatamente as características tradicionais. Blake criticava a poesia infantil da época, por ser doutrinária e moralista. No poema com o mesmo título em *Canções de Experiência*, a voz do flautista é substituída pela do Bardo.

O Pastor/*The Shepherd* (p. 41)

Primeira estrofe. Alusão a *Isaías*: "Todos nós andamos desgarrados como ovelhas; cada um se desviava pelo seu caminho: mas o Senhor fez cair sobre ele a iniquidade de nós todos" (53:6).

A Praça Sonora (p. 42)

"Praça" aqui no sentido de jardim público; traduz "*green*", área urbana arborizada com gramado para recreação, nos arredores ou no centro duma vila ou cidade. "Sonora" porque a praça ecoa o canto das aves, os sinos, as vozes e os risos de crianças e adultos que jogam críquete, ou jogo semelhante. Stanley Gardner (1986) identifica o local como Wimbledon Common, a oeste de Londres, bordeado por prados ao longo dos cursos do Beverley Brook e do River Wandle. Blake conhecia o local e se referiu a ele no poema e na ilustração de "Canção da Ama", que tem certa relação com "A Praça Sonora". Notável é a presença do carvalho, árvore emblemática, que protege o grupo de pessoas sob a copa e faz parte da experiência da comunidade.

O Cordeiro/*The Lamb* (p. 43)

O cordeiro é um símbolo central do Novo Testamento: o Cordeiro de Deus, Jesus. *Evangelho de João*: "No dia seguinte, viu João a Jesus que vinha para ele, e disse: Eis o Cordeiro de Deus, que tira o pecado do mundo!" (1:29). *Epístola I de Pedro*: "Mas pelo precioso sangue, como de cordeiro sem defeito e sem mácula, o sangue de Cristo" (1:19). *Apocalipse*: "Digno é o Cordeiro, que foi morto, de receber o poder, e riqueza, e sabedoria, e força, e honra, e glória, e louvor" (5:12). Como em outros poemas, Blake escreveu na tradição de hinos para crianças, embora renovando-a. Heather Glen (1983) identifica uma referência ao hino "*Gentle Jesus, Meek and Mild*" [Jesus Gentil, Meigo e Amigo], de Charles Wesley (1707-78): "Jesus gentil, meigo e amiguinho/Cuida deste menininho;/Perdoa minha simplicidade,/Aceita minha amizade.//Cordeiro de Deus, a ti quero ver;/Meu exemplo haverás de ser:/Gentil és, meigo e amiguinho;/Uma vez foste menininho".

Versos 13 e 18. O especialista Joseph Wicksteed (1928) sugere que "Chamam pelo nome teu" e "Chamam pelo nome dele" se referem não só à relação do homem com Cristo mas também com a individualidade e a existência do ser humano, associadas ao ato de nomear. Ver "Alegria de Criança", onde a nomeação ganha conotações sociais. O poema contrário é "O Tigre".

O Negrinho/*The Little Black Boy* (p. 44)

No século 18, o número de escravos traficados (desde o século 16) chegou a cerca de sete milhões como consequência da Revolução Industrial. Em 1787, formou-se a Sociedade para a Abolição do Tráfico de Escravos, que, com o apoio de figuras influentes, entre eles o poeta William Cowper e o negociante de porcelana Josiah Wedgwood, pressionou o Parlamento entre 1789 e 1793 para proibir a escravidão em todo o Império Britânico. Um projeto de lei de 1833 foi aprovado em 1º de agosto de 1834, estipulando que menores de seis anos seriam libertados imediatamente; maiores de seis anos continuariam em parte escravos e em parte livres por mais quatro anos (recebendo um salário semanal por trabalho parcial); os escravistas receberiam do Parlamento £20 milhões para compensar a perda de propriedade. Depois da aprovação da lei, nas Índias Ocidentais e em outras partes do Império Britânico ainda se viam cartazes anunciando a venda ou aluguel de escravos, femininos ou masculinos, dos 14 a 30 e poucos anos, por leilão público "Sob as árvores", junto com a venda de arroz, agulhas, livros, fitas, e assim por diante.

O período de composição de "O Negrinho" coincidiu com os princípios da campanha da Sociedade para a Abolição do Tráfico de Escravos, com a Revolução Francesa e a irrupção da revolta de escravos na Santo Domingo francesa em 1791, que chegou ao cume em 1793. Damon (1958) comenta que Blake não acreditava na igualdade entre negros e brancos, "a julgar pela última estrofe", uma conclusão partilhada por alguns críticos que é injustificável. Não há registro de que Blake fosse "racista" e, de qualquer modo, não se pode afirmar que a voz no poema seja a de Blake. Gardner (1986) observa que nenhum outro poema enfatiza a existência duma mãe natural e duma criação formal cristã: a mãe é identificada como professora, que ensina os dons de Deus; a "fonte" do poema "é unicamente ideológica, filosófica e teórica": o ensinamento da mãe é passado ao menino branco através do filho negro. Ver a relação simbólica entre as raças e a função de "preto" e "branco" no poema "Quinta-Feira Santa".

O Limpa-Chaminé/*The Chimney Sweeper* (p. 46)

Verso 3. "Gritava mais que...": "impo" traduz "*weep*", o brado mal articulado do Limpa-Chaminé no pregão dos serviços com o verbo na primeira pessoa, "eu limpo", "*I sweep*". "Impo" é também a conjugação na primeira pessoa do verbo "impar", acrescentando o sentido subliminar de "chorar" no original. A dificuldade na pronúncia se explica pelo fato de que meninos de cerca de apenas 8 ou 4 anos eram usados por seus "mestres" para entrar nas chaminés estreitas, os "caixões de pretidão".

Verso 5. "Tem o Tom Dacre...": Gardner (1986) informa que, segundo documentação da época, o sobrenome de Tom, Dacre, deriva do nome de um dos asilos de pobres de Lady Dacre, entre James Street e Buckingham Road, próximo à casa do pai de Blake. Gardner observa que, de acordo com um testemunho em 1788, os meninos "chegavam a ficar cinco anos sem se lavar; mas alguns eram levados por seus mestres para se banhar no New River numa manhã de domingo no verão". Blake alude a esse detalhe.

A Imagem Divina/*The Divine Image* (p. 52)

Verso 11. "E o Amor tem a humana forma divina" ecoa *Paraíso Perdido*: "[...] Assim com o ano/Estações retornam; não a mim retorna/O dia, ou a doce vinda da tarde ou manhã/Ou visão de flores vernais, ou rosa do verão/Ou rebanhos, ou bandos, ou humana face divina" (Livro 3, 40-44). Quanto a este poema, Rowan Williams, ex-Arcebispo da Cantuária, comenta: "Em si mesmos, [estes versos] são de fato uma declaração tocantemente direta de um certo tipo de humanismo cristão, aparentemente otimista e universalista [...] mas para entender o que um texto como este significa temos de ler também a resposta que [Blake mesmo] deu a ele, com efeito, a crítica que fez dele". Williams se refere ao poema contrário "Uma Imagem Divina", em *Canções de Experiência*.

Verso 13. "Portanto todo homem...": "clima" é forma poética para região.

Versos 18-19. "Em pagãos, turcos ou judeus": alusão ao hino "*Praise for the Gospel*" [Louvor ao Evangelho], em *Divine and Moral Songs* [Canções Divinas e Morais], de Isaac Watts, como apontou Andrew Lincoln (1998): "Senhor, atribuo a tua graça/E não ao acaso como fazem outros/Que nasci de raça cristã,/E não de pagão ou judeu". Na época de Blake, por "turco" se entendia "muçulmano". "Lá também permanece Deus": aprovando um dos aforismos de Lavater, Blake alude à *Primeira Epístola de João*: "E nós conhecemos e cremos o amor que Deus nos tem. Deus é amor, e aquele que permanece no amor permanece em Deus, e Deus, nele" (4:16).

Quinta-Feira Santa/*Holy Thursday* (p. 53)

Numa tradição que remontava ao início do século 18, milhares de crianças pobres de escolas de caridade desfilavam nas ruas do centro de Londres em agradecimento aos benfeitores. A partir de 1782, essa comemoração passou a ser realizada na Catedral de São Paulo, cujas galerias de madeira no transepto eram tomadas por cerca de cinco mil crianças que entoavam o salmo 113, uma louvação a Deus por sua bondade para com os pobres. Blake presenciou três ou quatro dessas comemorações, o que sugere que simpatizava com o movimento de escolas de caridade diurnas (Stanley Gardner, 1986, 1988; Heather Glen, 1983; Zachary Leader, 1981). O evento, no entanto, nunca ocorreu na Quinta-Feira Santa ou no Dia da Ascensão, datas evitadas devido à celebração religiosa da congregação. Gardner (1986) especula que este talvez tenha sido "o nome usado ironicamente como chacota pelo círculo de amigos que Blake caricaturou em *An Island in the Moon*, do qual ele se apropriou e empregou para seus propósitos. [...] Depois usou o título para fazer a cáustica transição para o poema contrário em *Experiência*".

Verso 9. "Qual vento forte agora...": alusão à descida do Espírito Santo sobre os apóstolos no Pentecostes. *Atos dos Apóstolos*: "Ao cumprir-se o dia de Pentecostes, estavam todos reunidos no mesmo lugar; de repente veio do céu um som, como de um vento impetuoso, e encheu toda a casa onde estavam assentados. E apareceram, distribuídas entre eles, línguas como de fogo, e pousou uma sobre cada um deles. Todos ficaram cheios do Espírito Santo e passaram a falar em outras línguas, conforme o Espírito lhes concedia que falassem" (2:1-4).

Verso 12. "Piedade nutre...": referência ao tratamento do próximo na *Epístola de Paulo aos Hebreus* no Novo Testamento: "Seja constante o amor fraternal. Não negligencieis a hospitalidade, pois alguns, praticando-a, sem o saber acolheram anjos" (13:1-2). Ecoa também o salmo 113:7-8 cantado pelas crianças na catedral, no qual o Senhor "do pó levanta o pequeno, e do monturo ergue o necessitado,/Para o fazer assentar com os príncipes, sim, com os príncipes do seu povo".

Noite/*Night* (p. 54)

Verso 41. "E agora a teu lado, cordeiro": alusão a *Isaías*: "E morará o lobo com o cordeiro, e o leopardo com o cabrito se deitará, e o bezerro, e o filho de leão e a nédia ovelha viverão juntos, e um menino pequeno os guiará"; "O lobo e o cordeiro se apascentarão juntos, e o leão comerá palha como o boi: e pó será a comida da serpente. Não farão mal nem dano algum em todo o meu santo monte, diz o Senhor" (11:6, 65:25).

Verso 45. "Porque, lavada no rio da vida": alusão bíblica. *Apocalipse*: "Então me mostrou o rio da água da vida, brilhante como cristal, saindo do trono de Deus e do Cordeiro. No meio da sua praça, de uma a outra margem do rio, está a árvore da vida, produzindo doze frutos, dando o seu fruto de mês em mês, e as folhas da árvore são para a cura dos povos. [...] Contemplarão a sua face, e sobre as suas frontes está o nome dele. Então já não haverá noite, nem precisam eles de luz de candeia, nem da luz do sol, porque o Senhor Deus brilhará sobre eles, e reinarão pelos séculos dos séculos" (22:1, 2, 4 e 5). *Ezequiel*: "Estas águas saem para a região oriental, e descem à campina, e entram no mar *e*, sendo levadas ao mar, sararão as águas. E será que toda a criatura vivente que vier por onde quer que entrarem estes dois ribeiros, viverá, e haverá muitíssimo peixe; porque lá chegarão estas águas, e sararão, e viverá tudo por onde quer que entrar este ribeiro" (47:8-9).

Alegria de Criança/*Infant Joy* (p. 58)

Primeira estrofe: o especialista Joseph Wicksteed (1928) entende que há uma "concepção santa", uma cena da Anunciação, a alegria da geração: "[...] o mensageiro saúda a mãe, que tem no colo o bebê a vir a ser; sem nome, porque ainda sem individualidade, e com 'só dois dias de vida', porque Deus criou o céu no segundo dia". Walter Minot (*An Illustrated Quarterly*, 1991) e Stanley Gardner (1986) propõem uma leitura mais simples: era costume batizar ou crismar uma criança dois ou três dias depois do nascimento. No sentido blakeano, a criança é feliz porque inocente, livre de restrições e instituições, ou seja, da experiência (ver o poema contrário "Dor de Criança"). Há ainda uma alusão ao índice de mortalidade infantil pós-parto, altíssimo na época; evidentemente, sobreviver ao nascimento era motivo de imensa alegria.

Sobre a Dor de Outrem/*On Anothers Sorrow* (p. 60)

Versos 21-22. "E noite & dia não estar presente...": alusão ao *Apocalipse*: "Pois o Cordeiro que se encontra no meio do trono os apascentará e os guiará para as fontes da água da vida. E Deus lhes enxugará dos olhos toda lágrima"; "E lhes enxugará dos olhos toda lágrima, e a morte já não existirá, já não haverá luto, nem pranto, nem dor, porque as primeiras coisas passaram" (7:17, 21:4).

CANÇÕES DE EXPERIÊNCIA/*SONGS OF EXPERIENCE*

Introdução/*Introduction* (p. 63)

Poema contrário correspondente a "Introdução", em *Canções de Inocência*.

Verso 4: "O Verbo Sagrado...": a encarnação do Verbo em *O Evangelho Segundo João*: "No princípio era o Verbo, e o Verbo estava com Deus, e o Verbo era Deus. Ele estava no princípio com Deus" (1:1-2).

Verso 5: "Que passeou pelo jardim maduro...": alusão ao *Gênesis*: "E ouviram a voz do Senhor Deus, que passeava no jardim pela viração do dia: e escondeu-se Adão e sua mulher da presença do Senhor Deus, entre as árvores do jardim" (3:8).

Verso 11: "Ó Terra, ó Terra, retorna!": alusão a *Jeremias*: "Ó terra, terra, terra! ouve a palavra do Senhor" (22:29).

Versos 18-20: "A terra estrelada...": alusão a *Jeremias*: "Não me temereis a mim? diz o Senhor; não temereis diante de mim, que pus a areia por limite ao mar, por ordenança eterna, que ele não traspassará? ainda que se levantem as suas ondas, não prevalecerão; ainda que bramem, não a traspassarão" (5:22). *O Livro de Jó*: "Ou quem encerrou o mar com portas, quando transbordou *e* saiu da madre. [...] E disse: Até aqui virás, e não mais adiante, e aqui se quebrarão as tuas ondas empoladas? Ou desde os teus dias deste ordem à madrugada, ou mostraste à alva o seu lugar;" (38:8, 11-12)

A Resposta da Terra/*Earth's Answer* (p. 64)

Sem correspondente contrário em *Inocência*, este é um poema tão enigmático quanto "Introdução". O significado de ambos se torna mais claro com a leitura dos poemas proféticos menores.

Versos 10-12: "Escuto o pai...": referência aos Dez Mandamentos no *Êxodo*: "Não te encurvarás a elas nem as servirás: porque eu, o Senhor teu Deus, sou Deus zeloso, que visito a maldade dos pais nos filhos até a terceira e quarta geração daqueles que me aborrecem" (20:5). Ver *O Livro de Ahania*, onde os versos se repetem.

A Menininha Perdida/*The Little Girl Lost* (p. 67)

Verso 4. "Grava fundo esta sentença": "gravar" pode ser lido com o duplo sentido de memorizar e de marcar uma placa de metal com instrumento ou ácido para produzir uma gravura. "Sentença" tem o sentido, hoje obsoleto em português, de frase ou oração gramatical, mas também de decisão judicial.

Verso 10: "Será jardim macio": alusão a *Isaías*: "O deserto e os lugares secos se alegrarão disto; e o ermo exultará e florescerá como a rosa" (35:1). Ver outra alusão a *Isaías*, 11:6, em "Noite" (nota acima em *Canções de Inocência*), em que os animais têm funções semelhantes.

Este poema e "A Menininha Encontrada" originalmente faziam parte de *Canções de Inocência*, mas foram transferidos para *Canções de Experiência* quando da combinação dos dois volumes (os outros poemas transferidos são "O Escolar" e "A Voz do Antigo Bardo"). Blake hesitava quanto à interação dos contrários inocência e experiência, presente na maioria dos poemas.

O nome Lyca, personagem que não reaparece em outros escritos de Blake, deriva da palavra grega para "lobo" (λύκος, raiz λύκ-), como pela primeira vez apontou concisamente o holandês Bassalik de Vries em tese de doutorado (*Blake in his Relation to Rossetti*, Basel, 1911, p. 27), e que está na raiz da palavra portuguesa "licantropo" e palavras associadas. Damon (1958) comenta que "esta etimologia está em contradição direta" com os dois últimos versos de "A Menininha Encontrada". Dada a complexidade do contexto, não é inconcebível que Blake desejasse uma contradição subliminar. O comentário de Damon, porém, de certo modo procede, quando se leva em conta que somente alguns anos após a composição Blake começou a aprender outros idiomas, como atesta uma carta ao irmão James, datada de 30 janeiro de 1803: "Estou indo muitíssimo bem com meu Grego & Latim; é uma grande pena eu não ter começado a aprender línguas mais cedo na vida, porque acho muito Fácil; [...] Leio Grego com a mesma fluência de um especialista de Oxford & o Testamento é meu mestre principal" (Keynes, 821).

Canção da Ama/*Nurses Song* (p. 72)

Os versos 1, 5 e 6 são repetidos do poema contrário em *Canções de Inocência*.

A Mosca/*The Fly* (p. 74)

Na época de Blake, "mosca" também significava "borboleta", emblema da alma, como ressalta Damon. Não é incorreto aceitar o significado literal de "mosca", pois para Blake todo ser vivo é sagrado.

Versos 11-12. Alusão oblíqua a *Rei Lear*, de William Shakespeare: "Como moscas para meninos travessos, assim somos para os deuses;/Eles nos matam para sua diversão" (4, 1, 36-37).

O Tigre/*The Tyger* (p. 76)

O poema mais antologizado de Blake é talvez o mais complexo, resistindo a interpretações, inclusive a de que o tigre simboliza a Revolução Francesa.

Versos 3-4: "Que olho ou mão...": Blake interrompe a regularidade métrica e substitui a rima perfeita pela quase-rima. A tradução tenta replicar a irregularidade estendendo a métrica de oito para nove sílabas (octossílabos para eneassílabos), mas mantendo a regularidade rímica.

Verso 17: "Quando os astros lanças largaram": ao menos cinco possíveis alusões. A queda inevitável dos anjos rebeldes no inferno em *Paraíso Perdido*: "[...] Eles, atônitos, perdida toda resistência,/Toda coragem; largaram suas armas ociosas;" (VI, 838-9) (5-6). *O Livro de Jó*, onde Deus questiona a fé de Jó e se refere a Leviatã: "Se alguém lhe tocar com a espada, essa não poderá penetrar, nem lança, dardo ou flecha. [...] As pedras atiradas são para ele como arestas, e ri-se do brandir da lança" (41:26, 28). *Daniel*: "E se engrandeceu até ao exército do céu; e a alguns do exército, e das estrelas, deitou por terra, e as pisou" (8:10). Referência à queda das estrelas e à guerra no céu no *Apocalipse*: "As estrelas do céu caíram pela terra, como a figueira, quando abalada por vento forte, deixa cair os seus figos verdes" (6:13); "A sua cauda arrasta a terça parte das estrelas do céu, as quais lançou para a terra; e o dragão se deteve em frente da mulher que estava para dar à luz, a fim de lhe devorar o filho quando nascesse" (12:4).

Verso 30: "Quem fez o Cordeiro te fez?": ver o poema contrário "O Cordeiro", em *Canções de Inocência*, onde é reiterada a pergunta "Quem te fez Cordeirinho?" e se estabelece Jesus como o Cordeiro de Deus.

Minha Bela Roseira, Ah! Girassol e O Lírio/*My Pretty Rose Tree, Ah! Sun-Flower* e *The Lilly* (p. 77)

Estes três poemas foram gravados numa mesma chapa de cobre.

O Pequeno Maroto/*The Little Vagabond* (p. 79)

O menino não é "vagabundo", porque está em companhia da mãe, é apenas maroto. Provavelmente trabalhador que, como costume na época, visitava tabernas com adultos depois do trabalho.

Versos 11-12. "E a dona Fareja...": "Fareja" traduz "*Lurch*" (que rima internamente com "*church*", "igreja"). É difícil explicar a escolha de Lurch como nome próprio, mas decerto a conotação é negativa, porque caracteriza a mulher como uma espécie de espiã, à espreita para investigar ("farejar") algo com más intenções. "Jejum" aqui é castigo físico; praticado por longos períodos, as crianças malnutridas ficavam raquíticas e, por consequência, com defeitos físicos ("aleijão"). Em relação às intenções de dona Fareja, Gardner (1986) lembra a política do governo de empregar informantes entre famílias com o fim de espionar vizinhos e do Ministério da Justiça de plantar espiões em reuniões no inverno de 1792. Era um período de perseguição a rebeldes republicanos.

Londres/*London* (p. 80)

Blake nasceu, cresceu e viveu a vida toda no coração de Londres, exceto os três anos passados no chalé de Felphan, em Sussex. O endereço dos pais, o nº 28 de Broad Street, no Soho (a três ou quatro quarteirões da Oxford Street e Regent Street de hoje), e os arredores eram um microcosmo da cidade. Os fundos da fileira de casas geminadas davam para um cemitério, onde os mortos eram enterrados em cova rasa e de onde emanava mau cheiro; a poucos metros ficava um asilo de pobres que se expandiu e tomou partes do terreno do cemitério. A loja Blake & Son de tecidos e miudezas do pai James fornecia roupas de cama e toalhas para a instituição. As ruas se enchiam de ambulantes e limpa-chaminés com seus pregões, de mendigos e crianças, e à noite se ouviam cantorias nos bares e havia um vaivém de prostitutas nas ruas. Blake estava face a face com a morte, com a pobreza e uma classe de destituídos. "Londres" condensa isso e mais ao incluir o poder das classes dominantes, a exploração dos pobres e a hipocrisia de instituições, como da Igreja e do casamento.

Versos 1-2. "Vagueio por toda rua encartada...": com o pouco usado adjetivo verbal "encartado" (*chartered*) a tradução se refere à outorga de direitos e liberdades segundo a constituição inglesa, a Magna Carta (1225), composta de cerca de sessenta artigos. O 13º artigo estipula: "A cidade de Londres desfrutará de seus privilégios e costumes livres antigos, tanto por terra como por mar. Também consentimos que todas as outras cidades, outros municípios, bairros e portos desfrutarão de todos os seus privilégios e costumes livres". A implicação é que corporações recebiam licença régia para exploração comercial. Ou seja, era outorgado o direito de venda e compra. Em *The Rights of Men* [Direitos do Homem], Thomas Paine foi crítico implacável desse sistema que tendia a preservar a hereditariedade dos direitos (exaltado por reacionários, como Edmund Burke): "É uma corrupção de termos dizer que uma carta concede direitos. Ela opera por um efeito contrário, o de tirar os direitos. Direitos estão inerentemente em todos os habitantes; mas as cartas, ao anularem esses direitos da maioria, colocam o direito, por exclusão, nas mãos de uns poucos. [...] Não dão direitos a A, mas fazem uma diferença em favor de A ao tirarem os direitos de B, e, consequentemente, são instrumentos de injustiça. [...] [cartas e corporações] são fontes de interminável controvérsia nos lugares em que existem; e diminuem os direitos comuns da sociedade nacional" (pp. 399-400). Blake decerto concordava.

Versos 3-4: "E marco em cada rosto que deparo...": aqui "marco" (*I mark*) tem o sentido de notar e anotar, mantendo a ambiguidade e o jogo de palavras do original. As "marcas" (sinais) são alusões bíblicas. *Gênesis*: "O Senhor porém disse-lhe: Portanto qualquer que matar a Caim, sete vezes será castigado. E pôs o Senhor um sinal em Caim, para que o não ferisse e qualquer que o achasse" (4:15). *Ezequiel*: "E disse-lhe o Senhor: Passa pelo meio da cidade, pelo meio de Jerusalém, e marca com um sinal as testas dos homens que suspiram e que gemem por causa de todas as abominações que se cometem no meio dela" (9:4). *Apocalipse*: "A todos, os pequenos e os grandes, os ricos e os pobres, os livres e os escravos, faz que lhes seja dada certa marca sobre a mão direita, ou sobre a fronte. Para que ninguém possa comprar ou vender, senão aquele que tem a marca, no nome da besta, ou o número do seu nome. Aqui está a sabedoria. Aquele que tem entendimento calcule o número da besta, pois é número de homem. Ora, esse número é seiscentos e sessenta e seis" (13:16-18).

O Abstrato Humano/*The Human Abstract* (p. 81)

Abstrato: abstração, que Blake considerava negativa quando usada como substituta da realidade. O contrário de "A Imagem Divina", em *Canções de Inocência*. A ideia inicial de Blake era usar como contrário "Uma Imagem Divina", que agora encerra *Canções de Experiência* como poema adicional.

Verso 22. "Na Natureza esta Árvore foram buscar": a Árvore do Mistério é a árvore da ciência do bem e do mal no Jardim do Éden no *Gênesis*: "E o Senhor Deus fez brotar da terra toda a árvore agradável à vista, e boa para comida: e a árvore da vida no meio do jardim, e a árvore da ciência do bem e do mal" (2:6). A outra alusão é ao nome da prostituta da Babilônia no *Apocalipse*: "Sobre a sua fronte achava-se escrito um nome, mistério: BABILÔNIA, A GRANDE, A MÃE DAS MERETRIZES E DAS ABOMINAÇÕES DA TERRA" (17:5).

Um Menininho Perdido e Uma Menininha Perdida/*A Little Boy Lost e A Little Girl Lost* (pp. 84-85)

"Um Menininho Perdido"

Verso 4: "Algo maior que a si conhecer": alusão ao ensinamento cristão de que se deve amar ao próximo como a si mesmo. Santo Anselmo: "Deus é o maior pensamento que é possível pensar-se". Numa anotação sobre Swedenborg, Blake observa: "O homem não pode ter uma ideia de qualquer coisa maior que o Homem, assim como uma xícara não pode conter mais do que sua capacidade permite. Mas Deus é o homem, não porque seja percebido pelo homem, mas porque ele é o criador do homem" (Keynes, p. 90)

Última estrofe. Existia a prática de queimar crianças por heresia. Blake evoca a prática de pais sacrificarem filhos em Canaã, num ritual introduzido especialmente em Jerusalém. É condenada no *Levítico* ao tratar de uniões abomináveis. Aqui, irônica e cruelmente um representante da Igreja ignora a condenação e a pratica como algo exemplar, para o tormento dos pais: "E da tua semente não darás para a fazer passar pelo fogo perante Moloque: e não profanarás o nome de teu Deus: Eu sou o Senhor" (18:22). Moloque, cujo nome tem origem fenícia ("o rei"), designa um tipo de sacrifício; em Israel era tido como um deus, e se realizavam sacrifícios a ele associados.

"Uma Menininha Perdida"

A primeira estrofe se constitui de palavras do Bardo.

Verso 5. "Na Idade de Ouro": em *A Vision of the Last Judgement* (1810) [Uma Visão do Juízo Final], Blake escreve que sua obra é "um Esforço para Restaurar o que os Antigos chamaram de Idade de Ouro".

Verso 10. "Antes casal juvenil": Damon (1988) sugere que se trata de uma alusão aos "ritos/Misteriosos do amor matrimonial" puro de Adão e Eva, ou seja, antes da Queda, em *Paraíso Perdido* (4, 742-743).

A Tirzá/*To Tirzah* (p. 87)

Há pelo menos duas alusões bíblicas que ajudam a entender o poema e a mitologia de Blake. *Números*: "Deus manda [Moisés e Eleazar, filho de Aarão] contar a soma de todos os israelitas", todos os que em Israel podem ir à guerra. Entre eles está Zelofeade, filho de Hefer, dos heferitas, que tinha apenas filhas, cinco delas: Macla, Noa, Hogla, Milca e Tirzá" (26:33). Para todos os filhos contados no censo no deserto, Deus criou a lei da divisão da terra e das heranças. As filhas de Zelofeade, então morto, vendo-se privadas de direito, protestaram junto a Moisés: "Dá-nos possessão entre os irmãos de nosso pai". Deus, consultado por Moisés, concedeu: "Certamente lhes darás possessão de herança entre os irmãos de seu pai; e a herança de seu pai farás passar a elas. [...] Quando alguém morrer, e não tiver filho, então fareis passar a sua herança a sua filha" (27:1-11), com a condição de que se casassem dentro da tribo.

Blake tomou as cinco irmãs como símbolo da Vontade Feminina, que ele associa a restrição e materialidade. Northrop Frye comenta que as irmãs "representam os cinco sentidos e sugerem a dependência passiva da experiência dos sentidos que é simbolizada em nosso nascimento de uma mãe" (*Fearful Symmetry*, p. 127). Damon sugere que Tirzá, na mitologia blakeana, representa o sexo e, sendo a criadora do corpo físico, torna-se a mãe da morte, simbologia esta elaborada nos três livros proféticos maiores. A ironia de Blake está em segundo plano: em hebraico, Tirzá significa "meu deleite" ou "agradável".

O poema aponta para a libertação dessa materialidade, como parece indicar a segunda alusão. No *Evangelho de João*, Maria e Jesus são convidados a um casamento em Caná da Galileia. Maria dirige-se a Jesus dizendo que o vinho acabou, ao que ele retruca: "Mulher, que tenho eu contigo? Ainda não é chegada a minha hora" (2:1-4). Relacionado a esta passagem, na imagem abaixo do texto do poema, Blake gravou verticalmente o seguinte na roupa de um velho que carrega um cântaro: "Ressuscita um corpo espiritual". Trata-se de citação da *Primeira Epístola de Paulo aos Coríntios*, cuja íntegra é: "Semeia-se corpo natural, ressuscita corpo espiritual. Se há corpo natural, há também corpo espiritual" (15:44).

Uma Imagem Divina/*A Divine Image* (p. 90)

Contrastando este poema com o contrário "A Imagem Divina", onde o bem figura, o ex-Arcebispo da Cantuária, Rowan Williams, ressalta aqui a presença do mal, no que em parte coincide com o comentário de John Middleton Murry: "Esta é uma simples imagem negativa, no centro da qual estão as metáforas de lacre, ocultamento e aprisionamento por um lado, e de fogos do trabalho em metal por outro lado. A humanidade criou para si mesma um invólucro de ferro, forjado de uma fome insaciável no interior do eu humano. O intenso fogo avaro dessa 'gorja' é o que solidifica a superfície do comportamento humano e a interação numa repulsa e medo mútuos. O terror aqui usa a mesma 'forma humana' que a piedade no texto de *Canções de Inocência*; assim, essas ideias não são abstratas; são reais, só que em sua configuração encarnada. Não podemos, em outras palavras, falar de piedade ou de terror sem falar sobre a história humana incorporada real, sobre o que homens e mulheres fazem de si mesmos".

O MATRIMÔNIO DO CÉU E DO INFERNO/*THE MARRIAGE OF HEAVEN AND HELL*

Escrito entre 1790-93, impresso em 27 estampas iluminadas, é uma paródia de *Heaven and Hell* [Céu e Inferno], de Emanuel Swedenborg (1688-1772), publicado na Inglaterra em 1778 pela Sociedade Teosófica, cuja missão era traduzir as obras do cientista sueco. Swedenborg afirmou que o Juízo Final ocorrera em 1757 e que as verdades comunicadas a ele por anjos o levaram a entender a natureza espiritual da criação. Blake, que nascera em 1757, ficou fascinado por suas ideias e comprou alguns de seus livros. A Nova Igreja na Inglaterra foi fundada no dia 13 de abril de 1789. Blake e a mulher assinaram o livro de presença na conferência de abertura, mas Blake jamais se associou à instituição, cujas doutrinas eram divulgadas como "genuínas Verdades reveladas do Céu". Para ele, o propósito espiritual da Nova Igreja estava na vida ativa, não em cerimônias.

O texto resiste a uma categorização de conteúdo ou forma: inclui dois poemas, um como prólogo, outro como epílogo; o miolo é composto de seis seções com características de tratado, ensaio, exercício retórico e provérbios, crivadas de conceitos e pontos de vista opostos, dualidades de valores invertidos, como certo/errado, bem/mal, material/espiritual, deus/demônio etc. (Em partes, lembra os aforismos de *Não Há Religião Natural* e *Todas as Religiões São Uma*.) Nesse sentido, reintroduz subversivamente elementos das *Canções* e antecipa algumas das profecias menores. Obscuro, seduz pela estrutura hábil. Em 1927, numa edição facsimilar, Max Plowman propôs na introdução uma chave de leitura ao identificar o que chamou de seis capítulos: o primeiro estabelece os princípios; o segundo aplica esses princípios à queda do homem; o terceiro descreve a origem dos deuses; o quarto trata da regeneração; o quinto define os dois tipos de homem, o Prolífico e o Devorador; e o sexto conclui com Cristo como diabolista.

O Argumento (p. 92)

Verso 1. Rintrah: introduzido aqui pela primeira vez na mitologia de Blake, simboliza a ira justa do profeta e pressagia a revolução. Reaparece em *Milton, Vala, or the Four Zoas* e *Jerusalem*, onde é identificado como o primogênito de Los (Imaginação, o Poeta, e um dos Eternos, ou Quatro Zoas) e Enitharmon (emanação de Los, assim como Eva é emanação de Adão). Tem três irmãos: Palamabron ("meigo & lastimável"), Theotormon (atencioso, cuidadoso, "atormentado por Deus") e Bromion (reacionário, amante da ciência, "bramoso"). Em *Jerusalem*, são chamados de Quatro Filhos de Jerusalém.

Verso 6. Profecia sobre a grandeza e a glória do Reino do Messias em *Isaías*: "O deserto e os lugares secos se alegrarão disto; e o ermo exultará e florescerá como a rosa" (35:1).

Verso 12. Alusão à visão dum vale de ossos secos em *EzequielI*: "Veio sobre mim a mão do Senhor, e o Senhor me levou em espírito, e me pôs no meio de um vale que estava cheio de ossos. E me fez andar ao redor deles; e eis que eram muito numerosos sobre a face do vale, e estavam sequíssimos" (37:1-2). "Assim diz o Senhor Jeová a estes ossos: Eis que farei entrar em vós o espírito, e vivereis" (37:5).

Verso 13. "Barro vermelho" é o significado literal do nome Adão (também "terra" e "terra vermelha").

Versos 19-20. Alusão a *Isaías*, sobre o livramento prometido ao povo de Israel: "Voz do que clama no deserto: Preparai o caminho do Senhor: endireitai no ermo vereda a nosso Deus" (40:3). Em *Mateus*, o justo é identificado: "Naqueles dias apareceu João Batista, pregando no deserto da Judeia, e dizia: Arrependei-vos, porque é chegado o reino dos céus. Porque este é o referido por intermédio do profeta Isaías: Voz do que clama no deserto: preparai o caminho do Senhor, endireitai as suas veredas" (3:1-3). Ver *Todas as Religiões São Uma*, na introdução.

P. 93, primeiro parágrafo. "Assim como teve...": em 1757, ano em que Blake nasceu, Swedenborg anunciou a chegada de um "novo céu". Quando escreveu o *Matrimônio*, Blake estava com 33 anos, a idade de Cristo, e o "Inferno Eterno revive". Blake reflete uma época dinâmica: a Revolução Francesa, a previsão de que o Apocalipse se aproximava, o reconhecimento dos ensinamentos cristãos em oposição ao cristianismo estabelecido pela instituição da Igreja, que está na base do antinomianismo ao qual Blake estava atraído. Nas seções seguintes do *Matrimônio*, Blake ridiculariza as experiências místicas de Swedenborg relatadas em "*Memorable Relations*" (*True Christian Religion*) e critica sobretudo o conceito de que céu e inferno se equilibram (*A Treatise Concerning Heaven and Hell*), enfatizando que os contrários continuam em permanente tensão libertadora e criativa.

A Voz do Demônio

P. 93, último parágrafo. No Livro 6 de *Paraíso Perdido*, o Messias restaura a ordem abafando a rebelião de Satã (Satã significa, literalmente, "adversário"), obedecendo a Deus. O Messias é o acusador de Adão e Eva; no *Apocalipse*, Satã é o expulso "acusador dos nossos irmãos, o mesmo que os acusa de dia e de noite, diante do nosso Deus" (12:10). Quer dizer, o acusador de Jó.

P. 94, terceiro parágrafo. No *Evangelho Segundo João*, Jesus promete outro Consolador: "E eu rogarei ao Pai, e ele vos dará outro Consolador, a fim de que esteja para sempre convosco. O Espírito da verdade, que o mundo não pode receber, porque não no vê, nem o conhece; vós o conheceis, porque ele habita convosco e estará em vós" (14:16-17). "Mas o Consolador, o Espírito Santo, a quem o Pai enviará em meu nome, esse vos ensinará todas as cousas e vos fará lembrar de tudo o que vos tenho dito" (14:26). Quanto às "chamas flamantes", no *Êxodo* Deus fala com Moisés primeiro "do meio da sarça ardente": "E apareceu-lhe o anjo do Senhor em uma chama de fogo do meio duma sarça; e olhou, e eis que a sarça ardia do fogo, e a sarça não se consumia" (3:2) e depois "no monte de Sinai": "E todo o monte de Sinai fumegava, porque o Senhor descera sobre ele em fogo: e seu fumo subiu como fumo dum forno, e todo o monte tremia grandemente" (19:18). No Novo Testamento, na *Segunda Epístola de Paulo aos Tessalonicenses*: "Em chama de fogo, tomando vingança contra os que não conhecem a Deus e contra os que não obedecem ao evangelho de nosso Senhor Jesus" (1:8).

P. 94, quinto parágrafo. "Mas, em Milton...": "fração" traduz "ratio", que é razão, ou proporção, no sentido newtoniano. Blake faz um jogo de palavras com "razão" no sentido de raciocínio, cuja raiz também é "ratio". Para a ideia dos "cinco sentidos", ver os textos *Não Há Religião Natural* e *Todas as Religiões São Uma*, na introdução.

Provérbios do Inferno

P. 96, décimo provérbio. "Os tigres da ira...": paródia de provérbios populares e dos *Provérbios de Salomão* do Antigo Testamento: "Para se conhecer a sabedoria e a instrução; para se entenderem as palavras da prudência; para se receber a instrução do entendimento, a justiça, o juízo, e a equidade" (1:2-3). Os aforismos de Johann Kaspar Lavater, *Aphorisms on Man* (1788), também motivaram Blake.

Uma Visão Memorável

P. 98, quinto parágrafo. *Isaías*, na profecia simbólica do cativeiro dos egípcios e dos etíopes: "Falou o Senhor, pelo mesmo tempo, pelo ministério de Isaías, filho de Amós, dizendo: Vai, solta o cilício de teus lombos, e descalça os sapatos de teus pés. E assim o fez, indo nu e descalço" (20:2). O pré-socrático Diógenes (412-323 a.C.?) também perambulou nu e sem posses, carregando uma lanterna durante o dia em busca do homem honesto.

P. 98, sexto parágrafo. *Ezequiel*, na predição do cerco de Jerusalém: "Tu também deita-te sobre o teu lado esquerdo e põe a maldade da casa de Israel sobre ele; [...] Porque eu te tenho fixado o número dos dias, trezentos e noventa dias: [...] E quando cumprires estes, tornar-te-ás a deitar sobre o teu lado direito, e levarás a maldade da casa de Judá quarenta dias; um dia te dei por cada ano [...] E o que comeres será como bolos de cevada, e o cozerás com o esterco que sai do homem" (4:4-6, 12).

P. 98, sétimo parágrafo. Mil anos equivalem a um dia de Deus, que criou o mundo em seis dias. Na *Segunda Epístola de Pedro*, sobre a vinda do Senhor e o que ela significa para os crentes e descrentes: "Ora, os céus que agora existem, e a terra, pela mesma palavra têm sido entesourados para fogo, estando reservados para o dia do juízo e destruição dos homens ímpios. Há, todavia, uma coisa, amados, que não deveis esquecer: que, para com o Senhor, um dia é como mil anos, e mil anos como um dia" [...] "Esperando e apressando a vinda do dia de Deus, por causa do qual os céus incendiados serão desfeitos e os elementos abrasados se derreterão" (3:7-8, 12).

P. 98, oitavo parágrafo. "Querubim" (singular) no original. *Gênesis*: "E havendo lançado fora o homem, pôs querubins ao oriente do jardim do Éden, e uma espada inflamada que andava ao redor, para guardar o caminho da árvore da vida" (3:24). Em *Ezequiel*, Deus se dirige ao profeta: "Tu eras querubim ungido para proteger, e te estabeleci: no monte santo de Deus estavas, no meio das pedras afogueadas andavas. Perfeito eras nos teus caminhos, desde o dia em que foste criado, até que se achou iniquidade em ti. [...] Pela multidão das tuas iniquidades, pela injustiça do teu comércio profanaste os teus santuários: eu pois fiz sair do meio de ti um fogo, que te consumiu a ti, e te tornei em cinza sobre a terra, aos olhos de todos os que te veem" (28:14-15, 18).

P. 99, segundo, terceiro e quarto parágrafos. "Antes, porém, dever--se-á...": "método infernal" de impressão e "solvendo superfícies visíveis e expondo o infinito antes oculto" são alusões ao processo de gravação que Blake "inventou" e chamou de água-forte em relevo ou estereótipo, referindo-se a ele como impressão iluminada apenas uma vez. Com esse método ofereceria a Bíblia do Inferno. Interessante é a relação que faz com "corpo distinto da alma" nesse contexto, acrescentando nova camada de significado. A caverna é uma referência ao mito que Platão expõe na *República*. As "estreitas fendas de sua caverna" são referidas no primeiro verso do prefácio de *Europa, uma Profecia*. Para uma visão da percepção do infinito, ver os dois tratados na introdução.

Uma Visão Memorável

P. 100, sexto parágrafo. "Nota:" *Evangelho de Mateus*, sobre o grande julgamento: "Quando vier o Filho do homem na sua majestade e todos os anjos com ele, então se assentará no trono da sua glória; e todas as nações serão reunidas em sua presença, e ele separará uns dos outros, como o pastor separa dos cabritos as ovelhas; e porá as ovelhas à sua direita, mas os cabritos à esquerda" (25:31-33). Sobre as dificuldades: "Não penseis que vim trazer paz à terra; não vim trazer paz, mas espada. Pois vim causar divisão entre o homem e seu pai; entre a filha e sua mãe e entre a nora e sua sogra. Assim os inimigos do homem serão os da sua própria casa" (10:34-36).

P. 103, segundo parágrafo. Paracelso (1493-1541), alquimista suíço, médico e teórico do oculto. Jacob Böhme (1575-1624), teosofista e sapateiro alemão cuja obra foi traduzida para o inglês por William Law em 1761. Blake foi influenciado por ambos. Em carta de 12 de setembro de 1800 ao amigo e escultor John Flaxman (1755-1826), escreve em forma de poesia: "Agora meu destino no Céu é este; Milton me amou na infância & me mostrou seu rosto/Esdras veio com o Profeta Isaías, mas Shakespeare em anos mais maduros me deu uma mão/Paracelso & Böhme apareceram diante de mim, terrores apareceram no Céu acima/E no Inferno abaixo & uma mudança terrível & poderosa ameaçou a Terra" (Keynes, p. 799).

Uma Visão Memorável

P. 103, oitavo parágrafo. *Provérbios de Salomão*: "Ainda que pisasses o tolo com uma mão de gral entre grãos de cevada pilada, não se iria dele a sua estultícia" (27:22). Jesus quebrou o quarto, sexto, sétimo, oitavo, nono e décimo mandamentos, de acordo com Mateus e João.

P. 103, nono parágrafo. *Segundo Livro dos Reis*, quando Elias é separado do seu sucessor, Eliseu: "E sucedeu que, indo eles andando e falando, eis que um carro de fogo, com cavalos de fogo, os separou um do outro: e Elias subiu ao céu num redemoinho" (2:11); é indicado precursor do Messias em *Malaquias*: "Eis que eu vos envio o profeta Elias, antes que venha o dia grande e terrível do Senhor" (4:5) e é identificado com João Batista em *Mateus*, quando Jesus dá testemunho de João: "Em verdade vos digo: Entre os nascidos de mulher, ninguém apareceu maior do que João Batista; mas o menor no reino dos céus é maior do que ele. [...] Porque todos os profetas e a lei profetizaram até João. E, se o quereis reconhecer, ele mesmo é Elias, que estava por vir" (11:11, 13-14).

P. 104, segundo parágrafo. A Bíblia do Inferno pode se referir a "Uma Canção de Liberdade", o poema no epílogo, e também aos livros proféticos menores, ou "livros de Lambeth": *O Livro de Urizen*, *O Livro de Ahania* e *O Livro de Los*.

Uma Canção de Liberdade (pp. 104/105)

Verso 1. A "Fêmea Eterna" é Enitharmon, a "Grande Mãe", a Beleza Espiritual, inspiração do poeta Los. O nome talvez derive do grego "*anarithmon*" ("sem número") ou de "(*z*)*enith*" mais "(*h*)*armon*(*y*)" (Damon, 1988).

Verso 3. A "masmorra" é a Bastilha, destruída em 1789.

Versos 7 e 8. O "terror recém-nascido" é Orc, energia revolucionária. O "rei estelar" é Urizen.

Verso 16. Urthona (o nome significa "dono de terra") aparece aqui pela primeira vez na mitologia de Blake. Representa a imaginação criativa e é identificado com Los, que aparece pela primeira vez em *Europa*.

Verso 20. "O Império caiu!..." Verso repetido em *América, uma Profecia*.

Coro

Última linha. "Porque tudo..." Repetido em *Visões das Filhas de Álbion* e *América, uma Profecia*.

O LIVRO DE THEL/*THE BOOK OF THEL*

O Livro de Thel é considerado o primeiro dos livros proféticos. Segundo Erdman (1988), apesar da data 1789 impressa no frontispício, a realização, da concepção à impressão, estende-se de 1789 a 1791, coincidindo em parte com a data de gravação de *O Matrimônio do Céu e do Inferno* e da composição de *Visões das Filhas de Álbion*. Foi precedido no mesmo ano por *Tiriel*, um poema simbólico em oito partes que Blake jamais gravou, retornando a ele apenas para tirar dois versos que utilizou em *Thel* e *O Matrimônio do Céu e do Inferno*. William Michael Rossetti o publicou pela primeira vez na reunião de poemas de 1874. Em *Tiriel*, pela primeira vez Blake adotou como métrica o septenário, versos com sete acentos e catorze sílabas (também chamado de heptâmetro, ou *"fourteener"* no jargão elisabetano), praticado por poetas gregos e latinos e, na Inglaterra, no final da Idade Média e no período dos Tudor. Descartando a divisão estrófica e o esquema rímico, Blake introduziu uma espécie de verso livre e recorreu a terminações falsas (*enjambement*) para obter variedade: a estrutura dos versos se baseia em unidades de significado (semântica e sintaxe); com essa métrica escreveu a maioria dos livros proféticos. *O Livro de Thel* tem uma história simples: a mais bela filha dos Serafins pastoreia ovelhas à margem do rio Adona nos vales de Har. Este representa o amor-próprio e o estado interior de Thel, que ainda deve aprender amar ao outro, ou seja, ganhar experiência. Nessa trajetória, encontra o Lírio, a Nuvem, o Torrão de Terra e o Verme, numa alegoria de vida e morte. O nome Thel deriva da palavra grega para "vontade" e "desejo".

Mote

Versos 3-4. Transferidos da oitava e última sessão de *Tiriel*, aludem a uma passagem do *Eclesiastes* sobre a mocidade que deve se preparar para a velhice e a morte: "Como também quando temerem o que está no alto, e houver espantos no caminho, e florescer a amendoeira, e o gafanhoto for um peso, e perecer o apetite: porque o homem se vai à sua eterna casa, e os pranteadores andarão rodeando pela praça; Antes que se quebre a cadeia de prata, e se despedace o copo de ouro, e se despedace o cântaro junto à fonte, e se despedace a roda junto ao poço" (12:5-6).

Parte I

P. 107, verso 1. "As filhas dos Serafins...": a influência do médico e teólogo Heinrich Cornelius, "Agrippa" (1486-1535), está presente no enigmático "Mne Seraphim" do original inglês. Na tabela dos planetas, referindo-se aos números de Vênus, consta o nome "Bne Seraphim" ("Filhos dos Serafins"), que, de acordo com Agrippa, são as inteligências de Vênus (*Filosofia do Oculto*, II. 22). Ao usar "Mne" em lugar de "Bne", Blake talvez tenha cometido um erro ortográfico, como sugere Harold Bloom, ou tenha feito uma referência inicial a Mnetha, mãe de Thel e guardiã dos vales de Har em *Tiriel*, simplificada com a sílaba "Mne". Keynes argumenta que foi intencional, e talvez corruptela do "Bne" de Agrippa. Dada a relação textual com *Tiriel*, é aceitável que Blake tenha abreviado o nome Mnetha, arriscando obscuridade.

P. 107, verso 4. "Pelo rio Adona...": possível alusão ao rio Adônis e ao pastor adorado por Vênus. *Paraíso Perdido*: "Tamuz veio logo atrás,/Cuja ferida anual no Líbano atraía/As donzelas sírias para lamentar seu fado/ Em amorosas cantigas num dia de verão/Enquanto o suave Adônis da rocha nativa/Corria púrpuro para o mar, com o sangue/de Tamuz ferido todo ano: a história de amor/Infectava as filhas de Sião com o calor/Cujas paixões devassas no pórtico sagrado/Ezequiel viu, quando pela visão levados/Seus olhos examinaram as idolatrias escuras/Da Judá alienada..." (I, 446-57). *Ezequiel*: "E levou-me à entrada da porta da casa do Senhor, e eis que está da banda do norte, e eis que estavam ali mulheres assentadas chorando por Tamuz" (8:14).

P. 107, verso 14. "Dele, que caminha...": alusão ao *Gênesis*: Adão e Eva "ouviram a voz do Senhor Deus, que passeava no jardim pela viração do dia: e escondeu-se Adão e sua mulher da presença do Senhor Deus, entre as árvores do jardim" (3:8). Ver a mesma alusão no poema "Introdução" de *Canções de Experiência*.

P. 107, verso 15. "O Lírio do vale...": alusão bíblica. *Cantares de Salomão*: "Eu sou a rosa de Sarom, o lírio dos vales" (2:1). *Evangelho de Mateus*: "E por que andais ansiosos quanto ao vestuário? Considerais como crescem os lírios do campo: eles não trabalham nem fiam" (6:28).

P. 108, verso 3. Har: em *Tiriel*, Har e Heva, equivalentes de Adão e Eva envelhecidos, vivem em jardins idílicos cultivados por Mnetha. Har reaparece em *A Canção de Los* como rei dum reino paradisíaco e ancestral duma raça degenerada.

Parte II

P. 109, verso 2. "Onde Luvah...": Luvah, nome talvez derivado de *"lover"*, é associado ao sol e, como identidade alternativa de Orc, é associado à paixão. É o terceiro dos Quatro Zoas (seres viventes), sendo os outros Los/ Urthona (imaginação), Tharmas (corpo, instinto) e Urizen (intelecto, lei).

P. 109, verso 21. "Não vive sozinho...": ver o mesmo tema no poema "O Torrão & o Seixo" em *Canções de Experiência*.

Parte III

P. 110, verso 14. "E a ti ofereço...": alusão bíblica. *Segunda Epístola de Paulo a Timóteo*: "De agora em diante a coroa da justiça me está guardada, a qual o Senhor, reto juiz, me dará naquele dia; e não somente a mim, mas também a todos quantos amam a sua vinda" (4:8). *Primeira Epístola de Pedro*: "Ora, logo que o Supremo Pastor se manifestar, recebereis a imarcescível coroa da glória" (5:4). *Apocalipse*: "Não temas as cousas que tens de sofrer. Eis que o diabo está para lançar em prisão alguns dentre vós, para serdes postos à prova, e tereis tribulação de dez dias. Sê fiel até a morte, e dar-te-ei a coroa da vida" (2:10).

Parte IV

P. 110, verso 1. "O terrível guardião...": a terra dos mortos situada no norte, cujos portões são guardados por guardião tenebroso. Para os neoplatônicos, o portão do norte é uma alegoria do caminho pelo qual a alma entra no corpo.

VISÕES DAS FILHAS DE ÁLBION/
VISIONS OF THE DAUGHTERS OF ALBION

As filhas são as mulheres de Álbion, antigo nome da Inglaterra ou Grã-Bretanha usado já em grego por Ptolomeu e em latim por Plínio para designar uma ilha habitada por gigantes; talvez de origem celta e relacionado pelos romanos ao latim *albus*, alvo, em referência às falésias do condado de Dover. O nome mítico aparece, por exemplo, em *Albion's England*, intrigante título de um poema histórico e mitologizado de William Warner (1558?-1609), importante poeta épico inglês ao lado de Edmund Spenser (1552?-1599), este célebre por *The Faerie Queen*. É neste sentido simples, Álbion igual a Inglaterra, que Blake utiliza o nome nos livros proféticos menores, sem determinar se masculino ou feminino. Nos livros proféticos maiores, Blake introduz outros sentidos que desafiam uma coerência que o leitor espera encontrar. Em *Vala, or the Four Zoas,* por exemplo, identifica-o com o gigante aborígena que conquistou a ilha e a rebatizou, associando o Álbion clássico, filho de Netuno morto por Hércules, ao gigante local morto por Brut, conforme assinalado pelo cronista Raphael Holinshed (n? – 1580) em *Chronicles of England, Scotland and Ireland* (livro publicado em 1578 que serviu de fonte histórica para obras elisabetanas, inclusive peças de William Shakespeare). Daí atribuir o nome Álbion ao "Homem Eterno" ou "Homem Decaído", o pai arquetípico da humanidade. Essa concepção ganha profundidade em *Jerusalem*, com a queda e a ressurreição de Álbion, e os conflitos da lei moral e da justiça.

O personagem principal de *Visões das Filhas de Álbion* é Oothoon, cujo nome e história, especula o especialista Damon (1958, 1988), teriam sido inspirados por Oithona, personagem dos poemas de fundo gaélico de Ossian, o lendário poeta escocês do século 3 que na realidade foi uma criação do poeta e tradutor escocês James Macpherson (1736-96). Em oposição a Thel, que é a donzela ansiosa por experimentar sexo, Damon vê em Oothoon a representação do amor frustrado e o ideal da liberdade sexual. É assim que ela figura nos poemas *Europa, uma Profecia* e em *Milton*. Oothoon é a terceira filha de Los e Enitharmon, noiva de Theotormon (nome que significa "atormentado por Deus") e violada por Bromion (cujo nome tem vários significados, entre eles "bramido", "trovão"). A narrativa se desenvolve em três partes não numeradas e se concentra nas causas e implicações da violação; paralelamente, denuncia o tráfico de escravos africanos. Blake teve um conhecimento mais direto da questão do tráfico quando o editor Joseph Johnson lhe encomendou a gravação de uma série de ilustrações das condições de servidão na colônia sul-americana da Guiana Holandesa durante revoltas de escravos. Esse trabalho foi realizado entre 1791 e 1793. O resultado foi a publicação em 1796 de algumas de suas melhores gravuras para o livro em dois volumes do capitão J. G. Stedman, *A Narrative of a five Year's expedition, against the Revolted Negroes of Surinam, in Guiana, on the Wild Coast of South America; from the year 1772 to 1777.*

O Argumento

Síntese do estado mental de Oothoon antes de ser violada por Bromion. Como em *O Matrimônio do Céu e do Inferno*, o argumento não tem a função tradicional de resumir uma narrativa épica.

P. 113, verso 2. Leutha: Damon (1988) observa que esta personagem simboliza o sexo sob a lei, entendida como pecado ou culpa em associação a outros personagens. Reaparece em *América, Europa, A Canção de Los, Milton* e *Vala, or the Four Zoas*.

Visões

P. 114. verso 3. "Bromion disse: Eis aqui...": o reacionário Bromion viola Oothoon e a julga segundo uma moral distorcida, ou seja, de vítima a torna culpada. A crítica de Blake a essa moral coincide com a reflexão de Mary Wollstoncraft, que, em *A Vindication of the Rights of Woman* [Uma Defesa dos Direitos da Mulher], usa o termo escravidão para analisar a condição da mulher numa sociedade em que prevalecem valores masculinos: "Uma mulher que perdeu sua honra imagina que não pode cair mais, e, quanto a recuperar sua posição anterior, é quase impossível; nenhum esforço pode remover a mácula. Perdendo assim todo estímulo, e não tendo outro meio de sustento, a prostituição se torna seu único refúgio, e o caráter é rapidamente depravado por circunstâncias sobre as quais a pobre infeliz tem pouco poder, a menos que possua uma parcela incomum de senso e elevação de espírito. A necessidade nunca faz a prostituição um problema para a vida do homem; no entanto, inúmeras são as mulheres que desse modo são sistematicamente corrompidas" (pp. 93-94).

P. 114, verso 6. "Marcados com o meu sinete...": marca a fogo como símbolo de subjugação e posse do escravo. Bromion é escravista no sentido de subjugar a mulher e traficar escravos.

P. 115, verso 11. "Disseram-me que eu tinha...": ver a referência aos cinco sentidos em *Não Há Religião Natural* e *Todas as Religiões São Uma* na introdução.

P. 117, verso 1. "E não há uma lei...": ver este verso em *O Matrimônio do Céu e do Inferno*.

P. 117, verso 7. "Oh Urizen! Criador...": primeira aparição deste personagem negativo, infernal, tirânico e ciumento.

P. 119, verso 17. "Uma sombra solitária horrível...": Blake tinha uma preferência pelo termo "*non-entity*", talvez por sua ressonância escolástica: direto do latim *nonentitas*, significa "não-existência" ou "inexistência" (o que não existe na essência), e pode ser lido comumente como "pessoa insignificante" e "nulidade".

P. 120, verso 11. "Levantai e bebei...": ver a última linha de *O Matrimônio do Céu e do Inferno* e em *América, uma Profecia*.

AMÉRICA, UMA PROFECIA/*AMERICA, A PROPHECY*

"América" é "Estados Unidos da América", o nome sugerido por Thomas Paine: "'Os Estados Unidos da América' soará tão pomposamente no mundo ou na história como 'o reino da Grã-Bretanha'", escreveu ele em *The Crisis* (*Complete Works*, p. 64). O panfleto que Paine publicou em 1776, *Common Sense* [Senso Comum], serviu de guia no processo de independência, de 1775 a 1781. A retórica de Paine era irresistível: "Mas onde, dizem alguns, está o rei da América? Eu lhe digo, amigo, ele reina nas alturas, e não causa a devastação da humanidade como o bruto régio da Grã-Bretanha. Contudo, para que não pareçamos ser deficientes nas honras terrenas, que um dia seja solenemente reservado para a proclamação da carta; que seja colocado na lei divina, a palavra de Deus; que uma coroa seja colocada em seguida, pela qual o mundo possa saber, na medida em que aprovamos a monarquia, que na América *a lei é rei*" (op. cit, p. 33). Blake tinha grande respeito pelas ideias de Paine, cuja influência é perceptível em *América, uma Profecia*, de 1793, o primeiro dos quatro ciclos continentais, que incluem *Europa, uma Profecia* e as seções "Ásia" e "África" de *A Canção de Los*. Como em *Europa*, a narrativa trata de eventos passados e presentes, mas sem predição do futuro. Segundo Blake, "Profetas, no sentido moderno da palavra, nunca existiram. Jonas não foi profeta no sentido moderno, pois sua profecia de Nínive fracassou. Todo homem honesto é um Profeta que emite sua opinião sobre assuntos privados & públicos. Assim, se tal ocorre, o resultado é tal, nunca diz que tal coisa acontecerá, faça o que faça. Profeta é quem vê, não um Ditador Arbitrário. A culpa é do homem se Deus não pode lhe fazer o bem, pois ele dá ao justo & ao injusto, mas o injusto rejeita sua dádiva" (Keynes, p. 392).

Prelúdio

P. 122, verso 1. Urthona: nome talvez derivado de *"earth owner"* ("dono de terra"); ferreiro associado à Imaginação criativa individual. Orc: nome possivelmente derivado de *"orc"* (orca, o monstro marinho) ou *"Orcus"* (inferno); aqui, encadeado aos catorze anos, é um rebelde como Prometeu; mencionado pela primeira vez em "Uma Canção de Liberdade", epílogo de *O Matrimônio do Céu e do Inferno.*

P. 123, último parágrafo. "O severo bardo cessou...": este parágrafo foi omitido em alguns exemplares.

Uma Profecia

P. 123, verso 1. O "Príncipe Guardião de Álbion", também chamado de "Príncipe de Álbion" e "Anjo de Álbion", é emblema do sistema.

P. 123, versos 4-5. "Washington, Franklin...": George Washington (1732-99), estadista, general, comandante-em-chefe quando da eclosão da Revolução Americana, e primeiro presidente dos Estados Unidos. Benjamin Franklin (1706-1790), diplomata, cientista (inventou o para-raio); membro do Congresso Continental, colaborou na elaboração da Declaração de Independência (1775). Thomas Paine (1737-1809), inglês, político e pensador radical que apoiou a resistência norte-americana e defendeu a Revolução Francesa no livro *The Rights of Man* (1791-92), pelo qual foi acusado de traição pelo governo britânico. Joseph Warren (1741-1775), médico e militar, participou da batalha de Bunker Hill na guerra de independência, na qual foi morto. Horatio Gates (1728?-1806), general que derrotou os britânicos em Saratoga em 1777 durante a Revolução Americana. John Hancock (1737-93), presidente do Congresso Continental e contribuiu para a Declaração de Independência. Nathaniel Greene (1742-86), general, membro do Congresso Continental e do Congresso dos Estados Unidos; sucedeu Gates, comandou o exército no sul do país durante a Revolução Americana. Em "costa que fulgura com sangue" Blake se refere ao massacre de Boston, em Massachusetts, 1770, que era o centro de oposição aos britânicos.

P. 124, verso 11. "O rei da Inglaterra...": numa versão anterior Blake explicitava o nome do Rei Jorge III (1738-1820), que reinou de 1760 a 1811.

P. 124, verso 15. "Então, Marte, eras nosso centro...": Marte é associado a Orc, "o planeta vermelho", no verso 12; os três planetas são Lua, Mercúrio e Vênus.

P. 124, verso 21. "Os ossos dos mortos...": a visão dum vale de ossos secos em *Ezequiel*: "Veio sobre mim a mão do Senhor, e o Senhor me levou em espírito, e me pôs no meio dum vale que estava cheio de ossos. E me fez andar ao redor deles; e eis que eram mui numerosos sobre a face do vale, e estavam sequíssimos" (37:1-2).

P. 124, verso 24. "Deixa o escravo...": este e os próximos versos aludem a uma passagem de libertação em *Isaías*: "Para abrir os olhos dos cegos, para tirar da prisão os presos, e do cárcere os que jazem em trevas" (42:7).

P. 125, verso 1. "Porque o Império caiu...": ver este verso no contexto de "Uma Canção de Liberdade", no epílogo de *O Matrimônio do Céu e do Inferno*.

P. 125, verso 6. "Demônio blasfemo...": alusão ao anticristo na *Primeira Epístola de João*: "E todo espírito que não confessa a Jesus não procede de Deus; pelo contrário, este é o espírito do anticristo, a respeito do qual tendes ouvido que vem, e presentemente já está no mundo" (4:3). *Segunda Epístola de João*: "Porque muitos enganadores têm saído pelo mundo fora, os quais não confessam Jesus Cristo vindo em carne: assim é o enganador e o anticristo" (1:7).

P. 125, verso 16. "Para fazer os desertos...": alusão bíblica. *Isaías*: "O deserto e os lugares secos se alegrarão disto; e o ermo exultará e florescerá como a rosa" (35:1). *Gênesis*, sobre as águas que diminuem após o dilúvio de Noé: "Cerraram-se também as fontes do abismo, e as janelas dos céus, e a chuva dos céus deteve-se" (8:2).

P. 125, versos 24-25. "Em meio aos fogos...": alusão ao sonho do Rei Nabucodonozor interpretado por Daniel em *Daniel*: "Tu, ó rei, estavas vendo, e eis aqui uma grande estátua: esta estátua, que era grande e cujo esplendor era excelente, estava em pé diante de ti; e a sua vista era terrível. A cabeça daquela estátua era de ouro fino; o seu peito e os seus braços de prata; o seu ventre e as suas coxas de cobre; As pernas de ferro; os seus pés em parte de ferro e em parte de barro. Estavas vendo isso, quando uma pedra foi cortada, sem mão, a qual feriu a estátua nos pés de ferro e de barro, e os esmiuçou. Então foi juntamente esmiuçado o ferro, o barro, o cobre, a prata e o ouro, os quais se fizeram como a pragana das eiras do estio, e o vento os levou, e não se achou lugar algum para eles; mas a pedra que feriu a estátua se fez um grande monte, e encheu toda a terra" (2:31-35).

P. 127, verso 28. "Na casa de Bernard...": Sir Francis Bernard (1712-1779), governador real de Nova Jersey e Massachusetts antes da guerra revolucionária, considerado instrumento do controle britânico.

P. 128, verso 10. "Washington, Franklin...": provavelmente, os comandantes revolucionários Ethan Allen (1748-89) e Henry Lee (1756-1818).

P. 128, verso 31. "De Bristol...": Bristol e Londres foram as primeiras cidades a sofrer o impacto da guerra devido à dependência do comércio com os Estados Unidos.

P. 129, verso 4. "Adoecidos jaziam...": alusão ao arcebispo da Cantuária (sediado no bairro de Lambeth, onde Blake morou) e ao arcebispo de York.

P. 129, versos 21-22. "Sentem a energia...": sugestão da liberação das mulheres nos *Cantares de Salomão*: "Levantemo-nos de manhã para ir às vinhas, vejamos se florescem as vides, se se abre a flor, se já brotam as romeiras; ali te darei o meu grande amor" (7:12).

P. 130, verso 7. "Devagar avançam...": os "cinco portões" equivalem às portas dos cinco sentidos, em *O Matrimônio do Céu e do Inferno*.

EUROPA, UMA PROFECIA/*EUROPE, A PROPHECY*

Segundo poema no ciclo de continentes: *América, uma Profecia* o primeiro, *A Canção de Los* o terceiro, onde Ásia e África completam o ciclo. *Europa* começa com um prefácio sem título, acrescentado em 1795, que se refere ao mito da caverna de Platão, para Blake símbolo do crânio. Segue-se o Prelúdio, onde é retomado o mito de Orc como aparece no prelúdio de *América*, e a profecia, que começa com uma nova era e a paz no mundo. O centro do poema é o sonho do personagem Enitharmon, de sua preparação e desenvolvimento ao despertar do sonho, centenas de anos após o nascimento de Jesus. A Europa está dividida entre revolução e contrarrevolução, tendo no fundo a Guerra de Independência norte-americana, a Reforma e a Revolução Puritana na Inglaterra, e a Revolução Francesa. O nome Enitharmon talvez tenha sido derivado do grego *anarithmen* ("sem número"), da aglutinação das palavras em inglês *(z)enith* e *(h)armon(y)* ou da combinação de Tharmas e Enion; significa beleza espiritual, inspiração do poeta-profeta Los, e é uma líder matriarcal que, em sua "casa de cristal", controla a vida da família.

Prefácio

P. 132, verso 1. "Cinco janelas iluminam...": alusão ao mito da caverna que Platão desenvolveu na *República* e à teoria da tábula rasa de Locke, segundo a qual a mente, "uma câmara escura", contém somente o que os sentidos, as "cinco janelas", nela imprimem. Aludido em *O Matrimônio do Céu e do Inferno*.

P. 132, verso 6. "Pois alegrias roubadas...": alusão a *Provérbios de Salomão*: "As águas roubadas são doces, e o pão comido a ocultas é suave" (9:17).

Prelúdio

P. 132, verso 1. Ver a "obscura filha" no Prelúdio de *América, uma Profecia*.

P. 133, versos 24-27. "E quem atará...": ver o poema "Dor de Criança". Alusão a *Lucas*: "E isto vos servirá de sinal: Encontrareis uma criança envolta em faixas e deitada em manjedora" (2:12). No *Êxodo*, Deus fala com Moisés do meio da sarça ardente: "Portanto desci para livrá-lo da mão dos egípcios, e para fazê-lo subir daquela terra, a uma terra boa e larga, a uma terra que mana leite e mel; [...]" (3:8).

Uma Profecia

P. 135, verso 8. "Ergue-te, Ó Rintrah, a ti chamo...": Rintrah, o profeta no prólogo de *O Matrimônio do Céu e do Inferno*, aqui é rei irado. O sacerdote Palamabron é seu irmão. Ambos filhos do poeta-profeta Los.

P. 135, versos 18 e 21. "E a silenciosa...": Elynittria: segunda filha de Los e Enitharmon, emanação de Palamabron, o segundo filho; representa a mulher tolerante. Ocalythron: primeira filha de Los e Enitharmon, emanação de Rintrah.

P. 136, verso 17. "Ao longo das margens...": Verulam, em Hertfordshire, foi a cidade mais importante nos tempos dos romanos, e é o nome latino da cidade de St Alban, que a substituiu no século 8. Não era importante na época de Blake, que talvez a tivesse em mente como local druida devido à presença do carvalho, árvore-emblema que figura em outros poemas.

P. 138, verso 2. "Rastejando pela rua Great George...": a rua fica perto do Parlamento. Ironicamente, aqui Blake torna explícito o nome do tirano Rei Jorge III, suprimido anteriormente.

P. 138, verso 4. "Assim foi o uivo...": o uivo por toda a Europa é ouvido também pelos reis da Ásia em *A Canção de Los*.

A CANÇÃO DE LOS/*THE SONG OF LOS*

Encerra o ciclo de continentes do Ocidente e Oriente, iniciado com *América, uma Profecia* e continuado em *Europa, uma Profecia*. Na estrofe introdutória, os dois primeiros versos de "África" também se aplicam a "Ásia". "África" trata das origens africanas da cultura europeia, demonstrando que a religião universal deriva do "Homem Verdadeiro", do "Gênio Poético", e não da tirania de Urizen, manipulador de sistemas mecânicos. "Ásia" trata da contrarrevolução, com a tentativa dos reis asiáticos de impedir mudanças sociais, a exemplo de monarcas europeus.

África

P. 142, verso 2. "Ele a cantou acompanhado...": Damon (1988) sugere que as "quatro harpas" correspondem aos quatro continentes.

P. 142, verso 4. "Urizen fraquejou!...": Urizen: nome talvez formado dum jogo de palavras com "*your reason*" ou "*horizon*"; personagem tirânico associado à razão e ao materialismo. Ariston: do grego *aristos*, "melhor", rei da beleza.

P. 142, verso 11. "Quando Rintrah deu...": Rintrah: simboliza a ira. Brama: deus supremo da religião indiana pós-védica, realidade divina.

P. 142, verso 28. "Assim Antamon...": Antamon: simboliza o esperma, o quinto filho de Los e Enitharmon. Aparece em *O Livro de Thel* como "Nuvem".

P. 143, verso 1. "Mas no Norte...": Odin: deus principal dos povos teutônicos, recebe também o nome de Wuotan, deus da guerra, do aprendizado e poesia com poderes mágicos. Sotha: simboliza a eclosão da guerra no mundo; o nono filho de Los e Enitharmon.

P. 143, verso 2. "Por causa de Diralada...": Diralada: forma alternativa de "Thiralatha" em *Europa*.

P. 143, verso 6. "Desde aquele temido dia...": Har ("montanha") e Heva ("Eva"): aparecem em *Tiriel,* publicado pela primeira vez por William

Michael Rossetti, em 1874, em *The Poetical Works of William Blake*. No prefácio, Rossetti entende que "eles simbolizam uma espécie de par aborígene de pais universais como Adão e Eva" (p. cxxiv). Damon (1988) observa que em *O Livro de Thel* o domínio de Har ("o vale de Har") é um local de inocência primitiva.

P. 143, versos 17-18. "Até que uma Filosofia...": ver "cinco sentidos", Newton e Locke em *Não Há Religião Natural* e *Todas as Religões São Uma* na introdução.

Ásia

P. 144, verso 23: "Para que a lascívia dos olhos seja saciada": alusão à *Primeira Epístola de João*: "Porque tudo o que há no mundo, a concupiscência da carne, a concupiscência dos olhos e a soberba da vida, não procede do Pai, mas procede do mundo" (2:16).

P. 145, versos 23-24: "Saídos do solo inerte, ossos...": a visão dum vale de ossos secos em *Ezequiel*: "Então profetizei como se me deu ordem; e houve um ruído, enquanto eu profetizava; e eis que se fez um rebuliço, e os ossos se juntaram, cada osso ao seu osso. [...] Assim diz o Senhor Jeová: Vem dos quatro ventos, ó espírito, e assopra sobre estes mortos para que vivam. E profetizei como ele me deu ordem: então o espírito entrou neles e viveram, e se puseram em pé, um exército grande em extremo" (37:7, 9-10).

P. 146, último verso: "Urizen chorou.": alusão ao *Evangelho de João*: "Jesus chorou" (11:35).

O LIVRO DE URIZEN/*THE BOOK OF URIZEN*

Em *O Matrimônio do Céu e do Inferno*, Blake anunciou que ofereceria a "Bíblia do Inferno", o mundo quisesse ou não. O poema "Uma Canção de Liberdade" foi uma primeira oferta, seguida por três composições inter-relacionadas: *O Livro de Urizen*, *O Livro de Ahania* e *O Livro de Los*. Neles, Blake usou não só uma linguagem próxima à da Bíblia mas também a diagramação em colunas duplas, com a divisão em capítulos e versículos. *O Livro de Urizen* foi planejado como o primeiro duma série (o título incluía a palavra "Primeiro", posteriormente eliminada) sobre a criação do mundo natural por uma atividade sobrenatural com base no "Primeiro Livro de Moisés", o *Gênesis*, que, como os outros quatro da Torá, ou do Pentateuco, teria sido escrito por Moisés. O poema consiste na criação do mundo por Urizen, a encarnação da razão, que se separa dos outros elementos da mente humana e cria leis tirânicas. Los, o Poeta e a Imaginação, procura lhe dar forma, acabando por dividir a si mesmo e se escravizar a Urizen, que envolve o espírito do homem numa "rede de religião". Cabe a Orc, a energia revolucionária, opor-se a Urizen. Damon (1958, 1988) observa que, "no início, Urizen se contrai, expande e gira em torno dum eixo segundo a fórmula do Mundo Escuro de Jacob Böhme, mas sem atividade paralela no Mundo Claro". O livro parece afirmar que criação e queda se reduzem ao mesmo evento quando a mente divina infinita limita a si mesma, afirmação explicitada nos tratados *Não Há Religião Natural* e *Todas as Religiões São Uma*. O nome Urizen (pronunciado "iúraizen") talvez tenha sido derivado da palavra "*horizon*" ("limite") ou da contração de "*your reason*", para indicar o limite que a razão impõe à percepção. Como conta o Prelúdio, a narrativa é ditada pelos Eternos, que estão associados ao intelecto, ao racionalismo e ao materialismo, invocados por um narrador não identificado. Urizen é um dos Eternos, ou Quatro Zoas, e tem o epíteto de Filósofo Abstrato.

Capítulo I

P. 148, v. 1. Alusão à criação do mundo no *Gênesis*: "E a terra era sem forma e vazia; e havia trevas sobre a face do abismo; e o Espírito de Deus se movia sobre a face das águas" (1:2). *Evangelho Segundo Lucas*: "E o Espírito Santo desceu sobre ele em forma corpórea como pomba; e ouviu-se uma voz do Céu: Tu és o meu Filho amado, em ti me comprazo" (3:22). No verso 7, "incubado" é uma alusão a *Paraíso Perdido*: "Como pomba senta incubando no vasto abismo," (Livro I, 21). O escocês Alexander Geddes, teólogo e filólogo associado ao editor Joseph Johnson, apresentou uma nova tradução da Bíblia e, entre as inúmeras críticas que fez, reservou uma para John Milton, por ter aceitado a "atrocidade" da noção de que o Espírito Santo concebeu a Criação na forma de uma pomba. Segundo Geddes, gerações de tradutores erradamente verteram a concepção hebraica de "princípio vital [...] que torna a matéria capaz de gerar vegetação, crescimento e sensação" como a "alma" ou o "espírito" abstratos. Blake concorda com Geddes, pois concebe o estado original da Eternidade como a fluidez do princípio vital, mas emprega duas vezes a palavra "*brooding*" (incubar, incubação) para caracterizar a criação de Urizen como abstração. (Cf. Jon Mee, *Dangerous Enthusiasm*, pp.161-87.)

Capítulo III

P. 153, v. 11. "Os Eternos disseram...": ver o poema "O Torrão & o Seixo". Alusão oblíqua a Adão ("barro", "terra", ou "terra vermelha").

Capítulo IV [a]

P. 153, "Cap. IV [a]": Blake atribuiu o número IV a dois capítulos diferentes; os especialistas os distinguem com [a] e [b]. O "Cap. IV [a]" foi retirado de dois exemplares iluminados, mas mantido nos outros seis existentes.

Capítulo VI

P. 160, vs. 6 e 7. Alusão ao nascimento do Messias no *Apocalipse*: "A sua cauda [do dragão] arrasta a terça parte das estrelas do céu, as quais lançou para a terra; e o dragão se deteve em frente da mulher que estava para dar à luz, a fim de lhe devorar o filho quando nascesse. Nasceu-lhe, pois, um filho varão, que há de reger todas as nações, com cetro de ferro. E o seu filho foi arrebatado para Deus até ao seu trono" (12:4-5).

Capítulo VII

P. 163, v. 3. Os quatro filhos de Urizen: Thiriel, o mais velho, simboliza o ar; Utha, o segundo, a água; Grodna, o terceiro, a terra; Fuzon, o "primeiro concebido, último nascido", o fogo.

Capítulo IX

P. 165, v. 4, verso 1. "E as trinta cidades...": alusão a *O Livro de Juízes*: "E depois dele se levantou Jair, gileadita, e julgou a Israel vinte e dois anos. E tinha este trinta filhos, que cavalgavam sobre trinta jumentos; e tinham trinta cidades, a que chamaram Havote-Jair, até ao dia de hoje; as quais estão na terra de Gileade (10:3-4).

O LIVRO DE AHANIA/*THE BOOK OF AHANIA*

Parte da Bíblia do Inferno, *O Livro de Ahania* é uma espécie de sequência a *O Livro de Urizen*, mas, ao contrário deste em relação ao *Gênesis*, segue de perto os eventos do *Êxodo*. Relata a história dos Filhos de Israel conduzidos por Moisés na forma de Fuzon, o "primeiro concebido, último nascido" filho de Urizen e que representa o elemento fogo. Os quatro primeiros capítulos enfocam o conflito entre Urizen e o filho gerado de si mesmo, o revolucionário que ambiciona derrotar o tirano. O quinto e último capítulo se concentra na invisível Ahania, a Emanação (contraparte feminina) de Urizen que lamenta o ostracismo. Ela começa como Prazer, mas sob a lei moral de Urizon — que, como afirmou Blake, ainda não sabe que prazer, e não abstinência, é o alimento do Intelecto — se transforma em Pecado. A divisão entre os dois é o centro da narrativa. Ao refletir sobre Urthona, o "dono de terra", que vivia num jardim edênico, quando a terra era a mãe, a mulher e a filha do homem, Erdman (*Prophet*, p. 253) comenta que a personificação que Blake faz da "natureza nessa era agradável, quando era Eva e o Jardim, ele chama de Ahania, acrescentando 'Aha' a 'Annia', o nome de uma heroína de Ossian". Como *O Livro de Urizen*, foi escrito em versos de três pés (trímetros) e em anapesto, arranjados na página em duas colunas, mas gravados no método tradicional de entalhe (*intaglio*) com poucas decorações, diferente das outras iluminações.

Capítulo I

P. 169, v. 9. "Mas o feixe flamante...": alusão ao *Êxodo*: "E o Senhor ia diante deles, de dia numa coluna de nuvem, para os guiar pelo caminho, e de noite numa coluna de fogo, para os alumiar, para que caminhassem de dia e de noite" (13:21).

Capítulo III.

P. 171, v. 3, versos 7-9. "Logo lançou a raiz...": referência à Árvore do Mistério, símbolo da falsa religião: dá o fruto da ciência do bem e do mal que Los e Enitharmon comem. Em *Vala, or the Four Zoas*, Jesus é crucificado também nesta árvore. Figura no poema "O Abstrato Humano" em *Canções de Experiência*.

Capítulo IV

P. 173, vs. 7-8. "Lamento e terror...": no simbolismo hebreu, quarenta representa completude. *Êxodo*: "E comeram os filhos de Israel maná quarenta anos, até que entraram em terra habitada: comeram maná até que chegaram aos termos da terra de Canaã" (16:35). *Números*: "E vossos filhos pastorearão neste deserto quarenta anos, e levarão sobre si as vossas infidelidades, até que os vossos cadáveres se consumam neste deserto" (14:33).

Capítulo V

P. 174, v. 6. "Onde está meu palácio...": cantos de amor, *Salmos*: "Todos os teus vestidos cheiram a mirra, a aloês e a cásia, desde os palácios de marfim de onde te alegram" (45:8).

P. 175, v. 11. "Dilatada de madureza...": alusões a *Cantares de Salomão*: "A figueira já deu os seus figuinhos, e as vides em flor exalam o seu aroma: levanta-te, amiga minha, formosa minha, e vem" (2:13). "Os teus lábios são como um fio de escarlate, e o teu falar é doce: a tua fronte é qual pedaço de romã entre as tuas tranças" (4:3). "Desci ao jardim das nogueiras, para ver os novos frutos do vale, a ver se floresciam as vides e brotavam as romeiras" (6:11).

P. 176, v. 14, verso 3. "Cruel ciúme! Temor egoísta!": ver o poema "A Resposta da Terra" em *Canções de Experiência*.

O LIVRO DE LOS/*THE BOOK OF LOS*

Terceiro livro da Bíblia do Inferno, escrito em trímetros livres e gravado na técnica de entalhe (*intaglio*), narra os eventos de *O Livro de Urizen* a partir do ponto de vista de Los, o "Profeta Eterno", assemelhando-se a *O Livro de Ahania*. O narrador é Eno, a "mãe antiga", que enfoca as criações de Urizen e as origens da ideologia religiosa dogmática. Trata-se duma paródia da Bíblia estruturada em torno das incoerências que Blake percebeu entre o primeiro e o segundo capítulos do *Gênesis*, nos quais o criador é Eloim (o Deus da justiça, o juiz, nos episódios de Adão, Noé e Abrão) e Jeová (o Deus da compaixão, autor do bem e do mal e dos dez mandamentos através de Moisés), respectivamente. Blake tinha interesse nas contradições internas da Bíblia tanto quanto os deístas, embora com diferentes propósitos, como indica esta anotação a *An Apology for the Bible* [Uma Apologia da Bíblia], livro do bispo Robert Watson: "A divindade dos livros da Bíblia [não] consiste em quem os escreveu, ou quando, ou em indícios históricos, [...] mas nos Sentimentos & Exemplos" (Keynes, p. 393). Como observa Damon (1958, 1988), *O Livro de Los* termina com a criação de Adão, enquanto *O Livro de Urizen* termina com a escravização do homem na África e *O Livro de Ahania*, com a fuga do homem para a Ásia (provável alusão oblíqua a *A Canção de Los*, à qual este livro pode ser visto como prelúdio); no começo, porém, a "Eternidade já está desorganizada, Los já está separado de Urizen, e as chamas de desejo já estão minguadas. A tremenda forjação de uma forma para Urizen em seis dias é agora reduzida ao aprisionamento do sol à espinha de Urizen por ação de Los". O nome Los talvez derive da "sol".

Capítulo I

P. 178, v. 1, versos 1-2. "Eno, Mãe idosa...": o personagem Eno representa a capacidade de ver a eternidade e as "particularidades diminutas" de que fala Blake. Segundo especialistas em Blake, o nome talvez seja anagrama de "éon", cuja raiz grega significa eternidade, espaço de tempo indeterminado. Leutha simboliza o pecado ou a culpa, o sexo sob a lei. Ver sua presença em *Visões das Filhas de Álbion*.

P. 178, v. 2, verso 1. "Sentada sob o Carvalho eterno...": o carvalho é um emblema na cultura tradicional inglesa mesmo antes da cristianização da Grã-Bretanha. Cultivado intensamente devido à qualidade da madeira, essencial para o poder naval, era sagrado para os druidas, usado em cerimônias sacrificiais. Blake parece ter aceitado a visão mitologizada de que os druidas estavam associados à origem dos britânicos e sacerdotes, segundo a teoria do orientalista Francis Wilford (1761-1822), para quem descendiam de Noé e a Grã-Bretanha estava no centro da história bíblica. Ciente do absurdo da teoria, Blake tinha interesse no potencial poético, não na verdade histórica. Por outro lado, rejeitava a confusão de que os druidas eram bardos, daí se anunciar como "a voz do antigo Bardo" de Álbion. Robert Graves observa que Blake faz uma "distinção perfeitamente clara entre a Álbion arcaica e a Inglaterra moderna", uma vez que havia lido tratados contemporâneos sobre o druidismo. Graves comenta que Blake é o único poeta que pretendeu instituir seriamente o bardismo na Inglaterra com os livros proféticos, e que, por falta de colegas inteligentes, "foi obrigado a se tornar em si mesmo todo um colégio bárdico, sem sequer um iniciado para continuar a tradição após sua morte" (*The White Goddess*, London: Faber and Faber, 1961, p. 461-62). Ver a presença do carvalho em "A Praça Sonora", em *Canções de Inocência*, e do bardo em "Introdução", em *Canções de Experiência*, em *América, Uma Profecia* e *O Matrimônio do Céu e do Inferno*.

Capítulo IV

P. 184, v. 9, verso 2. "Num carnudo atoleiro...": alusão ao *Gênesis*: "E saía um rio do Éden para regar o jardim; e dali se dividia e se tornava em quatro braços. O nome do primeiro é Pisom: este é o que rodeia a toda a terra de Havilá, onde há ouro. E o ouro dessa terra é bom: ali há o bdélio, e a pedra sardônica. E o nome do segundo rio é Giom: este é o que rodeia toda a terra de Cuse. E o nome do terceiro rio é Hidéquel: este é o que vai para a banda do oriente da Assíria: e o quarto rio é o Eufrates" (2:10-14).

CRONOLOGIA DE WILLIAM BLAKE

1757

Nasce em 28 de novembro, nº 28 de Broad Street (hoje Broadwick Street), Soho, em Londres; terceiro de sete filhos de James Blake (1723?-84) e Catherine Blake (n?-1792); batizado na St James's Church, Picadilly, em 11 de dezembro; no térreo da casa de esquina de três andares ficava a loja de tecidos e miudezas do pai, "Blake & Son"; no primeiro andar, sete ou oito cômodos pequenos partilhados pela família.

1762

Nasce o irmão caçula Robert, o predileto de Blake.

1767-68

Frequenta a escola de desenho de Henry Pars (1734-1806), no Strand, onde aprende técnicas de pintura a óleo, princípios de perspectiva, e copia reproduções de pinturas e modelos em gesso de estátuas clássicas; começa a ler sobre todas as áreas da cultura e a escrever poesia.

1772-1779

Deixa a escola de Pars; aos catorze anos, inicia aprendizado com o gravador e membro da Sociedade de Antiquários James Basire (1730-1802), sediado no nº 31 de Great Queen Street, perto de Covent Garden; muda-se para esse endereço em agosto de 1772, onde mora durante os sete anos do aprendizado (que teve o custo de £52.10, mais joia e despesas); desenha monumentos góticos da Abadia de Westminster; começa a colecionar reproduções de pinturas e gravuras antigas no leiloeiro Langford com apoio financeiro do pai.

1773?

Grava *Joseph of Arimathea among the Rocks of Albion* (a mais antiga de suas gravuras que se conhece), baseada numa figura da *Crucificação de São Pedro*, de Michelangelo; retrabalha a placa entre 1810-20 e imprime doze cópias.

1776-77

Dá por terminados os poemas do volume *Poetical Sketches* [Esboços Poéticos].

1779

Em agosto, tendo assimilado o estilo de Basire, semelhante a Durer, e a "organização caótica" do ateliê do mestre, termina o aprendizado; Basire o presenteia com ferramentas de gravador profissional; volta a morar com a família em Broad Street; aos 21 anos, a 8 de outubro entra como aluno na Academia Real das Artes (fundada em 1768), na Summerset House, no Strand; estuda com George Moser (1706-83); toma conhecimento dos discursos de Joshua Reynolds, pintor e presidente da Academia; amizade com o escultor John Flaxman (1756-1826); começa a fazer ilustrações para o livreiro-editor Joseph Johnson.

1780

Em maio expõe a aquarela *The Death of Earl Goodwin* na Academia Real das Artes; amizade com George Cumberland (1754-1848), futuro escritor e colecionador de arte, e o gravurista e ilustrador Thomas Stothart (1755-1834); sai da Academia e se estabelece como ilustrador profissional.

1782

A 18 de agosto, casa-se com Catherine Sophia Boucher (1762-1831) na Battersea Church (analfabeta, ela assina o registro com um "x", deixando o nome de família com a grafia "Butcher" incorreta nos documentos); muda-se para o nº 23 de Green Street, Leicester Fields; é apresentado ao Rev. Anthony S. Matthew e à mulher Harriet, patrona de artistas jovens.

1783

Publicação independente de *Poetical Sketches*, financiado por Harriet Matthew, o marido e John Flaxman, um volume de 70 páginas cheias de erros tipográficos a um custo de £5; não vendido, distribuído entre amigos e conhecidos.

1784

Exibe duas aquarelas na Academia Real das Artes; inaugura loja de estampas em sociedade com o amigo e gravador James Parker (1750-1805), nº 27 de Broad Street, para onde se muda; compra prensa de madeira; escreve os poemas de *An Island in the Moon* [Uma Ilha na Lua]; morre o pai; o irmão mais velho, James, encarrega-se da loja e cuida da mãe. Blake convida o irmão caçula, Robert, a morar com o casal.

1785

Exibe quatro aquarelas na Academia Real das Artes. Com Catherine e Robert, muda-se do nº 27 de Broad Street para o nº 28 de Poland Street, a três quarteirões do endereço anterior.

1787-88

Morre de tuberculose o irmão Robert, enterrado em 11 de fevereiro de 1787; desfaz a sociedade na loja com Parker quando o negócio fracassa; conhece Henry Fuseli; experimenta com a técnica de "gravura iluminada", imprimindo os tratados *Todas as Religiões São Uma* e *Não Há Religião Natural*; anota comentários aos textos de Swedenborg (1788-90).

1789

Assiste com Catherine à inauguração da Igreja da Nova Jerusalém, fundada em Londres segundo as doutrinas de Swedenborg, mas não se associa à igreja. Escreve o poema *Tiriel* (publicado apenas em 1874 por William Michael Rossetti); gravuras iluminadas de *Canções de Inocência* e *O Livro de Thel*.

1790

Muda-se com Catherine para o n° 13 de Hercules Buildings (nome de uma fileira de casas geminadas hoje inexistentes), no bairro de Lambeth, residência com cerca de doze cômodos. Começa a trabalhar em *O Matrimônio do Céu e do Inferno*.

1791

Finaliza o poema de *The French Revolution* [A Revolução Francesa], planejado para sete livros, escritos, mas perdidos (provas tipográficas do primeiro sugerem que o livreiro Joseph Johnson pretendia publicá-lo).

1792

Morre a mãe Catherine Blake; anexa o poema "Uma Canção de Liberdade" a *O Matrimônio do Céu e do Inferno* como epílogo.

1793

Imprime as profecias menores *Visões das Filhas de Álbion* e *América, Uma Profecia* e o livro de gravuras *For Children: The Gates of Paradise* [Para Crianças: Os Portões do Paraíso].

1794

Imprime *Canções de Experiência*, as profecias menores *Europa, Uma Profecia* e *O Livro de Urizen*; desenvolve métodos de impressão iluminada em cores.

1795

Imprime as profecias menores *A Canção de Los, O Livro de Los* e *O Livro de Ahania*.

1795-97

Começa a escrever *Vala*, posteriormente intitulado *The Four Zoas* [Os Quatro Zoas], não impresso; ilustra o poema *Night Thoughts* [Pensamentos Noturnos], de Edward Young, com 43 gravuras e um total de 537 aquarelas.

1799

Exibe a pintura a têmpera *The Last Supper* [A Última Ceia] na Academia Real das Artes.

1799-1805

Começa a trabalhar em encomendas do patrono Thomas Butts (1757-1845): 135 ilustrações para a Bíblia a têmpera (1799-1800) e aquarelas (1800-05).

1800

No dia 18 de setembro, muda-se com Catherine para a vila litorânea de Felpham, no condado de Sussex, no sul da Inglaterra, onde por três anos ocupa um chalé alugado por William Hayley (1745-1820), poeta e patrono, para quem Blake se torna "gravador residente".

1801-03

Trabalha em vários projetos de ilustração de livros para Hayley; em 12 de agosto de 1803, agride o soldado de cavalaria John Scholfield por invadir o jardim do chalé de Felpham e é processado por sedição; retorna a Londres no dia 19 setembro e se instala no nº 17 de South Molton Street, no Mayfair. (Dos oito endereços de Blake, sobrevivem dois: o chalé, que foi adquirido pelo Blake Trust por £520 mil no dia 21 de setembro de 2015, e a casa de South Molton Street.)

1804

Em janeiro, é absolvido no processo de sedição; começa a escrever o poema *Milton* (provavelmente iniciado em Felpham).

1805

Começa a trabalhar em quarenta ilustrações para *The Grave*, do poeta escocês Robert Blair, encomendadas pelo gravador e empreendedor Robert Hartley Cromek (1770-1812); a maioria está perdida.

1805-06

Trabalha em dezenove aquarelas para *O Livro de Jó*, encomendadas por Thomas Butts.

1807

Completa doze aquarelas para *Paraíso Perdido*, de John Milton, encomendadas pelo Rev. Joseph Thomas; retrato de Blake por Thomas Phillips exibido na Academia Real das Artes.

1808

Exibe duas aquarelas feitas para Thomas Butts na Academia Real das Artes; publicação de doze gravuras de Luigi Schiavonetti para *The Grave*, de Blair, baseadas em desenhos de Blake.

1808?-1820

Começa a escrever *Jerusalem*.

1809-10

Primeira exposição individual na loja do irmão James em Broad Street: dezesseis pinturas e *Catálogo Descritivo* (72 páginas, 22 exemplares); críticas negativas de Robert Hunt no *Examiner*.

1810

Publicação de ilustração para *The Canterbury Pilgrims* [Os Peregrinos da Cantuária]; reimpressão de *Gates of Paradise: For the Sexes*.

1810-11

Imprime os primeiros dois exemplares de *Milton*.

1812

Exibe quatro têmperas e amostras de páginas de *Jerusalem* no evento dos Pintores Associados.

1813-17

Vive em reclusão; visita do amigo George Cumberland, que fala de sua pobreza e do trabalho num quadro de dimensões grandes em têmpera, *The Last Judgement* [O Juízo Final] (conhecido por desenhos preparatórios, não foi acabado e se perdeu); ilustra Hesíodo para John Flaxman.

1815-16

Dezoito gravuras baseadas em desenhos de Blake para o catálogo de cerâmicas de Wedgwood.

1818

É apresentado por George Cumberland Jr. ao pintor e patrono John Linnell (1792-1882), que por sua vez o apresenta a um grupo de artistas novos; imprime estampas ampliadas de *Milton*.

1819-20

Caderno de desenhos *Visionary Heads* [Bustos Visionários] para o amigo aquarelista e astrólogo John Varley; entre os desenhos hoje dispersos, feitos em sessões "espíritas", está "A Pulga", que Blake utilizou para um de seus quadros mais famosos, *O Fantasma de Uma Pulga*.

1821-23

Trabalha em 21 aquarelas para *O Livro de Jó*, encomendadas por John Linnell e hoje dispersas; publicação de 27 ilustrações em xilogravura para *Pastorais*, de Virgílio, editadas por Robert John Thornton; muda-se com Catherine para um apartamento de dois cômodos no primeiro andar do nº 3 de Fountain Court, rua transversal ao Strand.

1822

Publicação de *The Ghost of Abel* [O Fantasma de Abel], em duas estampas.

1824-27

Trabalha em 103 aquarelas para a *Divina Comédia*, de Dante, encomendadas por John Linnell.

1825

Conclui as ilustrações do *Livro de Jó* para John Linnell; apresentado ao diarista e crítico de arte Henry Crabb Robinson (1775-1867); apresentado por Samuel Palmer ao grupo de pintores jovens conhecidos como "The Ancients".

1826

Em março, são publicadas as ilustrações de *O Livro de Jó*, com morna recepção. Doença em fevereiro e maio: sintomas de inflamação intestinal.

1827

Falece a 12 de agosto no apartamento de Fountain Court, quando ainda trabalhava nas aquarelas para Dante; causa provável da morte: complicações do fígado; é sepultado em cova coletiva no cemitério de Bunhill Fields, no leste de Londres.

BIBLIOGRAFIA CONSULTADA

ACKROYD, Peter. *Blake*. London: Quality Paper Direct, 1995

ALTER, Robert e KERMODE, Frank (eds.). *The Literary Guide to the Bible*. London: Collins, 1987

BEER, John. *William Blake: A Literary Life*. New York: Palgrave Macmillan, 2005

BELLIN, Harvey F. e RUHL, Darrell (orgs.). *Blake and Swedenborg: Oposition is True Friendship*. New York: Swedenborg Foundation, Inc., 1985

BENTLEY JR., G. E. (ed.). *Blake Records*. Segunda edição. New Haven: Yale University Press, 2004
— (ed., com Martin K. Nurmi). *A Blake Bibliography*. Mineapolis: University of Minnesota Press, 1964
— *The Stranger from Paradise: A Biography of William Blake*. New Haven: Yale University Press, 2003
— (ed.) *William Blake and his Circle: Publications and Discoveries from 1992*. Toronto: arquivo online, 2010

Biblia de Jerusalén. Bilbao: Desclee de Brouwer, 1975

Bíblia Sagrada, A. Trad. de João Ferreira de Almeida. Rio: Sociedade Bíblica do Brasil, 1956

BLAKE, William. *The Complete Illuminated Books*. Introd. David Bindman. London: Thames & Hudson/The William Blake Trust, 2001
— *The Complete Poetry & Prose of William Blake*. Org. e notas de David V. Erdman, coment. de Harold Bloom. New York: Doubleday,1988
— *Complete Writings*. Org. de Geoffrey Keynes. Oxford: Oxford University Press, 1972
— *The Early Illuminated Books*. Org., introd. e notas de Morris Eaves, Robert N. Essick e Joseph Viscomi. London: The William Blake Trust/ The Tate Gallery,1998
— *The Illuminated Blake*. Org. e coment. de David V. Erdman. New York: Dover Publications, Inc.,1992
— *The Letters of William Blake*. Perfil biográfico de Frederick Tatham, org. de Archibald G. B. Russell. New York: Charles Scribner's Sons, 1903
— *The Poems & Prophecies of William Blake*. Org. e introd. Max Plowman. Everyman Library. London: J. M. Dent & Sons Ltd., 1937
— *Poetical Sketches by William Blake*. Org. e pref. de Richard Herne Shepherd. London: Basil Montagu Pickering, 1868
— *The Poetical Works of William Blake*. Org. e notas de Edwin John Ellis, 2 vols. London: Chatto & Windus, 1906
— *The Poetical Works of William Blake*. Org. e introd. de William Butler Yeats. London: George Routledge & Sons Limited, 1910 (Primeira impressão: *The Poems of William Blake*, The Muses Library, London: Lawrence & Bullen, 1893.)
— *The Poetical Works of William Blake, Lyrical and Miscellaneous*. "The Aldine Edition". Org. e pref. de William Michael Rossetti. London: George Bell and Sons, 1883
— *The Poetical Works of William Blake*. Org., pref. e notas bibliográficas de John Sampson. Oxford: Clarendon Press, 1905
— *Songs of Innocence and of Experience*. Org., introd. e notas de Andrew Lincoln. London: The William Blake Trust/The Tate Gallery, 1998
— *The Works of William Blake, Poetic, Symbolic and Critical*. Org. de William Butler Yeats e Edwin John Ellis, 3 vols. London: Bernard Quaritch, 1893

BOEHME, Jakob. *Mysterium Magnum*. Trad. de N. Berdiaeff. Vol. 1. Paris: Aubier, Éditions Montaigne, 1957

BRIGGS, Asa. *A Social History of England*. London: Penguin Books, 1999

BRONOWSKI, Jacob. *William Blake and the Age of Revolution*. London: Routledge & Kegan Paul, 1977

BURKE, Edmund. *A Philosophical Enquiry into the Origin of our Ideas of the Sublime and Beautiful*. London: R. and John Dodsley, 1757

COLE, G. D. H. e POSTGATE, Raymond. *The Common People: 1746-1946*. London: Methuen, 1961

CURRAN, Stuart. *Poetic Form and British Romanticism*. New York: Oxford University Press, 1989

DAMON, Simon Foster. *A Blake Dictionary: The Ideas and Symbols of William Blake*. Edição revista por Morris Eaves. Hanover: University Press of New England, 1988
— *William Blake: His Phylosophy and Symbols*. Massachusetts: Peter Smith, Gloucester, 1958

EAVES, Morris. *William Blake's Theory of Art*. Princeton: Princeton University Press, 1982

ELLIS, Edwin John. *The Real Blake: A Portrait Biography*. New York: McClure, Philips & Co., 1907

EMPSON, William. *English Pastoral Poetry*. New York: Norton & Co. Inc. Publishers, 1938

ERDMAN, David V. *Blake: Prophet Against Empire*. New York: Dover Publications, Inc., 1991
— (ed.) *A Concordance to the Writings of William Blake*, 2 vols. New York: Ithaca, Cornell University Press, 1967
— (ed., com Donald K. Moore) *The Notebook of William Blake: A Photographic and Typographic Facsimile*. London: Oxford University Press, 1973
— (ed.) *Blake and His Bibles*. Introd. Mark Trevor Smith. West Cornwall, CT: Locust Hill Press, 1990

FRYE, Northrop. *The Double Vision: Language and Meaning in Religion*. Toronto: University of Toronto Press, 1991
— *Fables of Identity: Studies in Poetic Mythology*. New York: Harcourt Brace Jovanovich, Publishers, 1963
— *Fearful Symmetry: A Study of William Blake*. Princeton: Princeton University Press, 1990
— *The Great Code: The Bible and Literature*. New York: Harcourt Brace Jovanovich, Publishers, 1983
— *Words with Power: Being a Second Study of The Bible and Literature*. New York: Harcourt Brace Jovanovich, Publishers, 1990

GARDNER, Stanley. *Blake's Innocence and Experience Retraced*. London: The Athlone Press, 1986
— *The Tyger, the Lamb and the Terrible Desart*. London: Cygnus Arts, 1998

GILCHRIST, Alexander. *The Life of William Blake*. Org. e introd. de W. Graham Robertson. New York: Dover Publications, Inc., 1998

GRAVES, Robert. *The White Goddess*. London: Faber and Faber, 1961

HILL, Christopher. *Milton and the English Revolution*. London: Faber and Faber, 1997

HILTON, Nelson. *Literal Imagination: Blake's Vision of Words*. Berkeley: University of California Press, 1983

HOLINSHED, Raphael. *Chronicles of England, Scotland and Ireland*. London, 1807

HONE, Joseph. *W. B. Yeats*. Middlesex: Pelican Books, 1971

INWOOD, Stephen. *A History of London*. London: Macmillan, 1998

LAVATER, Johann Kaspar. *Aphorisms on Man*. Trad. de Henry Fuseli. London: Joseph Johnson, 1788.

LOCKE, John. *An Essay Concerning Human Understanding*. London: Thomas Tegg, 1825.

MACAMBIRA, José Rebouças. *Estrutura Musical do Verso e da Prosa*. São Paulo: Livraria Pioneira Editora, 1984

MACPHERSON, James. *The Poetical Works of Ossian*. Org. e dissertação crítica de Hugh Blair, D.D. Ex-classic Project, 2009, edição exclusivamente digital em domínio público, acessável em http://www.exclassics.com

MEE, Jon. *Dangerous Enthusiasm: William Blake and the Culture of Radicalism in the 1790s*. Oxford: Oxford University Press, 2002

MILTON, John. *Complete English Poems, of Education, Areopagitica*. Org. de Gordon Campbell. London: Everyman, 1993

MOORE, Marianne. *Complete Poems*. London: Faber and Faber, 1984
— *The Complete Prose of Marianne Moore*. Org. e introd. de Patricia C. Willis. London: Faber and Faber, 1987
— *Poemas*. Sel. de João Moura Jr., trad. e posf. de José Antonio Arantes. São Paulo: Companhia das Letras, 1991

MORE, Paul Elmer. *Shelburne Essays*. Vol. 4. Nova York: The Knickerbocker Press, 1907

MURRY, John Middleton. *William Blake*. London: Jonathan Cape, 1933

NÓBREGA, Mello. *Rima e Poesia*. Rio de Janeiro: Instituto Nacional do Livro, 1965

PAINE, Thomas. *Complete Works*. Perfil biográfico de Carlyin Blanchard. New York: Belford, Clarke & Co., 1885

PHILLIPS, Michael. *William Blake: The Creation of the Songs*. London: The British Library, 2000

PLATO. *Complete Works*. Org., introd. e notas de John Madison Cooper. Indianápolis: Hackett Publishing Company, 1997

PLIMPTON, George (org.). *Poets at Work: The Paris Review Interviews*. Introd. de Donald Hall. Penguin Books, Londres, 1989

PLOWMAN, Max. *An Introduction to the Study of Blake*. Introd. de Richard Ward. London: Frank Cass & Co. Ltd., 1967

PUNTER, David (org.). *William Blake*. London: Macmillan Press, 1996

SADLER, Thomas (org. e sel.). *Diary, Reminiscences, and Correspondence of Henry Crabb Robinson*. Volume 1. Boston: Fields, Osgood, & Co., 1869
— *Diary, Reminiscences, and Correspondence of Henry Crabb Robinson*. Volumes 2 e 3. London: Macmillan and Co., 1869

SAINTSBURY, George. *Historical Manual of English Prosody*. London: Macmillan and Co., Limited, 1914

SHAKESPEARE, William. *Complete Works of Shakespeare*. Org. e introd. de Peter Alexander. London: Collins, 1970

SYMONS, Arthur. *William Blake*. New York: E.P. Dutton & Company, 1907

SWEBENBORG, Emanuel. *Angelic Wisdom Concerning Divine Love and Wisdom*. Trad. de John C. Ager. Pennsylvania: Swedenborg Foundation, 2009

SWINBURNE, Algernon Charles. *William Blake. A Critical Essay*. London: John Camden Hotten, 1868

TAYLOR, Thomas. *Concerning the beautiful. Or a paraphrased translation from the Greek of Plotinus, Ennead I. Book VI*. London, 1787

The Bible, Authorized King James Version. Introd. e notas Robert Carrol e Stephen Prickett. Oxford: Oxford University Press, 2008

THOMPSON, E. P. *The Making of the English Working Class*. Vintage Books, Nova York, 1966
— *Witness Against the Beast: William Blake and the Moral Law*. Cambridge: Cambridge University Press, 1994

WATTS, Isaac. *Divine and Moral Songs for Children*. New York: Hurd and Houghtons, 1866

WICKSTEED, Joseph H. *Blake's Innocence and Experience: A Study of the Songs and Manuscripts*. London: J. M. Dent & Sons Ltd., 1928

WILKINSON, Clement John. *James John Garth Wilkinson: A Memoir of his Life, with a Selection of his Letters*. London: Kegan, Paul, Trench, Trubner & Co., Ltd., 1911

WILLIAMS, Nicholas (org.). *Advances in Blake Studies*. Palgrave Macmillan, Basingstoke, 2006

WILLIAMS, Raymond. *Culture and Society: 1780-1950*. London: Penguin Books, 1961

WILLIAMS, Rowan. "'The human form divine': Radicalism and Orthodoxy in William Blake". *In: Radical Christian Voices and Practice*. Org. de Zoë Bennett e David B. Gowler. Oxford: Oxford University Press, 2012

WILSON, Mona. *The Life of William Blake*. Org. de Geoffrey Keynes. Oxford: Oxford University Press, 1971

WOLLSTONECRAFT, Mary. *Original Stories from Real Life; with Conversations, calculated to regulate the affections, and form the mind to truth and goodness*. London: Joseph Johnson, 1796
— *A Vindication of the Rights of Woman*. Introd. de Elisabeth Robins Pennell. London: Walter Scott, s/d

WORDSWORTH, William. *Poems of Wordsworth*. Sel. de Matthew Arnold. London: Macmillan and Co., Limited, 1928
— *The Prelude, or Growth of a Poet's Mind*. London: Edward Moxon, 1850

YEATS, William Butler. *Essays & Introductions*. London: Papermac, 1989

SOBRE O TRADUTOR

José Antonio Arantes, nascido em 1948, é bacharel em Língua e Literatura pela Faculdade de Filosofia, Letras e Ciências Humanas da Universidade de São Paulo. Jornalista e radialista, exerceu as funções de produtor e apresentador no Serviço Brasileiro da BBC de Londres de 1988 a 1997. Trabalha no setor editorial desde a década de 70, tendo atuado em diversas áreas, da revisão à editoração, em algumas das principais editoras do país, e traduz há mais de quarenta anos. Entre os livros que traduziu estão *Uma Casa Assombrada* e *Diários* (de Virginia Woolf, neste último também org.); *Giacomo Joyce* (James Joyce); *O Matrimônio do Céu e do Inferno e O Livro de Thel* (William Blake); *O Terror* (Arthur Machen); *Histórias e Poemas para Crianças Extremamente Inteligentes* (org. de Harold Bloom, prêmio de tradução FNLIJ — Fundação Nacional de Livro Infantil e Juvenil — de 2004); *Homem Comum Enfim* (Anthony Burgess); *Oscar Wilde* (Richard Ellmann); *Dentro da Baleia* (George Orwell); *Dentes Brancos* (Zadie Smith); *Últimos Pedidos* e *A Luz do Dia* (Graham Swift); *Jonathan Strange & Mr Norrell* (Susanna Clarke); e *Poemas* (de Marianne Moore e Seamus Heaney).

CADASTRO
ILUMI//URAS

Para receber informações sobre
nossos lançamentos e promoções,
envie e-mail para:

cadastro@iluminuras.com.br

A *Iluminuras* dedica suas publicações à memória de
sua sócia Beatriz Costa [1957-2020] e a de seu pai
Alcides Jorge Costa [1925-2016].